U0035302

——第四輯

平實導師 述著

ISBN:978-626-7517-00-0

佛法是具體可證的，三乘菩提也都是可以親證的義學，並非不可證的思想、玄學或哲學。而三乘菩提的實證，都要依第八識如來藏的實存及常住不壞性，才能成立；否則二乘無學聖者所證的無餘涅槃即不免成為斷滅空，而大乘菩薩所證的佛菩提道即成爲不可實證之戲論。如來藏心常住於一切有情五蘊之中，光明顯耀而不曾有絲毫遮隱；但因無明遮障的緣故，所以無法證得；只要親隨眞善知識建立正知正見，並且習得參禪功夫以及努力修集福德以後，親證如來藏而發起實相般若勝妙智慧，是指日可待的事。古來中國禪宗祖師的勝妙智慧，全都藉由參禪證得第八識如來藏而發起；佛世迴心大乘的阿羅漢們能成爲實義菩薩，也都是緣於實證如來藏才能發起實相般若勝妙智慧。如今這種勝妙智慧的實證法門，已經重現於臺灣寶地，有大心的學佛人，當思自身是否願意空來人間一世而學無所成？或應奮起求證而成爲實義菩薩，頓超二乘無學及大乘凡夫之位？然後行所當爲，亦不行於所不當爲，則不唐生一世也。

——平實導師

如聖教所言，成佛之道以親證阿賴耶識心體（如來藏）爲因，《華嚴經》亦說**證得阿賴耶識者獲得本覺智**，則可證實：證得阿賴耶識者方是大乘宗門之開悟者，方是大乘佛菩提之眞見道者。經中、論中又說：證得阿賴耶識而轉依**識上所顯眞實性、如如性**，能安忍而不退失者即是**證眞如**，即是大乘賢聖，在二乘法解脫道中至少爲初果聖人。由此聖教，當知親證阿賴耶識而確認不疑時即是開悟眞見道也；除此以外，別無大乘宗門之眞見道。若別以他法作爲大乘見道者，或堅執**離念靈知**亦是實相心者（堅持意識覺知心離念時亦可作爲明心見道者），則成爲實相般若之見道內涵有多種，則成爲實相有多種，則違**實相絕待**之聖教也！故知宗門之悟唯有一種：親證第八識如來藏而轉依如來藏所顯眞如性，除此別無悟處。此理正眞，放諸往世、後世亦皆準，無人能否定之，則堅持離念靈知意識心是眞心者，其言誠屬妄語也。

——平實導師

目次

第四輯：

第五輯：

第六輯：

第七輯：

第八輯：

第九輯：

自序

正覺同修會諸同修們證悟的事實，藉由《我的菩提路》第一輯披露以後，在臺灣與大陸某些自稱證悟者跟著仿效，也開始舉辦四天三夜的禪三，並且也要求學員同樣撰寫見道報告，模仿本會同修們寫的報告；然而都只是徒具表相似是而非的假佛法報告，與三乘菩提中的見道全然無關，因爲所證的所謂第八識如來藏，全都仍墮五陰之中，未曾脫離，只能說是末法時代佛門外史的又一章罷了，並無實質。

此乃因於大乘佛法之見道極爲甚難，何況能以相似的表相佛法而撰寫見道報告。衡之以第八識如來藏的妙法深妙難解，乃至聞者亦難信受，雖有實證者出現於世；觀乎釋印順等一派學人，主動承嗣於天竺部派佛教諸聲聞僧的六識論邪見，與密宗應成派中觀古今所有諸師的六識論常見同一步伐，所說並無絲毫差異，然而至死不肯認錯；反而以其見取見而發起鬥爭之業，對所有評論其法之人大力撻伐，不遺餘力，唯獨放過平實一人，對於平實十餘年來於書中多方面公開評論其謬等事，似如一無所知、一無所見，默然以對。由是可知大乘佛法實證之義極難可知、可思、可議、可證、可傳。

而此一法即是第八識如來藏，亦名眞如、阿賴耶識、異熟識、無垢識，教外別傳的禪宗名之爲本地風光、莫邪劍、花藥欄、綠瓦、父母未生前的本來面目……等無數名，於《佛藏經》中 世尊說之爲「無名相法、無分別法」，以如來藏運行之一切時中皆不墮於名相及分別之中故。若人滅其無明，則此識隨時可證，證已即時發起般若正觀，佛菩提中名之爲「諦現觀」，即入第七住位而無退失；若人往昔無量阿僧祇劫前曾謗此第八識妙法，則是已墮無間地獄而次第輪轉三惡道中，其數無量阿僧祇劫受諸苦惱，終於業盡受生人間，歷經九十九億佛所奉事、供養、勤心修學，來到 釋迦世尊座下重新受學已，而仍然不得順忍；每聞第八識如來藏妙法心便不喜，連聲聞果的實證都不可能，遑論大乘菩提，由是故說此第八識妙法難聞、難信、難解、難證、難持、難忍。今於此《不退轉法輪經》中重說此法，令一切學人聞「此經」及「釋迦牟尼佛」聖名已，盡未來際不復退轉於此第八識妙法，未來當得不退轉於大乘法輪；以是緣故，特爲學人講授之。今以講授圓滿而整理完畢，用饗佛門四眾，普願皆得早立信心，殷重受學，有日必得證悟，得階菩薩僧數之中，是所至盼。

佛子　平實　謹序

公元二〇二二年小暑　誌於松柏山居

《不退轉法輪經》卷第二

〈聲聞辟支佛品〉第四（承續第三輯未完內容）

這時候就是要開始「拔愛欲箭」了。如來說過：「阿羅漢出去托鉢時，都看著前方地上幾尺，眼光不會飄來飄去。」為什麼呢？如來說了一個譬喻，譬如說，有個犯人被抓了，國王判下來說：「刺他百矛！」百矛刺下去，體無完膚，當然是沒命的。可是 佛陀說的那個譬喻，那個典刑者聽了國王的命令，就把他拉下去，將罪犯刺了百矛。到了中午，國王問：「那個罪犯死了沒？」那典刑者一看，回來稟報說：「還沒死！」國王說：「再刺他百矛！」於是再去刺了百矛。到了晚上，國王又問：「那犯人死了沒？」那典刑者去看了說：「報告國王：還沒死！」國王說：「再刺他百矛！」如來以這個譬喻說：「身為阿羅漢，對於所遇到的六塵，每看見色、每聽見聲，乃至每次聽到某一個法，都猶如被刺一矛。」那麼人活在人間，每天接觸了六塵，不只百矛，也不只三百矛；所以接觸六塵的機會非常多，應當把它當作每接觸一次，就是被刺一矛；要這樣「藏六如龜，防意如城」。所以阿羅漢很怕落入六塵中，一心專念想著就是：到了命終時就入無餘涅槃，對任何一法都不許有顧戀。

但是菩薩阿那含不必像阿羅漢這樣，可是如果知道自己一直都處在欲界中，脫離不了欲界，這時候要努力「拔愛欲箭」。因爲欲界的五欲就像一根又一根的箭，扎在自己身上一樣，所以愛欲之箭要拔掉。也就是說，你想要眞正證得聖人的境界，必須要離開欲界。所以《阿含經》裡面都說「我生已盡」，接著「梵行已立」，要這樣才能成爲三果人；若是還沒有發起初禪，永遠不得三果，因爲還在欲界中；三果就是不還，不還就是不還欲界。

那麼如果是阿羅漢呢？那得要「所作已辦，不受後有」。所以何謂爲聖人？在《阿含經》裡面定義很清楚，三果以上才算眞正的聖人；如果還住在欲界境界，就不叫作聖人。但是相對於異生凡夫而言，初果就把他叫作聖人，因爲凡夫們都作不到。所以這道理告訴我們說，如果你眞的想要深入佛法，必須離開欲界愛，就是對於欲界法要遠離。

但是你們也別抱怨說：「我是在家人啊，那你教我怎麼遠離？」但我說的是心遠離。所以如果有人每天把自己閉眼塞耳，什麼都不接觸，可是他心中亂七八糟，還是沒用的。所以有個人說要自宮，佛陀不許他。記得這個故事吧？所以是心遠離，不是身遠離。初禪的發起是心遠離而發起的，不是由於身遠離而發起。如果身遠離可以發起初禪，那恭喜了，請各位趕快都出家去；可是當代出家人有幾個得初禪的？屈指可數啊！不！無可數，一根指頭也拿不出來呀！反而是在家人實證了。所以「拔愛欲箭」，是佛法證道之後次第要作的事，這樣到未來當來下生 彌勒尊佛下生人間時，準備入地；因爲我們在這九千年之內，就要取證阿羅漢果，然後九千年過後，往生彌勒內院，準備入地。將來祂來人間龍華三會時需要很多人作事，我們就來作事。當祂開示《法華經》的時候，就跟諸位授記，多好！這就是我們應該要作的事。我這些話不敢跟外面的人講，講了也沒用！他們聽了還會說：「你這個人講大話！」但這不是大話，這是實際上辦得到的事。

你們怎麼還可以來臺灣？欸！你們還眞有辦法哩。（大眾笑…）不過我聽說，好像申請醫療行爲就可以過來。我聽說的，不曉得準不準確！（編案：這是二〇一九年八月所講，當時兩岸情勢緊張。）《不退轉法輪經》上週講到三十八頁「開示諸有，拔愛欲箭」，前提就是「斷諸結使」；結與使、五利使，都講過了。今天從倒數第五行「除諸憍慢，曉了陰相，究竟明處」開始說起。

就是說菩薩阿那含除了前面講的內涵以外，並且把各種的憍與慢都斷除了。爲什麼講「斷除」，而不是講「降伏」？這有它的前提。「降伏」是沒有見道的人，藉著修行和定的力量，把各種的憍與慢壓伏著，可是它其實還存在，並沒有眞的除掉。然而對於已經見道的人來講，特別是通教的菩薩阿那含，他是具足三乘菩提的見道，而不是只有聲聞法的見道；他對憍和慢這兩個惡心所，當然是斷除而不是降伏的。斷除的人跟降伏的人有何不同？降伏憍慢的人，只要一不留神，他就有些動作出來，讓人感覺：「原來你沒有眞的斷除。」但如果是見道的人，這個狀況就變得輕微了；如果是修到阿那含位，這就不存在了，因爲阿那含位是要斷五下分結的。

那麼這五個下分結，就是三縛結之外加上欲貪、欲瞋，因「欲」就是對於有色的欲界五欲所生起的貪是已經斷除的；然後因爲欲界法之得與不得，在過程當中產生了變化而起瞋，這也是三果人所斷除的。已斷除現行的人最多只有習氣種子隨眠，就是當那個境界很強烈的時候，他還有一點瞋心但沒有現行，可是過後他立刻就離開了，不住於那個境界中，所以沒有現行，這個叫作「除諸憍慢」。憍，譬如說見道之後，如果見到一般人，開口就講：「**你們只是凡夫，懂什麼佛法。**」這表示他還有「憍」，他連「降伏」的功夫都還沒有開始作；這個人應該才剛剛開悟，還沒有進入相見道位好好修行。

如果他看見了佛門中的凡夫僧寶，開口就說：「**你算是個僧寶了，但你眞的懂佛法嗎？其實你不懂，這樣也能算僧寶？**」這表示他才剛見道，還沒有悟後起修，所以他這個「憍」的心行顯示在外，然後他放了一句話說：「**你想要像我這樣見道，還久著呢！**」說人家還要很久才能見道，這慢心就起來了，不只是憍。所以二果人這個憍慢已經很淡薄了，對欲界諸法的貪愛也很淡薄，所以才叫作「薄地」。剛見道的人叫作「見地」，他有見地，可是修行還不好，因爲才剛要開始修行。所以修行一段時間以後，到了二果，菩薩斯陀含這時候稱之為薄地。到了三果時叫作「離地」，也就是已經遠離欲界法的境界了，才能叫作離地，表示不會再因為欲界法得或者不得而起貪、起瞋。

所以五個下分結裡面，後面那兩個貪與瞋，是指由於欲界法而引生的貪與瞋。斷除貪瞋的人當然就沒有憍慢了，因為憍與慢是欲界法，色界中沒有憍與慢這回事。想要到達初禪，先要把五蓋滅除，你是見道的人，當然是要滅五蓋而非降伏，因為你不是修定來伏除的。修定而除五蓋，那其實不叫除，只能叫作伏五蓋，如石壓草一般把它壓住；可是石頭翻開了以後，那草見了陽光，又開始生長。但你如果是見道後的斷除呢，那你把石頭翻開以後，它就是沒有草，不會再生長出來了。所以「除諸憍慢」這是阿那含，他已經到達離地，但還沒有到達畢地；「畢地」就是阿羅漢的事了，所以他沒有憍慢。

不論菩薩三果或四果，沒有憍慢的原因之一，就是「曉了陰相」。「曉」就是通曉，河洛話叫作「會曉（閩南語）」。問人家說：「會曉麼？」「會」就是領會，你有領會到了，領會到而知道，「曉」就是知道，領會到而知道了叫作「會曉」。老人家有時候吩咐孫子說：「**你去幫你媽買一瓶醬油回來！**」我們以前都叫作馬路吉，就是丸吉的品牌，那是個圓形中間寫個「吉」的商標；現在較有名的品牌應該叫作什麼？萬家香。現在就問你：「**會曉麼？**（河洛話）」就是這個道理，所以「曉」就是已經通達了；「了」就是了知，要通達而了知五陰的法相。

我們禪淨班課程早就講過五陰的法相了，諸位也許想：「**我懂了，我聽過了，我也思惟過及觀行過了。**」問題是你有沒有眞懂？眞要說起來，色要講色身、色受、色想、色行、色思，然後色貪斷乃至色思斷，要這樣一一去作觀行。然後「受」也是這樣，「想、行、識」也都是要這樣一一觀行。但我們禪淨班哪有時間跟你這樣細講？所以就是講一個大略，然後諸位自己去作觀行；觀行完了，眞的斷了色貪等，才能叫作「**曉了陰相**」。但是這個「**曉了陰相**」背後，一定要有「未到地定」作支撐；如果你沒有把定中修得、或者動中修得的「未到地定」來作支撐，曉了五陰之後也沒有用。何況菩薩阿那含是從見地修上來的，這個「**曉了陰相**」是還要配合初禪的，否則還不算數。

接著說：「**究竟明處**」，也就是對於五蘊、六入、十二處、十八界法之所以生、所以住、所以異、所以滅，全部都曉了。這時候有了智慧，這樣斷五個下分結的智慧生起了，這時候才能夠說是「究竟明處」。這個「究竟明處」跟二乘菩提不同，二乘菩提說的「究竟明處」是信有「名色緣識，識緣名色」的那個「識」，就是如來藏妙眞如心，來觀察蘊處界的生、住、異、滅，苦、空、無我、無常，但是沒有證得第八識。可是菩薩摩訶薩的阿那含這個究竟明處，可得要證得第八識才行；是依第八識現觀一切諸法莫非是如來藏，這樣才叫作「究竟明處」。

這時可以說他「常樂佛乘不思議乘，到於一切諸法實相」。「常」就是永遠不變，他永遠不變地愛樂佛乘，佛乘就是大乘。那他爲什麼永遠都愛樂大乘？因爲大乘是「不思議乘」，這一乘的法不可以用意識思惟而了知。爲什麼不能用意識思惟而了知？因爲「到於一切諸法實相」。學佛跟學解脫道不一樣，學解脫道的人，現觀一切諸法生、住、異、滅，苦、空、無我、無常，可就看不見實相；但是菩薩摩訶薩修到阿那含位，眼見一切生滅諸法的背後有個實相，所以菩薩阿那含不但通曉蘊處界入虛妄，苦、空、無我、無常，而且看見這一切諸法背後的實相，祂就是如來藏妙眞如心。

因此一切諸法不是表面所見的一切諸法，一切諸法其實就是如來藏，所以有的經中說：一切諸法本來不生不滅。這樣從表面看來，所說是跟二乘法顛倒的。在二乘法中都說，一切諸法生滅不住。結果到了般若，或者第三轉法輪時，都告訴你說，一切諸法本來常住、一切諸法不生不滅。爲什麼會這樣呢？你在三界一切法中，眼見一切諸法生滅不住，不斷地變異，而大乘經中竟然告訴你：「**一切諸法不生不滅**。」因爲一切諸法都歸屬於不生滅的如來藏，如來藏不生滅，一切諸法當然就不生滅了，這就是一切諸法的實相。

也許有人今晚第一次來聽經，聽了覺得奇怪：邏輯不通！那我就用以前常常提出來的譬喻來說。譬如一面明鏡，不論怎麼樣，它都有影像，當你把鏡面遮蓋了，它還是有影像；只是那個影像在那一張紙、或布的背後，正是紙或布的影像，而你看不見；當你把它翻開來時，原來的室內影像還是在的。或者你穿進那個布裡面，處於那個布和明鏡之間，還是有影像；你沒有把布翻開之前，它的影像就是布的影像；當你翻開了布，或是把頭穿進去，變成你的影像跟布的影像。那麼如果是晚上，月黑風高的時候，明鏡在室內，而你把電燈關了，一片黑暗，總該沒有影像了吧？不！還是有，只是你看不見！你如果拿那個夜視鏡來一看，就知道還是有影像。縱使你進入一個密閉的房子，燈關了，還是有影像，那影像叫作「黑」。所以三界中的影像是永遠依存在明鏡中的，影像就譬喻我們的蘊處界入，只要如來藏在，就一世、又一世不斷地有五陰等法顯現，不會中斷；而這一世又一世不斷生、住、異、滅的五陰，都攝歸不生滅的如來藏了，所以一切諸法所說的五陰等諸法，就變成不生不滅。就好像明鏡上面永遠都有影像一樣，鏡中的影像當然不生滅，這個就是一切諸法背後的實相，而菩薩就是要證得這個實相。

接下來說：「**菩薩摩訶薩若能如是出於淤泥，離於繫著；得本願藏，亦得過去、未來諸佛之藏，悉於一切伏藏中上；**」成爲菩薩摩訶薩不是小事。諸位都聽過《佛藏經》了，看看佛陀在世的年代，還有那麼多人不論怎麼努力精進修行，都無法實證般若。且不說大乘法，單說二乘菩提的斷我見，他們都還不能得順忍，所以證眞如而成爲菩薩摩訶薩是不簡單的事。

也許有人想：「我就覺得很簡單哪！我來到正覺同修會兩年半、三年或五年半就悟了。」問題是：「你要進入證悟的境界中，它的前提、它的條件、它的環境是誰為你施設的？」如果證悟很容易，那麼佛教界應該一大群人都開悟了，不是只有我們正覺。所以開悟不是一件小事，人間只要誰悟了，天界都知道，馬上就傳上天去，只是你不知道而已。那鬼神界呢？也是很快傳出去了。人間可以用電話撥打，鬼神界不用，他們不用電話的；所以你燒了電話給往生者也沒用，他們用不著，他們只要起心動念，心中有了作意想要跟誰談話，然後互相就可以溝通了，因為雙方都有他心通。身為菩薩摩訶薩，自古以來就不多；中國禪宗千餘年下來，證悟的公案只有一千七百則，還要扣掉其中悟錯者的公案，然後有的好幾則公案，其中的主角是同一個人，是過去世來到第五世、第八世有記載下來，第十世又記下來，記了三次不同姓名的人，結果是同一個人；那麼一千七百則公案，才多少人證悟？

所以當菩薩摩訶薩並不容易，才需要勞動諸位那麼辛苦、那麼努力：每週一次來上課，熏習正知、正見；週二再來聽講經，把正知、正見再補得更充實一點；然後每天要禮佛、作功夫；週日有空閒，還得撥出時間來作義工等，不能求世間法上的享受，眞的辛苦。但為什麼要這樣？有的人講得很好笑：「你這是多作義工，去換取開悟的機會嘛！」但這不是換取，而要叫作鍛鍊，也是修集福德來作證悟時智慧的支撐，以免退轉。在作義工的過程中，是要把自己的心性加以調伏；心性如果沒有調伏，表示他的義工還作不夠，那他就得繼續作。所以在這樣辛苦的過程裡面，經過這麼長一段時間，三年、五年，有的已經十年了才報名禪三，因爲自覺還沒有準備好；可是往往這種人一報禪三，第一次禪三他就過關了，因爲他十年來的努力已經將明心的條件準備好了。

所以那一些作義工、修福德等事情，就是教你修六度。六度是修什麼？首先布施，布施你的時間、你的體力或者你的錢財，這叫作「行捨」；也就是修捨心，修捨心最後可以達到無貪，無貪是三善根之一。人類修學善法總共有二十二根要完成，無貪、無瞋、無癡是其中的三根，屬於三無漏根中已知根。那麼週二來聽講經，每週還有一天要上課，爲的是增進你的正知見，希望最後可以激發出你的見地來，有了見地時叫作第一分的無癡，這是第二個善根；轉依了這個見地，次第進修，最後遠離了欲界貪並遠離了欲界瞋，這叫作無瞋；二十二根的三個善根你就獲得了，以後只是按部就班去修行。

所以當菩薩摩訶薩不容易，要經過一段時間的鍛鍊。如果有一天見道了，繼續進入相見道位修行，終於出於淤泥；那什麼叫作淤泥？淤泥是清淨的、還是污濁的？（眾答：污濁。）是污濁的啊！那三界的境界，有哪個境界是污濁的？（眾答：欲界。）對了！要答大聲一點。欲界是污濁的，但我這個意思不是要諸位脫離欲界，因為脫離欲界以後，法就少了，你將來要修相見道位的法、要熏習無生法忍，就沒有什麼機會了，所以還要繼續住在欲界中。

但是悟後住在欲界中，每天接觸到色、聲、香、味、觸，每天接觸到財、色、名、食、睡，這樣來修證禪定；後來終於發起初禪，這樣叫作「在欲行禪」，這種禪定是經得起考驗的。如果以出家身證得初禪，那還要再經過考驗，因為不是「在欲行禪」。所以說見道之後次第進修，離開了欲界法，這就是「出於淤泥」。那麼如來說：「如果菩薩摩訶薩能『出於淤泥』，這個人就是『離於繫著』。」再也不被欲界法所繫縛，再也不執著欲界法，這樣成為菩薩阿那含，如來說這樣的人「得本願藏」。那什麼叫作「本願藏」呢？（有人答：如來藏。）還眞給你說對了！我告訴諸位：「諸佛的本願就是要幫助眾生證得如來藏。」所以這就是　如來為何要為大家施設「本願藏」。將來諸位成佛之後，示現八相成道的時候，也是同樣要幫助眾生證得本心如來藏，這是諸佛的本願。

無有一佛而不想幫助眾生證悟佛菩提，證悟佛菩提時所證的標的就是如來藏，又名阿賴耶識、異熟識。然後 佛說：「這個本願藏也是一切凡夫眾生的本願藏。」為什麼呢？因為一切有情莫不依如來藏妙真如心而活，一切有情莫不依如來藏而存。也許有人心中起了疑惑：「這個說法好像值得商榷吧？因為有情都不知道有如來藏啊！」可是我說：「不見得！再想想看，有情眾生臨命終時，他都想：『我死了十個月以後，又是一條好漢！又可以重新再出生了。』」這不就是「欣阿賴耶」嗎？他欣樂於自己有一個心，可以使自己永不斷滅，只是誤以為是意識罷了。

所以如果現在活著的時候，突然動不了，一定趕快叫：「爸爸、媽媽！兒子、女兒啊！快帶我去醫院！」有沒有？動不了！動不了時就想趕快醫好，然後可以正常活動，這叫作「愛阿賴耶」——愛死了阿賴耶。因為如果沒有辦法保持正常的活動，他不用多久就沒命了，他怕死了。然後聽人家說：「你有一個阿賴耶識，所以可以永遠不死，死了等於沒死，死了還會再出生的。」就歡喜說：「對啊！我有這麼一個阿賴耶識。多棒！」雖然那個人也許不告訴他，叫作阿賴耶識；也許就告訴他：「你有這麼一個心，跟意識不同，所以讓你永遠不會死透，不會斷滅。」如果是個正常人，聽到人家這麼講，就想：「喔！原來我就是有阿賴耶識，所以我可以這樣正常地生活。」這不就叫作「喜阿賴耶」嗎？

所以南傳《阿含經》名為《尼柯耶》，其中說：「眾生對阿賴耶有四個行相，叫作愛、樂、欣、喜，就稱為愛阿賴耶、樂阿賴耶、欣阿賴耶、喜阿賴耶。」這個不就是眾生的本願嗎？希望這個阿賴耶識，雖然祂或許不叫作阿賴耶識，叫作心；也許把這個阿賴耶識當作就是意識心，然後就希望自己永遠都擁有這麼一個不壞的心，這就是眾生的本願。當他哪一天證得這個心的時候，那他就是「得本願藏」了。

那麼「得本願藏」的時候，也得到過去、未來諸佛之藏。但現在有個問題：「過去諸佛的『本願藏』我們可以證得，那未來佛還沒有成佛，憑什麼證得他們的『本願藏』？」這好像有問題喔？就好像「一行三昧」講的一樣，說持名唸佛的人，不論他持唸哪一尊佛名，看那一尊佛是在哪個方位，就面向那個方位坐下來，開始持唸佛名，這樣不斷地唸：「南無某某佛！」一直唸、唸到後來，突然一念之間，看見了過去、未來、現在等三世諸佛。現在有個問題了：「過去諸佛是已成之佛，現在諸佛也是已成之佛，都可以看見；那未來諸佛還沒有成佛，你怎麼看見？」所以有一些不懂的人就說：「啊！這個大乘經講什麼『即是念中，念念皆見三世諸佛』，這部經典有問題啦！」其實沒問題，因為未來諸佛的本質還是如來藏妙眞如心啊！悟後怎麼看不見未來佛？

那麼看見過去諸佛，難道過去諸佛都來示現成佛給你看喔？沒有啦！那十方世界諸佛不會都來給你看的，所以不是那個道理。而是你看見了自己的如來藏時，你就知道過去諸佛、現在十方世界諸佛以及未來將成的諸佛，同樣都是這個如來藏妙眞如心，這樣叫作親見過去、未來、現在諸佛。所以這個時候，低頭看見地上那隻螞蟻在那邊行走，你就合掌說：「原來這就是未來佛。」看見一條蜈蚣從面前走過去，竟然不慌了，只看著牠的如來藏，就說：「這也是未來諸佛之一。」這就是說：過去諸佛的「本願藏」就是如來藏，那現在十方諸佛也是一樣，未來一切諸佛當然亦復如是。

當你看見三世諸佛這個「本願藏」的時候，如來說了：「悉於一切伏藏中上；」不論你去找到地下什麼樣的伏藏，多麼廣大寶貴的寶藏，永遠都及不上這個「本願藏」的千萬億分之一；因爲這個「本願藏」已得不失，永遠不會失去。那你所得到的世間伏藏，譬如你買了一大片地，剛好那一片地下面都是金礦；那就算你擁有一兆元的美金好了，請問你能擁有多久？幾十年後就沒了。可是這個「本願藏」既得就不失，永遠隨著你；這一世悟過，來世就有機會重新再悟，因爲你永遠不入三惡道。只要悟得如來藏，再也不入三惡道了，繼續在人間，總是會遇到佛法，所以「悉於一切伏藏中上」。

世尊又說：「亦爲過去諸佛之所建立，而心平等不高不下。」是說這個「本願藏」不但是「一切伏藏中上」，而且也是「過去諸佛之所建立」；這一句話就表示，未來五億七千六百萬年後，彌勒菩薩來人間成佛時也要建立這個法。當祂八相成道示現完了以後，後面的九百九十五尊佛，也同樣要示現這個法；乃至於未來諸位成佛時，也一樣要示現這個法，要爲眾生如是建立諸佛的「本願藏」，就是第八識如來藏妙眞如心。

這樣建立之後，親見自己這個如來藏，和過去諸佛、現在十方法界一切諸佛、乃至未來無量數諸佛都平等、平等，沒有高下差別。而這個心平等、不高不下，是你證得如來藏之後就可以現觀的；這不是玄學，不是思想，而是現量，所以《楞伽經》中 如來告訴大家說：「眾生五陰身心即是阿賴耶識如來藏所生所現，所以一切法都是自心現量。」一切有情在三界中生存，不斷流轉的過程當中的一切諸法，都是他自己的如來藏所出生、所顯現的，而且都是「現量」，表示這個「自心現量」不是思想。

諸位有沒有想到一個什麼問題？那些六識論的比丘尼們，每年在舉辦「印順思想研討會」，那表示依據佛經的定義，她們等於在宣告社會大眾說：「我們就是一群凡夫。」諸位為什麼笑？因為事實是這樣，表示印順所說的東西只是思想，並非實證的佛法；而她們不知道，就繼續研究他的思想，表示她們也落入思想裡面，離現量還遠著。可是證如來藏的菩薩摩訶薩們，所見一切諸法都是「自心現量」，都是自己的如來藏心所生所現的事實。

這時候一定有人起了疑惑：「奇怪呢！我坐在這裡聽經，我聽到似懂非懂，這

難道也是我的自心現量嗎？」難免有人這麼起疑，但我說，真的是「**自心現量**」。因為你在這裡聽，總共有六塵的接觸；你沒有直接聽到我的聲音，你聽到的是如來藏變現給你的聲音；你沒有真的看見我，你所看見我的影像也是你的如來藏變現給你的；六塵莫不如是。所以你在講堂這裡安坐時，感受到的色、聲、香、味、觸、法，其實全都是「**自心現量**」。

然後再來講六識，從三賢位的證量來講時，六識稱之為「見分」，包括意根也算數。現在講六識，六識就是你能見的眼識、乃至能知諸法的意識；這六個識也是你的如來藏變現出來的事實，也是「**自心現量**」。你現在都可以懷疑我的說法，都沒關係；等未來實證了以後，再由你自己去證實這一件事情：原來我的五陰身心都是如來藏變現的。那六塵、六識是你的如來藏變現的；你的五色根眼耳鼻舌身，再加上你的第七識意根，六根也還是如來藏變現的，所以你整個十八界都是「**自心現量**」。而且這是現量，不是思想、不是玄學，所以說是義學。

現在聽了心中有疑都沒關係，聽我講了以後，深深地在心中把它刻上一個問號，沒問題！但是等你未來有一天證悟了，你這個問號就保留不住了，它會自動消失掉。所以這時候你所見的一切有情，上從諸佛下至無間地獄、阿鼻地獄的有情悉皆「平等不高不下」；諸佛如來的第八識，沒有比我們的第八識高明；我們的第八識也沒有比螞蟻、細菌的第八識高明。但是諸佛如來已經成佛，也是依於第八識成佛；病毒、細菌也是依於牠們的如來藏而成爲病毒、細菌，這是業；未來業消除了，有一天牠成佛了還是跟諸佛一樣，所以「不高不下」平等平等。

那麼 世尊說：「得如是乘，於諸眾生爲最爲勝，第一無上。」這才叫作無上乘；得到這樣的法、這樣的修行之路，得到這個大白牛車，這叫作「得如是乘」；這時你也會知道密宗講的金剛乘所謂的無上乘，其實只是附佛外道的虛妄想，是令人下墮的欲界法。這時候相對於諸多眾生而言，你是最特別的、最殊勝的，因爲這是超越三界的法。人間最殊勝的有情是誰？轉輪聖王！就算他是金輪王好了，也只不過是一個凡夫，連初果都及不上；而初果人見了「得如是乘」的菩薩摩訶薩，也只能自慚形穢。那你說，這樣證得諸佛「本願藏」的人，難道不是「於諸眾生爲最爲勝」嗎？所以這樣的人叫作「第一無上」。

如果你們有上過「四加行」的課，四加行中的第四位，叫作「世第一法」，前面「暖、頂、忍」其實就可以說是世間眾生「第一無上」了，因爲連初果人還不知道這樣的境界。可是已經修行到「世第一法」，即將證悟了，這一悟就不算世間了，因爲證悟的內容是第八識實相法界，不屬於三界世間的法界了；這樣實證的人，當然叫作「第一無上」。

我要請問你們增上班的所有同修們：證得這個「第一無上」的眞如以後，見到了外面的學佛人搖不搖頭？不搖頭！不可以搖頭！因爲你如果那個時候想：「我是第一無上。」那你就不是「第一無上」，因爲你落到「我」裡面去了。所以「第一無上」的人，沒有「第一無上」之想。因此菩薩證量越高，越顯現得平常，人家都看不出來。好像武俠小說也是有此一說，說那個練外功的人，看起來都粗壯彪悍，有沒有？但內功練得非常好的人，這手指一點就把人點死了，還不必出拳，外表看來卻都溫文儒雅。

練外功的人胳膊粗、腰粗、手粗，什麼都粗，而且那太陽穴還鼓鼓的；可是那內力非常強的人，你根本看不出來，他卻像個讀書人，有沒有？菩薩摩訶薩阿那含就像這樣，這樣才叫作「第一無上」。所以如果出門去採購、辦事情，人家一看說：「啊！你是個學佛人喔？」那表示你隱藏得不夠好。（大眾笑…）如果人家看見了說：「欸！您是教書的嗎？」你就說：「是、是、是、是。」「你是教太極拳喔？」「對啊！對啊！」那表示你成功了！因爲菩薩摩訶薩所謂的「第一無上」，沒有「第一無上」，所以回歸平凡，沒有人知道！所以我住在我們社區中，不跟人家打交道；遇見了，我都客客氣氣先跟人家招呼，不等人家招呼。那我的身分沒有人知道，這樣最好，省事啊！

所以從實相法界來看，當你悟後進修到菩薩三果時，明知道自己是「第一無上」，可是不作「第一無上」之想，回歸於平凡，讓大眾無所知悉。除非他有一天來到正覺，聽人家介紹了，一看說：「哎！原來是他喔！我的鄰居欸！」否則不會知道。因此鄰居之中，如果我覺得誰眞的與法有緣，才會送書給他，否則不送。這就是說，菩薩摩訶薩證得諸佛「本願藏」之後，知道三世諸佛的所證同樣是這個「本願藏」，那這個時候在諸眾生中最勝、最爲第一。

世尊接著說：「菩薩摩訶薩究竟佛乘，於一切法悉得無相；菩薩摩訶薩於諸法中斷於疑網，證不還果。」像這樣的菩薩摩訶薩並不容易，他「究竟佛乘」。爲什麼「究竟佛乘」？從菩薩道五十二個階位來看，如果到五十三位就是成佛了，所以菩薩道的實證有五十二個階位。到這個菩薩阿那含位時，表示他即將入地。即將入地代表什麼？代表非安立諦三品心已經完成；這時候要展開進入初地前的加行位了。第七住位見道之前有加行位，入地之前也有加行位，所以這時候要修安立諦十六品心以及九品心。這時加行完成而入地了，他當然已經瞭解，從初地開始到妙覺地，我是要修什麼；他已經知道一個大概，這樣才叫作把佛道通達了。

那爲什麼這時叫作「究竟佛乘」？因爲他從見地上已經通達佛道了，可是修道位的內涵他還沒有修，而大乘成佛之道的見地已經圓滿了。所以「究竟佛乘」是從見地的究竟來講的，而不是從修道位在事修上的內涵來講。菩薩三果準備入地，他的境界是「於一切法悉得無相」，所以看來在人間有一切法不斷地生、住、異、滅，可是在生住異滅的當下，他所見都是無相的、不生滅的第八識如來藏，無有一法不是無相，因爲無相即實相。

那麼菩薩摩訶薩這時候，「於諸法中斷於疑網」。爲什麼「疑」就像網子一樣？因爲這個「疑」只要存在的時候，它就會像網子一樣把眾生給籠罩住；被網子籠罩就表示逃不掉了。所以臺灣有人發明一種無人機，飛上去以後發射出一張網子，把不應該存在的無人機網住，它就掉下來了。那警察抓人也有這個武器，這支槍打出去時不是打死人，而是打出一張網子；當這網子把壞人網住了，那個人就逃不掉了，大家便一擁而上抓住他。抓動物也是用這樣的方法。那麼「疑」就像一張網子一樣，使人不得解脫；被這個網子網住了，他就無法突破。

但菩薩摩訶薩阿那含位「於諸法中斷於疑網」，他把疑網給斷滅了；因為他現在知道成佛之道十個位階應該修什麼，然後到了等覺位時「百劫修相好」，等覺位的最後位就是當一生補處菩薩，改稱為妙覺菩薩。當菩薩阿那含看清楚這樣的修行過程時，他的心境再也不回來三界法中了；因為他所住的境界是實相的境界，這樣叫作「證不還果」。所以「證不還果」顯示於外的，是他不會因為想要求得某一個欲界法而求不得，然後在那邊起煩惱，其實這樣的境界叫作欲貪斷。還有一點就是：不會因為想要求得某一個欲界法而求不可得，因此起瞋，這叫作欲瞋斷。所以除三縛結斷了以外，加上欲貪斷、欲瞋斷，而且「非安立諦三品心」他已經修學完成了，這時候即將入地，再也不還三界了；也就是他的心住於實相，而不住於三界境界中，這樣就是通教菩薩的「不還果」，他一定會轉入別教法中。好，接下來：

經文：【「復次，阿難！菩薩摩訶薩以四弘誓攝取一切眾生，安立一切眾生悉入佛乘，住菩提道。云何安住菩提？所謂眾生相，如實覺悟，住眾生界；何以故？善知空界、不思議界，離眾生想；何以故？是賢聖界即眾生界，不思議界即是空相，亦無眾生離諸結使。猶如虛空無形無相，實無所有，無染無著；知一切眾生，皆悉平等，不出不沒。究竟菩提離眾生相，猶如空界無所覺了；何以故？無法可得。如是無得，即是一切法相及眾生相，心所覺了即非覺了；何以故？無法可得。如是無得即是無證，是故名爲得阿那含。一切眾生、一切諸法、佛法僧等，出如是相，名阿那含。」】

語譯：【世尊又開示說：「阿難！菩薩摩訶薩以四弘誓願攝取一切眾生，安立一切眾生全部都進入唯一佛乘，住於佛菩提道中。什麼叫作安住於佛菩提呢？也就是所說的眾生相，如實覺悟，住於眾生法界中；爲何這麼說呢？善於了知空性法界、不可思議的法界，遠離諸種眾生想；爲何是這樣呢？因爲這個賢聖法界也就是眾生界，不可思議法界也就是空性的法相，也沒有眾生離開三縛結、離開五利使、五鈍使。猶如虛空無形無相，眞實而無所有，沒有雜染、沒有執著；了知一切眾生全部都平等，不出離也不沈沒。究竟法的菩提遠離眾生相，猶如虛空法界一般而無所覺了；爲何如此呢？因爲無法可得的緣故。像這樣的無法可得，就是一切法相以及眾生相，眞實心之所覺了就不是覺了；爲何是這樣呢？因爲無法可得故。像這樣子無法可得也就是無所證，由於這樣的緣故名爲證得阿那含。一切眾生、一切諸法、佛法僧三寶及戒法等，都出離於這樣的法相，名爲阿那含。」】

講義：所以要當通教菩薩的阿那含眞不容易，世尊說了：菩薩摩訶薩以「四弘誓」的大願來攝取一切眾生。「四弘誓」諸位當然都能琅琅上口，所以攝取眾生的時候，作意是自己要成佛，眾生也一樣要成佛；如果這樣想，當然就要幫眾生證悟般若了。所以如果有個師父出世弘法，弟子跟師父求：「師父啊！我們也想像您一樣開悟。」師父說：「你們沒分！你們永遠也悟不了的，別求了。」那麼這個師父的證悟是有問題的，至少有兩個問題：第一、他吝法；第二、他根本沒悟。

假使再有一個問題，就是他觀察這些徒弟們都沒因緣；可是徒弟們如果都沒因緣，師父就應該施設方便廣闢福田讓弟子們勤種，才能讓他們有因緣可以實證。

我們正覺同修會就是這樣，有的人有因緣、有的人沒因緣實證；那些沒因緣實證的人，我們施設許多因緣給他們；所以這一方福田開了不夠，我就開另外一種福田，陸續開出很多種福田；在這很多種福田裡面，總有一種可以相應吧？當弟子們把福田種好種足了，在這個種福田的過程中，他們的定力、正見、慧力、伏除性障等所需要的條件就完成了；如果那些福德都沒有完成，表示他們的福田還沒有種好。所以這是很容易的事情，而善知識也必須爲弟子們廣開福田，也必須要幫助福德具足的弟子們證悟。

如果你當上善知識時自己本身的條件不夠，就無法爲弟子們施設各種福田。比如說，你沒有無生法忍，又剛好不識字，那你幫座下的弟子們悟了以後，哪天有個弟子退轉了說：「師父！你這個根本不對！」於是如何、若何講了一堆，結果呢？你沒有辦法開口應對，沒有辦法攝受他，那你幫他悟了，就是搬磚頭砸自己的腳。古來有這樣的禪師，現代廣欽老和尚也是這樣，所以承天禪寺除了廣老以外，就再也沒有一個證悟者，一個都沒有。

這就是說，菩薩摩訶薩一向尊崇「四弘誓」的大願，「四弘誓」大願最後一個叫作「佛道無上誓願成」；這個大願在三歸依的時候就發了。這「四弘誓」願發了，就叫作第一次發菩提心。那你現在遇到某些人，度他來正覺學法，告訴他說：「來正覺學法，眞的可以開悟！」他才一聽到「開悟」這兩個字，倒退三步說：「別了，別了！我算哪根蔥？」你就點醒他一下：「請問你歸依了沒有？」他說：「歸依了。」「既然歸依了，有沒有發四弘誓願？」「有啊！」「那你唸給我聽聽看。」唸到最後一句時，他可能唸到一半就不唸了，因爲「佛道無上誓願成」這個願都敢發，結果求開悟證入第七住位卻不敢，這樣發了「佛道無上誓願成」是發著玩的啊？很多人都沒有想到這一點，所以先要提醒他們：佛道無上誓願成。

然後接著問他：「那你這個願還在不在？」「在啊、在啊、在啊！」他連著跟你講三句「在」，你就可以指點他了：「可是你要成就佛道，也就是在證悟之前，前面那三條你剛剛唸過了，你得要重新再發願，並且付諸於實行。那就是：『眾生無邊誓願度，煩惱無盡誓願斷』，不能繼續把那一堆煩惱抱得緊緊的不放。」然後再告訴他：「你想要斷這些煩惱，不是自己就能斷的，有很多法門你得要學；法門雖然無量，你都得學，最後才能成就佛道。」這樣他就懂了：「原來要達成最後那個無上佛道，我要學習這麼多的法。學這麼多的法不是靠自己，要靠善知識；還要自己努力斷煩惱，並且要努力眞的去布施、持戒、忍辱，因爲『眾生無邊誓願度』，再也不能拿臭臉去面對眾生了；以後就要像民間雕刻的彌勒菩薩一樣，每天笑嘻嘻的。」這叫作「以四弘誓攝取一切眾生」。攝取眾生就是攝受將來成佛時的國土。將來自己所成就的佛土，就是從現在攝受眾生開始，然後要「安立一切眾生悉入佛乘」，不可以單把解脫道拿來教導眾生，而是要把解脫道函蓋在唯一佛乘裡面來教導眾生；這樣讓眾生和自己一樣都「住菩提道」。

「云何安住菩提？所謂眾生相，如實覺悟，住眾生界；」什麼叫作「安住菩提」？「安住菩提」時總有一個行相吧，你要怎麼安住？這有一個運行的過程，讓人家看出來說，你現在安住於菩提道中。佛說了：「云何安住菩提？所謂眾生相，如實覺悟，住眾生界；」這很奇怪吧？「安住菩提」竟然是「眾生相」而「如實覺悟」。眾生，上從天界、下至阿鼻地獄，所有的有情都叫作眾生；可是對這一些眾生，你要「**如實覺悟**」。

在這裡告訴大家，這個覺悟不是二乘菩提，因為二乘菩提的覺悟要叫作「如虛」覺悟，所見的一切有情、一切法都是生滅、無常、苦、空、無我，沒有一法常住。但這裡教你「**覺悟**」是要「**如實**」，你所「**覺悟**」的不能像二乘聖人一樣的如虛。所以如果有誰發心去出家，和尚給你一個法名叫作如虛，你可千萬推辭；因為你「**住菩提道**」要的是「**如實**」，不要如虛。所以「**如實覺悟**」表示說：你所覺悟的法，就如同一個眞實的法一樣在那邊永遠常住，那叫作第八識如來藏的「妙眞如性」，這樣才能叫作「**如實覺悟**」。

可是「**如實**」悟得出世間法如來藏，現觀阿賴耶識的「妙眞如性」以後，你是不是就躲在山裡面自修，再也不見人？不是！因為你要「**住眾生界**」中。「**住眾生界**」的意思是，悟後你顯示出來的要跟眾生一樣。假使你往世修學五神通，這一世突然忘了，悟後又發起了，那你是不是就一天到晚飛來飛去？一天到晚就看著眾生，比如眾生買了書要你的簽名時，你看著他時想著說：「**你口袋裡現在有五千塊錢，而我是不受供養的。**」不能這樣。

想要「**住眾生界**」，要看眾生是怎麼生活的？你就跟眾生一樣的生活，不顯示有什麼異狀；眾生有什麼功能差別，你就有什麼功能差別，如是，眾生會餓，所以你會餓；眾生需要睡覺，所以你也睡覺；眾生會生病，所以你就一樣生病。還記不記得呢？《維摩詰經》中 維摩詰大士怎麼說的？他說：**以眾生病故我病**。因為眾生會生病，所以我取得人身時就會生病。可是千萬別像那些假名大師說：「**他生病只是一個示現，他可以不必生病的。**」那叫作胡說八道。除非生在天上，否則在人間生活時一定會生病的。維摩大士的意思是說，因為他來跟眾生一樣取得人間的五蘊，而人類這個五蘊是會生病的，所以他會生病；也就是不自外於眾生。

那麼「**如實覺悟**」以後，可別一天到晚高來高去，不然就住在深山裡面誰也不見！假使有個人眞是這樣的話，他要到何時成佛？因爲他不攝受佛土。《勝鬘經》說，攝受眾生即是攝受佛土。所以「**如實覺悟**」以後，要「**住眾生界**」。那爲什麼「**覺悟**」以後可以這樣？當然有原因的。

世尊說：「**善知空界、不思議界，離眾生想；**」這時候菩薩即將入地了，這樣的菩薩阿那含善於了知空性的法界。空性法界最主要就是空性如來藏，而這個空性如來藏在人間運行的過程之中，由祂的行相顯示出祂空的自性。但這個空性卻有許多的功能差別，所以叫作「空界」。這個「空界」衍伸出去，可以成為十八空，有興趣的人直接去讀《大品般若經》吧，這裡就不講解祂了，因為若是要講起來，就叫作落落長。

「**善知空界**」的人，他就知道什麼叫作「不思議界」，因為這「空界」的境界不可思議，二乘聖者之所不知，何況是一般異生凡夫呢？當他知道「空界」、知道「不思議界」的時候，他就「離眾生想」了；所以他平常所見一切眾生，全部就是第八識如來藏；除非要跟眾生交際往來，否則他不用去記眾生姓氏名號，這叫作「**離眾生想**」。

「**何以故？是賢聖界即眾生界，不思議界即是空相，亦無眾生離諸結使。**」「**如實覺悟**」之後，凡有所見都是「空界」、都是「不思議界」，那為什麼能這樣呢？如來就說：「**是賢聖界即眾生界，不思議界即是空相，亦無眾生離諸結使。**」諸位要好好體會這個，因為這一些法講到最後〈降魔品〉時要用來降魔的；天魔波旬被 如來所攝受了，他竟然還不知道被攝受了；而 如來應允了他很多事，其實也沒應允他，都是因爲這些法義現觀的緣故。所以《不退轉法輪經》在前面這裡講了很多很多的法，到最後全部集合起來，一起講給天魔聽；這樣使眾生得不退轉於法，所以這一些法諸位都得留神著。

世尊說「**這一些賢聖的法界，也就是眾生的法界**」，有沒有人認爲說：「**悟了之後，不但要有五神通，而且要多一個頭、多兩個眼睛、多四隻臂膀。**」有沒有？不會這樣想吧？因爲這個菩薩賢聖的法界，跟眾生的法界是一樣的；只是因爲菩薩有智慧，所以把他另外立名叫作菩薩。那麼菩薩就依著四弘誓願、依著他的智慧而在人間行走，這樣叫作「遊行人間」；如果要講好聽一點的，叫作遊戲人間，因爲來人間走這麼一場，演完人生八、九十年的戲以後，回首一看還眞的叫作「人生如戲」。到了下一世，再來看這一世時就說人生如夢。當你看見了往世的事情，一定就會發覺人生果然如夢。也就是說，其實賢聖的法界跟眾生的法界是一樣的，所不同的是菩薩看見了「**不思議界**」，而不可思議法界竟然不離眾生法界，所以才說：這個賢聖界也就是眾生的法界。

賢聖菩薩們所住的「**不思議界**」，其實就是「**空相**」。爲什麼叫作空相而不叫作空性？這是個問題。「空性」是指如來藏的本身有各種法性，是說空而有性；然而「空相」是指空性如來藏的各類行相，是說祂在三界萬法運行過程中所顯示出來的法相。如果單單解說空性時，你怎麼樣也悟不了，所以開示說，要在空性如來藏運作的過程當中去悟入。那麼如來藏在萬法中運作的過程時，當然就會顯示出祂運行時的法相，那叫作如來藏的行相；所以如來藏運行的過程有法相顯示出來，這就是「空相」。

這個「不思議界」的證悟，就是從「空相」去證悟；也就是從空性如來藏運行過程的法相中悟入祂。如果如來藏的現行只有一刹那，你永遠也悟不了；所以在禪三時，我總是讓大家不斷地在空性的運行過程中去體驗祂。就算你找到了祂，如果體驗不夠，心中有疑時，還是要把你打回票，因爲那時你最多只能當個古時候的禪師，當不了正覺增上班的同修，所以要好好去體驗這個「不思議」的法界。「不思議」的法界體驗足夠了，就表示如來藏總相上的粗細相貌你都體驗完了，這樣才有資格繼續往後面的次第推進，才能讓你過五關、斬六將，比關公還要厲害；因爲關公過五關、斬六將只是世間法，咱們是法上過五關、斬七將都是世出世間法，然後你才有資格進入增上班來。

可是號稱證得「不思議界」，親證空相進入賢聖法界了，這時你再來看有哪一個「眾生離諸結使」？你這個五陰證「不思議界」、證「空相」之後，從別人的立場來看你，說你斷了三縛結、斷了五利使，你已經離開眾生相；可是從你所證的如來藏境界來看時，並沒有你這五陰開悟這回事，也沒有你這個五陰斷三縛結、斷五利使的事情；所以你悟後轉依如來藏以後，根本無一法可得，那時是誰「離諸結使」？可要記住這一句話！因爲將來天魔來見 佛的時候，佛也要講這個道理：「亦無眾生離諸結使。」

到這個地步時，「猶如虛空無形無相，實無所有，無染無著；」世尊說了：「到這個地步時，好像虛空的無一樣，無形無相，眞實而無所有，」誰能把虛空作成什麼模樣？沒辦法呀！也許有人說：「我弄個盒子把虛空裝起來，我就裝了一部分虛空了，那裡面的虛空就是四方形的。」然而請你把它打開看看，它是四方形嗎？其中都沒有什麼啊！你只看到那個盒子，你有看到虛空嗎？如果有看到虛空，你就看不見我，也一樣看不見盒子。而虛空變成實體法時，一定會把你遮住，你怎麼能看見我？又怎麼能看見那個盒子？可是明明你看見了！表示什麼呢？表示虛空無法。

其實虛空是依物質的邊際而施設，所以虛空叫作色邊色。以前小時候，父母說：「你看！有虛空啊！」小孩子弄不懂虛空在哪裡，就問：「什麼叫作虛空？我沒看見哪！」其實沒看見什麼才叫作看見虛空，對啊！可是被教導了以後，變成虛空實有，那智慧反而是倒退了，不如小孩子。其實虛空是依物質的邊際來施設的，說這個邊際以外沒有物質的地方叫作虛空；所以虛空無法，虛空是依物質而施設出來的，所以叫作「色邊色」。就是依物質的另一邊施設出來的、一個假名的色法，所以虛空就是無；因爲無，所以虛空可以無邊無際。

因此，十方虛空中所有的世界，全都住於虛空中，不單單我們這個銀河系的娑婆世界。既然全都住於虛空中，而虛空是無，所以虛空可以無邊無際。十方虛空既然無邊無際，佛土世界當然不可限量，所以說虛空是無，當然「無形無相」。既然通教菩薩阿那含的所證是「猶如虛空無形無相」，表示這個空性是像虛空一樣，也是「無形無相」的；雖然「無形無相」，不代表祂不存在，所以說祂「實」，可是祂的境界中沒有任何三界法。所以這個空性如來藏是眞實的，但是「無所有」，因爲祂的境界中不存在任何一法：「實無所有。」

證得這個空性的法相而轉依成功之後，就會「無染無著」。剛開始證悟的時候，總是有時會涉入五欲中去貪取、去執著，是因爲他有「見地」生起而沒有修行的成果；眞正開始修行以後，才會進入「薄地」，就是薄貪瞋癡。可是菩薩阿那含是從見地、薄地的修行後，終於進入到三果「離地」了，這時候就是「無染無著」，再也不貪求欲界中的一切法。

在《阿含經》中有一部經，定義很分明，說什麼叫作聖人？是三果以上。若是還在二果以內，那叫作「方便稱爲聖人」，不是眞實的聖人，只是對凡夫而說他叫作聖人。可是如果從大乘法來講時也跟《阿含經》講的一樣，眞正的聖人是要證得第三果時才稱爲聖人，而聖人無聖，所以說他「無染無著」。因此初果、二果還容許有染、有著，只是不像凡夫那樣染著了；可是三果人絕對「無染無著」。

到這個地步時，「知一切眾生，皆悉平等，不出不沒」。這個道理在〈降魔品〉裡面，如來也這樣講給天魔聽；只是講得簡單，而天魔聽不懂，自以爲聽懂了，

所以等於被 如來所說的字面表義瞞了，所以又恢復年輕的模樣而歡喜回宮去享樂了。他回天宮去以後，以爲 如來已經答應他都不再度眾生；也沒有眾生證涅槃、證般若，他以爲是這樣的。

他只是從事相上來聽 如來所說，可是 如來說的是爲他開示實相法界的事，他就當作是現象法界中的事，所以他很歡喜說：「**如來答應我了，如來不再度眾生了。**」所以他歡喜回天宮去。現在 世尊就是講這個道理：「**知一切眾生，皆悉平等，不出不沒。**」證悟般若之後所見的一切眾生都沒有高下分別，全都平等。假使他有顯微鏡，看見了細菌、看見了病毒時也會說：「**原來牠們跟我一樣，沒有高下差別。**」這時候看見眾生得度成爲阿羅漢，或是證眞如、入地，或者成佛，看來是有眾生出三界；可是當他從如來藏來看時，卻沒有眾生出三界的事。是從事相上來看時，說眾生出三界，他們的五蘊消失了，沒在三界中出現了！可是他從如來藏來看時，事實上並沒有眾生出三界；因爲出三界只是滅了五陰，剩下他的如來藏獨存，名爲無餘涅槃。那二乘阿羅漢出三界、入了無餘涅槃，實質上也沒有入無餘涅槃、沒有三界可出，所以菩薩阿那含的所見是「**不出不沒**」。

這時的菩薩阿那含「究竟菩提離眾生相，猶如空界無所覺了；何以故？無法可得。」菩薩阿那含已經「究竟菩提」，因爲他已經知道成佛的路該怎麼走了，菩提之道他已經瞭解了，只是還沒有進入初地開始實修，所以他能「究竟菩提」。但是這佛菩提「離眾生相」，於佛菩提中沒有任何一個眾生的存在可言，「猶如空界無所覺了」，是猶如如來藏空性的法界一樣「無所覺了」。「空界」就是空性的法界，當你證得如來藏以後，再來看看如來藏自住的境界時，其中無有一法可得，又能怎麼覺了？

那你證悟如來藏以後，問如來藏說：「我現在悟了，那你如來藏也應該悟了，因爲我跟你是一體的；所以我悟了有智慧，你如來藏也應該有智慧。」可是如來藏默而無言，祂都不回應你。你說：「至少你也知道斷三縛結呀！」如來藏依舊默而無言，繼續不回應你。於是你說：「那你如果不喜歡二乘菩提，不然咱們講講大乘菩提。我證眞如了，你也應該證眞如了吧？」祂依舊默而無言，因爲這一切都是你五陰家的事，跟祂無關，祂的境界中「無法可得」。

所以你證悟如來藏以後，轉依如來藏了，七轉識就得「猶如空界」；可是「空界無所覺了」，因為證悟是你五陰家的事，悟不了也是你五陰身心的事，都跟祂無關！所以你證悟時，是祂背後支持你證悟；證悟時是你的事，跟祂無關。如果你悟不了，祂也在背後支持你悟不了，悟不了也跟祂無關。就是這樣子，因為「猶如空界無所覺了」。如來藏之所以如此，是因為祂的自身境界中「無法可得」。如來藏本身「無法可得」，而祂出生了一切法，這一切法是要給你五陰身心得的；這一切法是要給你五陰知、給你五陰證的，可是祂對這一切法不知、不覺、不證，因為祂的境界中「無法可得」。

你們大陸同修怎麼還能來？……（無關法義，省略）《不退轉法輪經》今天要從三十九頁第二段倒數第三行開始：「如是無得，即是一切法相及眾生相，心所覺了即非覺了；何以故？無法可得。如是無得即是無證，是故名為得阿那含。」這一段經文說，就像是這樣的無所得，就是「一切法相及眾生相」。

上週最後說：「究竟菩提離眾生相，猶如空界無所覺了；何以故？無法可得。」那今天還是在講「無法可得」的道理，但是先把上週的提出來說「如是無得」，像這樣的無所得，就是「一切法相及眾生相」，這一定要從實相法界來說；如果是從六識論者所看見的現象法界一切諸法的法相來講時，就一定講不通的，所以他們從來不講解這樣的法；因爲落到六識論的時候，必然無法涉及實相法界，當他們以現象界的法來解釋這一些道理時必然解釋不通！現在有個問題是：「爲什麼說像這樣的無所得，『即是一切法相及眾生相』？」

「一切法」其實也不離眾生，那咱們先來說眾生吧。眾生就是五陰，凡是具有五陰的全部或局部者都叫作眾生；但是有一部分有情同樣具有五蘊，卻不叫作眾生，那叫作四聖法界，就是聲聞、緣覺、菩薩、諸佛，因爲他們不落在眾生界裡面。那麼這四聖法界中的有情，如今全球佛教就只有正覺同修會裡面才有，其他人全都在眾生法界裡面。

然後問題是，爲什麼這樣的無所得就是「眾生相」呢？因爲眾生不明白自己在世間追求「一切法」時，縱然有所得，其實也是無所得；而他們對這個眞相始終看不見、永遠不明白，所以總是認爲自己有所得。因此才剛出生、呱呱墜地時，那就是得到這個五陰身心了，才剛了知世間事就是得了境界；那時只能了別什麼呢？只能了別冷、暖、痛、癢、飢、飽，不然就是尿片濕了，只能了別這一些；

這樣就已經是得了，因爲得五陰身心而了知六塵境界了。

可是得的當下，眾生其實仍然「無所得」，而他們並不知道。漸漸長大，甚至於學校畢業了，當完兵回來又結了婚，一直到老年之時，看來是得了很多東西；所以弄璋、弄瓦時說：「哇！我要當父母了，因爲我得了個兒子、女兒。」也是人生一大樂事。好高興！當爸爸、當媽媽了，有所得！可是本質上仍然「無所得」，而他們並不知道。因爲這個有所得的眾生心，從表相看來都是有所得，所以叫作「眾生相」；可是這個「眾生相」的本質，其實依舊是「無所得」，因爲這一世的人生全都等於是一個過場，當這個場合過完了，一生結束了，依舊「無所得」。

但這是從二乘菩提來講「無所得」，因爲無常、苦、空、無我；可是若從大乘菩提來看時，出生的當下得了五陰身心，還是「無所得」，因爲他的如來藏不知不覺這些事情，他的如來藏也不牽掛五陰身心；對於剛剛得到的這個五陰身心，儘管祂好好地護持，可是依舊不放在心上，祂只是任運而行。

如來藏是認命的，千萬要記住；如來藏對六塵中的一切法都沒有想要或不想要什麼的作意，祂的作意不在這上面運作。如來藏也不會對這個五陰身心有作意，可是你若要說沒有作意，祂明明又有五遍行中的作意心所；而祂的作意，不是你意識所知的作意。這就怪了！所以五個遍行法都一樣：觸、作意、受、想、思，看來祂這五個都有；可是祂的作意不是你所知的作意，祂的受、想、思，祂的觸也都不是你的所知，這得留到增上班才講，不在這講經的時候說。

那麼如果從呱呱墜地取得五陰身心當下的如來藏來看時，依舊「無所得」；這樣的「眾生相」也是「無所得」的。那麼有「眾生相」時，當然就有一期生死；所以由長大、讀書來看時說：「**這是資優生，每個學期期末考分數計算下來都是第一名。**」然後每個學年，不論小學、國中、高中、大學、研究所、博士班，全都是第一名，正是有所得；所以人家見了就說：「**哇！你現在是博士了。**」果然不久，又看見他在大學執教等；又過不久可能辭了教授職，當官兒去了！而且官還當得不小……，乃至給他當上總統好了，全都有所得。

可是從他的如來藏境界來看時都「無所得」，因為這一切的所得都是五陰身心的事，不關祂如來藏的事！所以一個眾生在人間的一期生死，有種種的「眾生相」，悉皆無得。而這個「眾生相」顯示出來有很多的法，有五遍行、五別境、六根本煩惱，還有二十個隨煩惱，加上四個不定心所法；不但如此，還有二十四個心不相應行法。假使還有禪定的證量等，那就還有不動無爲等六個法；再加上這八識心王，整整一百法都在運行之中，這是有「無生法忍智」的人都能看得見的事。然而這一切法相看來有所得，其實依舊「無所得」。

然而這樣的「無所得」都因爲下一句話：「心所覺了即非覺了。」這是前後關聯著的。請問這個「心」是指哪個心？我聽到有人講意識心，也有人講如來藏心；但如果是意識心，作麼生說個「無所得」？也可以講得通啊！因爲意識無常、苦、空、無我，所以「無所得」；但是要如何跟這一句「心所覺了即非覺了」相應？這時不相應了喔！因爲意識早上一醒來接觸六塵時就是有所得，你就得到六塵了；六塵中的種種變化也都是你意識心的所得，怎麼樣說個「無所得」底道理？講不通了！所以你說如來藏，講對了！

如來藏是心，一般人都把如來藏給想渾了，心裡面想：「如來藏既然是心，心當然能夠分別六塵，就是離念靈知心。」可是這麼一想就錯了，因爲如來藏不分別六塵；不分別六塵，卻又繼續把所有的六塵影像全都變現給你，就像鏡子一樣不分別。你問問鏡子：「你了別或不了別你裡面所含藏的影像？」你這麼問它時，它會不會跟你說：「我不了別！」不會的。如果如來藏會回答你「我不了別」，就表示祂會了別，所以祂來個相應不理，也沒有理你。

所以你來到祂面前，祂眞的相應了，把你的影像顯現給你看，但不會理你；像這樣子，表示祂有「所覺了」，所以你來到如來藏鏡子面前，祂才能把你的五陰及六塵影像顯現給你；如果祂沒有「覺了」，又怎麼顯現六塵影像給你？那如來藏就像鏡子這樣，有什麼六塵來了，祂就轉換成內相分的六塵變現給你，所以你六識心可以接觸六塵。當你六識心接觸六塵在作了別時，你的如來藏卻不了別六塵，所以祂的「覺了」不在六塵上運作；而祂所覺了的內涵，我不方便講（大眾笑…），因爲我有個責任，佛陀早就吩咐過了：「一切菩薩摩訶薩當隱覆說法。」這「隱覆說法」是《阿含經》明文記載的。所以演述經典的時候，有一些內容我是不翻譯、也不解釋的；但你們大概都不會注意到，我是唸過就算了。

祂的「覺了」不在六塵上，我透露一點消息好不好？（大眾說：好。）你們當然說「好」了，（大眾笑…）難道還不好？祂的「覺了」，就是「覺了」山河大地以及五陰身心和所有業種。這個怪了哦？祂既然能「覺了」五陰身心，可是爲什麼你跟祂講話時，祂又不答你？所以說這個「覺了」難可了知。由於祂的「覺了」不是一般人意識心之所了知，也不是二乘聖人心中所想的「覺了」，所以說：「心所覺了即非覺了。」例如〈唯識三十頌〉中說「**不可知**（之）**執受、處、了**」。我這樣透漏了消息，便問諸位：有沒有消息？沒有啊？有人還跟我搖頭。但我最多就只能透露到這裡（大眾笑…）。

所以祂的「覺了」，跟一般人、二乘聖人所知的「覺了」迥然不同，這是佛菩提道中唯證乃知的事。正因爲「**心所覺了即非覺了**」，表示祂對六塵完全不領納；那我問你：「**假使你昨天買了一張彩券，今天中了樂透頭獎二十幾億臺幣。你五陰身心領受了二十幾億臺幣存入銀行去時，你的如來藏不知不覺，那麼到底是誰覺了中頭獎？**」是五陰身心哪！而如來藏不「覺了」這個事情，祂的「覺了」不在六塵上，所以不是眾生心所知道的「覺了」。那麼對於「**心所覺了即非覺了**」，作個結論說：「**何以故？無法可得。**」所以六塵中的千千萬萬法，如來藏都不了知；都不了知的時候就「**無法可得**」。所以說，這無所得很厲害！一個人修學佛法時能否實證，就看他對「無所得」的認知如何，悟後才能判定他的證量如何；如果凡有所證而有所說，都是有所得法，即是已被繫縛，表示這個人不是實證者，因爲只有「無所得」才是眞正的佛法、眞正的解脫。

然後 如來又作個結論說：「如是無得即是無證，是故名爲得阿那含。」所以大乘佛法中的聖者所證都是無所得法；如果有一天有個人跟你炫耀：「我現在很有證量了，我的佛法修爲很高了。」你就問他怎麼個高法？他說：「我現在連神足通都有了！不信，你看！我飛起來！」果然就飛了，於是飛走了。哪天遇見了，你就告訴他：「原來你什麼佛法都沒有，你根本不懂。」他當然要反問你：「那你會飛嗎？」（大眾笑…）你就告訴他：「我不會飛！」「那到底什麼是佛法？」你就給他來個良久，只管瞪著他看就好；如果瞪了一會兒，他弄不懂，你就問他：「會麼？」（大眾笑…）才知道佛法厲害；裝神弄鬼，那都是世間法，何曾有佛法？

所以我常常教導諸位，不管誰來了說他多厲害，你都讓他表演；表演完了，你都告訴他：「原來你只是意識境界。」這就夠了。不管他說得多玄多妙，都是意識境界。所以我常常說：「菩薩證悟了以後，可以誇口說：『世間所有諸法我盡知。』」

但是人家聽了一定都誤會，就說：「你怎麼可能全部知道？」但我們的看法很簡單，「當然我全部知道，不管你的境界多玄多妙，全都是意識境界，所以我當然全部知道。」沒有一個佛門內的誰、或者外道的誰，可以超脫於意識境界；所以你當然全部知道，儘管讓他講，講到口沫橫飛終於講完了，你問他：「你講完了沒？」「講完了！」你就給他撂下一句話，就走了：「原來你都是落在意識裡！」就夠了。所以說，「無所得法」才是真佛法；有所得法都是三界法。因此說，像這樣的「無得即是無證」，無得也無證才能叫作菩薩阿那含；有所得、有所證都不是菩薩摩訶薩，談不上菩薩阿那含。

然後佛陀又作一個結論：「一切眾生、一切諸法、佛法僧等，出如是相，名阿那含。」這裡把一切法都函蓋在內了：「一切眾生、一切諸法、佛法僧等」，你看！三界諸法及出三界諸法全都函蓋在內，說這一些法都是世間相；唯有證得超出於世間相的法，而且轉依成功了，才可以叫作菩薩阿那含。那麼諸位：你把世間所有的宗教，不管它有神論、無神論，全部都拿來審核一下，那一些所有的宗教，有沒有「出如是相」？全都超脫不了！因為他們都是「一切眾生」所含攝。天主教、基督教講的上帝，不過是四王天須彌山腳下的鬼神罷了！而如果有人崇拜自在天、大自在天、梵王，或者崇拜忉利天釋提桓因，也還是「**一切眾生**」之數。乃至於有人修得四空定了，也還在「**一切眾生**」之內。

那麼「**一切諸法**」函蓋比較廣了，包括二乘聖人都叫作「**一切諸法**」；而且還特別標出來說「**佛法僧等**」，不管是勝義的佛法僧、或者現象界的世俗佛法僧，畢竟都只是三界中法。在這一些有情之中，這三種相「**一切眾生、一切諸法、佛法僧等**」全部超出了，這樣才叫作菩薩阿那含。

然而什麼叫作超出？你得要證眞如啊！證得眞如以後，才懂得什麼叫作親見如來；否則都是「**若以色見我、以音聲求我**」，都不能明見眞實如來，因為都是以世間法而求眞實如來；但是眞實如來不可以色求、不可以聲求、不可以香、味、觸、法求。十方諸佛如來的本質就是第八識如來藏，就是第八識眞如；而眞如超出「**一切眾生、一切諸法、佛法僧等**」。當你能夠這樣實證，並且斷了欲貪和欲瞋，這時改以發起初禪為證，你可以說：「**咱家名阿那含。**」但是只講給自己聽，不能講給別人聽。因為當你告訴人家說「**我是阿那含**」時，你已經落在「我」裡面了，就是有所得。

所以「無所得法」是實證者之間唯證乃知的事，可是不說我是須陀洹、我是斯陀含、我是阿那含，因爲所證全都是「無所得法」。這個所證不能拿出來示現於人，只能用來利樂有情，只能用作本來解脫的自受用，沒什麼可炫耀的。你想要拿出來炫耀時也拿不出來，因爲菩薩阿那含並沒有一個事物叫作菩薩阿那含；是捨離了很多世間法，所以叫作菩薩阿那含；是因爲捨而證果，所以證果依舊是「無所得」。像這樣的阿那含不容易證，因爲要證菩薩阿那含的人，除了理上的實證以外，還有悟後的漸修。所以悟後的事修，還得次第性的按部就班去進行，不是一悟就成佛。接下來，世尊又以偈重新爲我們宣說一遍：

經文：【爾時世尊即說偈言：「

不復還來，滅凡夫法，捨世間行，名阿那含。

知無來去，無住無依，無有處所，是故不來。

捨於凡夫，爲佛救護，更不復來，名阿那含。
法無有去，亦無來相；無來無去，名阿那含。
斷諸貪欲，不著四食，不退道場，名阿那含。
除滅一切，六十二見；而無所去，名阿那含。
離一切有，心無常相；解了如實，是故不來。
涅槃寂滅，離諸煩惱；滅去來相，是故不來。
斷諸惡趣，離一切垢，證於涅槃，是故不來。
摧伏怨敵，諸魔軍將；超出假名，是故不來。
拔無明箭，害一切愛；棄捨喜欲，是故不來。
滅諸結使，開示陰相；得決定智，名阿那含。
拔憂惱刺，破憍慢山；善解五陰，名阿那含。
究竟照明，莊嚴佛乘；出欲淤泥，名阿那含。
悉知伏藏，諸伏藏上；佛所安置，是故不來。
安住最勝，佛乘無上；斷除諸結，名阿那含。

以四弘誓，建立菩提；住菩提已，是故不來。
知諸空界，難可思議；除滅諸想，是故不來。
於諸眾生，及法界相，而無所得，是故不來。
心無所取，不隨於相，安住菩提，名阿那含。
眾生界空，不可思議；知如是法，是故不來。
如是阿難，顯示那含，諸無礙相，安立佛法。
阿難當知！如來正覺，為諸菩薩摩訶薩隨宜方便說阿那含。

語譯：【這時候，世尊就以重頌而說：「

不重新再還來人間，滅除凡夫之法，捨棄世間的種種行，名為菩薩阿那含。了知無來亦無去，無住亦無所依，也沒有處所，所以名為不來世間法中。捨離於凡夫法，為諸佛所救護，從此再也不來欲界，名為菩薩阿那含。法沒有去的法相，也沒有來的法相；沒有來也沒有去，名為菩薩阿那含。斷除種種貪欲，不執著於四種食，亦不退於道場，名為菩薩阿那含。除滅了一切六十二種邪見；然而其實沒有所去，名為菩薩阿那含。

遠離一切三界有，實相心沒有常住相；解了如實，以這個緣故不來欲界中。涅槃是寂靜而除滅諸法的，遠離各種的煩惱；如是消滅去來之相，由這個緣故說爲不來欲界。

斷除三惡趣，遠離一切垢染，證得本來性淨涅槃，由這個緣故說不來欲界。

摧伏了怨敵，及諸魔的軍將；超出於一切假名，由這個緣故說爲不來欲界。

拔除無明箭，害滅一切貪愛；棄捨由愛喜所生的欲，由於這個緣故所以不來。

滅除三結以及五下分結，開示五陰之行相虛妄；獲得決定不移的智慧，名爲菩薩阿那含。

拔除憂惱之刺，破除憍慢大山；善解於五陰的眞相，名爲菩薩阿那含。

究竟而且能照明，並且能莊嚴唯一佛乘；也能出於由欲所生的種種淤泥，名爲菩薩阿那含。

全部了知一切伏藏珍寶，是諸伏藏中的最上者；這是佛所安置的緣故，所以說爲不來欲界。

安住於最殊勝，佛乘無上乘中；斷除了五下分結，名爲菩薩阿那含。

以四弘誓願，建立佛菩提之道；住於佛菩提之後，由這個緣故說爲不來。了知各種空的法界，難可思議其智慧；除滅了種種的想，由這個緣故所以不來欲界。

於三界種種眾生，以及法界的各種法相，而沒有所得，由這個緣故說爲不來。實相心沒有所取，不隨於種種世間相，如是安住於佛菩提，名爲菩薩阿那含。眾生法界是空，是意識所不可思議；了知像這樣的法，所以說他不來欲界。就像是這樣子，阿難，顯示三果不來，有種種無礙的法相，安立一切的佛法。阿難當知！如來正等正覺，爲諸菩薩摩訶薩隨宜方便演說阿那含。」】

講義：「不復還來，滅凡夫法，捨世間行，名阿那含。」誠如大家所瞭解的，菩薩阿那含名爲不來，就是不還來人間、不還來欲界了；既不還來人間、欲界，表示他已經滅除了凡夫法；滅除凡夫法的人，當然已經棄捨了世間行，這樣才有資格稱爲菩薩阿那含。也許有人想：「那外道也可以不來呀！只要他證得初禪，就可以不還來人間或欲界。」說的也是！其實不是！因爲外道在天界繼續受生，總有一天還會還來欲界或人間；而且更大的可能是墮落三惡道，因爲他們沒有「滅

凡夫法」。

「**滅凡夫法**」，這裡所講的，可不是只有二乘聖人滅的凡夫法；因爲二乘聖人滅凡夫法，即使他修到阿那含或是阿羅漢位，依舊沒有證眞如；所以他「**滅凡夫法，捨世間行**」之後，卻不能叫作菩薩阿那含，他還得要證眞如才行。所以不論是誰，宣稱他在佛法上有所實證時，你就看他所說的實證是什麼階位，然後看他有沒有「**滅凡夫法**」，有沒有「**捨世間行**」。如果這些都作不到，他的一切所思、所言、所行都是凡夫法，那你就說：「**這是個地獄種姓。**」因爲他犯了大妄語業，罪在地獄，心性同於地獄。

所以法不能亂講的，飯由著你亂吃，因爲飯吃錯了，最多是太寒、太燥，有一些難過的現象而已，過幾天就消失了；可是法亂講時，是有未來世的異熟因果，那個因種了就一定產生異熟因果，因爲那個罪叫作「**誤導眾生、斷人慧命**」。異熟因果就是死後一定會改變來世受生之處所，不會繼續生在人間了，所以這個法不能亂講的。那麼如果他宣稱了一個果位，你就有資格加以檢查：他究竟符不符合事實。所以要宣稱證量以前，自己要先掂掂分量；分量不夠時最好少開口宣示，否則將來出了個善知識，再也無法籠罩了，那時候管保他開口不得。就像釋印順一樣，臺灣佛教界被他籠罩了幾十年；可是咱們正覺出來弘法以後，他始終不敢置一詞以辯，到死爲止沒有講過一句話，但我卻在很多書中評論他而寫了個夠。其實也還不夠，所以我們游宗明老師才在《正覺電子報》上，繼續每期爲他連載。所以菩薩阿那含必須有他的實質，下至斯陀含、須陀洹都得要有實質。

如來又說：「**知無來去，無住無依，無有處所，是故不來。**」當你證眞如以後，你發覺有來有去，都是五陰身心的事。今晚從家裡、從飯店來到正覺講堂，那是五陰的事，跟如來藏無關，因爲如來藏無來也無去。你說：「**我現在住於講堂聽經。**」但如來藏不了知自己住於講堂聽經，而且也無所聞。你說：「**我現在依止於佛法、安住於佛法中。**」如來藏也不了知自己正在佛法中。從祂的立場來看，沒有三界法、也沒有佛法可言，都無所依。

所以五善根不足、五善力沒有發起的人，在我幫助下悟了，他還會自作聰明、自己發明，所以就主張：「**蕭老師幫我們證悟第八識了，但第八識也應該有個所依呀！而我證得所依的第九識了。**」所以二〇〇三年那次法難，創造了「眞如出生阿賴耶識」的說法，但他並不是創始者，別人第一次法難時就創造出來了，所以他們講：「**那阿賴耶識的所依是什麼呢？你要好好探究，探究成功另一個所依以後才算眞的悟了。**」沒料到六祖早講了：「**如日處虛空。**」太陽依什麼？沒有所依呀！就這樣運轉，而如來藏根本不需要有所依。

可是第一次法難發動的人，他們是眞的創始者嗎？也不是，而是古時翻譯經典的眞諦三藏就創造過了，他說有一個第九識出生了阿賴耶識，名爲無垢識、菴摩羅識。但這些邪說早被玄奘菩薩破了，所以寫了《成唯識論》楷定佛法爲八識論，沒有九識論，也沒有七識論、六識論，那都是錯的。「**佛法講的是第八阿賴耶識的法性，阿賴耶識這個法函蓋八識心王。**」這不必等到玄奘才講，以前馬鳴菩薩寫的《起信論》就講過了，所以不能再爲佛法作更多的創造，否則就會有法義無窮的過失，就沒有誰可以成佛了！

所以「**無住無依**」才是眞佛法，既然是「**無住無依**」，就沒有處所了；如果有所住、有所依就會有處所，就成爲生滅法。比如說你這七轉識，不能離開五陰身而住，所以你的色身來到講堂時，你說：「**我到講堂了。**」但如來藏阿賴耶識對這一切都不了知，所以「無有處所」；因爲這樣的實證，所以就叫作「不來」，你來到正覺講堂了還是沒有來。如果住於五陰身心中，那就是有來；而如來藏不了知自己住於五陰身心中，所以叫作「不來」。

「捨於凡夫，爲佛救護，更不復來，名阿那含。」一定是捨於凡夫諸法，所思、所爲、所行、所說都超脫於凡夫法，這樣的人始終是被諸佛所救護的；萬一有什麼過去一劫、或是過去無數劫前的業，現在緣熟了該受報時，假使你追隨諸佛修學而實證了，佛就會救護你。所以大家可以看到《本生經》裡面有許多聖弟子過去世、過去劫的因緣，導致現在世的某一種果報，而 如來救了他，使他還可以繼續住世、可以利樂有情，這就是「爲佛救護」。

又譬如說《楞嚴經》鼎鼎有名，《楞嚴經》的由來是怎麼回事呢？就因爲阿難被那個淫女的〈先梵天咒〉所攝持，即將墮入淫行，即將成就破重戒事。但 如來馬上命 文殊師利帶了〈楞嚴咒〉去破了那個〈先梵天咒〉，把阿難跟那個淫女攝受到 如來面前，救了阿難。那麼 如來爲什麼救他？因爲他在佛法上已經有所證了；這意思就是說，如來不捨一切眾生；可是如果於法無所證，通常要讓他隨著業報去領受、去具足償還那個業。

所以菩薩遇見有人遭遇災難時，都會勸慰他說：「沒關係，沒關係，隨緣了舊業。」聽過吧？對啊！因爲他在佛法上還沒有修證，那個業就是隨緣而了；如果你於生死得自在時，你就可以主動去了，因爲觀察當生沒有什麼事情可再作了，那就去找那件業的債主，在這一世把它了了；反正都來去自在了，該死就死，都無所謂了。

這聽起來很無情喔？確實是無情！因爲業能了就了，除非你還有正事要辦；如果沒什麼事情可辦了，賴在人間幹嘛？那就轉入下一世，再從另一個因緣又開始，這樣了業就快速，未來成佛也就跟著快速。所以說，如果有實證了，那麼在世間還有事情等著他去作，如來一定救護他、攝受他，讓他先完成度眾生的福業，然後再還舊債，業可以了結，而且法又可以往上再進一步。

所以諸位可以看看那《楞嚴經》即將講完的時候，阿難已經入地了；可是有多少人能看出阿難當時已經入地？看不出來！而我們把這個道理講了。但他因爲這件事情，跟那個摩登伽女的舊緣也就了了。多棒！了了舊業，而且法上的證量更進一步，這就是「為佛救護」的好處。當然，阿難的發菩提心同於 釋迦如來的輩分，諸大弟子不可與他同日而語，這在《法華經講義》中我已經解釋過了。但這個事一定要先「捨於凡夫」，這是前提；如果沒先「捨於凡夫」，佛陀通常不理會，他該了舊業、就了舊業。但菩薩三果這樣的佛弟子「為佛救護」，他的證量叫作「更不復來」；因為他知道自己根本沒有來，雖然來到人間了也沒有來；表相上看來是有來，其實沒有來，還是在如來藏的境界中，世尊說這樣的人叫作菩薩阿那含。

「**法無有去，亦無來相；無來無去，名阿那含。**」法，就是如來藏；如來藏打從無始劫以前，直到現在，不曾有去；因為祂的境界中就是這樣，你從事相上來看時，說祂有來有去，就說是離開家裡時，祂跟你的五陰在一起來到講堂，所以說是離開家、來到講堂。死了以後說：「**我要往生極樂。**」於是坐著紫金臺，或者坐著金剛臺往生極樂。往生極樂之後，看來是從娑婆世界去到極樂世界了；可是如來藏根本不了知我在娑婆世界、我在極樂世界，都沒有了知啊！所以根本沒有來去之相。

可是從五陰來講，說我上輩子在娑婆世界，這一世在極樂世界，這是從五陰來講，說有來去；可是你要是從如來藏來看時，來也從如來藏中來；去到了極樂世界時也是在如來藏裡面，並沒有離開過如來藏，何曾有來去？自始至終都在如來藏中，你不曾離開，也不曾到達；這樣沒有來、也沒有去，就叫作菩薩阿那含。無來也無去，諸位有沒有聯想到臺灣佛教界什麼人？（眾答：廣欽老和尚。）欸！正是廣欽老和尚。他離開的時候說：「無來也無去，沒什麼事情。」閩南話叫作：「沒什麼代誌。」眞的沒事情，因爲死也死到自己的如來藏中，當年出生時也是出生在如來藏中；所以生來死去都在如來藏中，那還有什麼事情？

可惜他沒有把法傳下來，所以他的弟子們無一人得法。我說，這老和尚還眞聰明，看得出這些弟子們有沒有法緣。我說，好在他沒有傳下來；他要是眞的傳了法，不必講三次、四次法難，只要發生一次就好了，他就得倒下了；因爲他大字識不了一籮筐，當弟子提出質疑說：「這怎麼可能是眞如？怎麼可能是如來藏？」他要怎麼回？他要怎麼攝受弟子？就不說他的證量了。

今天以我這個無生法忍的證量都還有不少弟子質疑呢！所以現在一直有人要

再發明另外一種大乘見道，對吧？對啊！可是這個事情，其實會裡兩年多以前就鬧過一會兒了，所以我才把大乘見道的所謂眞見道、相見道、通達位的證量，都把它作了一個辨正，然後放入《涅槃》書中去了。可是現在還有人不信，繼續要認定窺基偶爾錯說的法。窺基也是偶爾糊塗，他把眞見道、相見道以及通達位，全部放在第十迴向位的最末心，應該也是那些五根、五力不足的人錯解了他的文字敘述；然後他們就認爲一悟就三位都完成，悟後幾秒、幾天也就入地了。那是不是佛經的《大般若經》、《金剛三昧經》、《菩薩瓔珞本業經》統統要修改了？這麼一來，《楞嚴經》、《大乘起信論》也都得修改了。

可是現在諸位請看在網上胡說的琅琊閣、張志成等人，他們還在主張這種邪見，那麼到底有智慧、沒智慧？因爲如果他主張的可以通，佛經與菩薩論都得要修改，得要大翻修了。那可不是說車子出車禍了，鈑金過後就好了；那是大翻修呢！是連引擎都要換新改爲別種的，那他是不是在指責 如來與玄奘及諸大論師都說錯法了？因爲見道只有一種，不會有兩種；所以入地前要有安立諦的加行，眞見道前也得有加行，眞見道之前那個加行叫作「四加行」；可是入地之前也得有加行，那個加行叫作「安立諦十六品心、九品心」的加行取證聖位，這是不相同的。

如來在經中說：「菩薩修學般若波羅蜜多，是在第六住位完成，於是修了四加行以後開始參禪時般若正觀現在前，這得要有一個條件叫作『得佛菩薩善知識攝受』，然後才可以常住不退，這叫作第七住位菩薩。」這是經中明講著的，而且還是令人避免大妄語業的律經所講的，那是不是要把諸經中這個說法推翻而說：「如來！您講錯了！」

還有，我也要問：「眼見佛性是第十住位，它比眞見道進一步，而且非常難證，可是也還沒有到通達位，那它要叫作什麼？修道位嗎？這也是個大問題。」但它還是叫作眞見道，因爲是看見如來藏的另一個層面，所證仍然是總相，所以也是眞見道。非安立諦那三品心呢，從內遣有情假緣智，到第三品心的遍遣一切有情諸法假緣智，也還是見道位中的事，只是相見道，然後才有入地前的安立諦的加行。窺基把入地前這個加行，他當作非安立諦，錯說非安立諦就是十六品心跟九品心加行的安立諦，顯然《述記》是被弟子們錯編所成，眞是錯得一塌糊塗。

玄奘當年應該把他找來，腦袋給他一槌！可是當年沒時間，信任他，讓他寫了就算數，因爲大家都太忙了！但沒想到這個部分他會錯到這麼離譜啊！依照他這樣講，那《大品般若經》中說的非安立諦三品心要怎麼說？要說是修道位嗎？所以套一句俏皮話說：「**當年玄奘爲他講《成唯識論》的時候，這部分他是有聽沒有懂吧，才會錯到那麼離譜。**」可是 如來施設這個眞見道、相見道以及通達位，並且施設通達位前的加行安立諦十六品心、九品心，同於施設眞見道前的四加行，都是各有道理，無可推翻。

然而現在琅琊閣、張志成要求我要改變，要遵從錯誤的說法，那我要怎麼改變？難道我要跟著他們來變相指責 如來說「**您經中都講錯了**」？不可能啊！既然如來不可能講錯，那麼他根本不必寫那些文章也不用貼網；因爲他們那樣的作爲，其實是在變相指責 如來錯說佛法。可是佛菩提道五十二個階位，它就是這樣一種親證如來藏的見道過程，不會有兩種；如果有兩種，如來一定要講出來才能算是弘法完畢，可是 如來終究沒講；那麼如果他想要我認同他的說法，那是不可能的。

所以這個道理講給他聽，他也聽不懂！而我不可能私底下講給他聽，因爲他全然相信釋印順的六識論說法和邪見，他沒有想要改變爲正見，我不須要花去所有時間單單爲他一人說法。我也沒有時間講給他聽，我就公開講給諸位聽，因爲其中的道理諸位聽懂，整理成書以後他也能讀到。也因爲修學佛法就是這樣的過程，如果有第二種見道可以直接入地的方法，是一見道就入地，那麼 如來爲什麼要吝惜這樣的法呢？如來從來不吝於法，有這麼方便的一悟就進入初地，如來爲什麼不爲弟子們講解？因爲沒有這種見道的法啊！所以當年爲了幫阿羅漢弟子們可以快速完成非安立諦三品心而進入初地，如來宣講般若二十九年。有的人讀《般若經》，讀到厭煩起來說：「爲什麼每一句話都那麼長？有時候一句話將近三十個字。」如果對法的理解性不好，也就是說他的勝解不夠好的人，讀了前半句時繼續讀後半句，當他把後半句讀完時就忘了前半句講什麼。

那麼 如來爲什麼要講到這麼老婆？因爲要幫弟子們趕快把非安立諦三品心完成，可是這個非安立諦只有三品心，卻是要修學將近一大阿僧祇劫。所以不是一悟就入地了，除非他們硬要指責 如來錯說佛法。但 如來不可能錯說佛法呀！所以法很簡單，「不來不去、不生不滅」，這是一切眞見道者都要能看清楚的道理，因爲這些都是見道者要現觀的法。

那廣欽老和尚聰明，他知道這些弟子們證悟的因緣還沒有到，所以他來人間走這麼一遭示現一下，攝受一些世俗人也好；否則那些弟子們悟後有一天一定會推翻他，而他又沒有辦法辯解；因為辯解時一定要援引聖教量來說明，而他引不得，因為他認不得字。若是只從現量上來講解，弟子們證悟後一定不信服。那他若是要從比量來講，得要他的慧力夠才能令弟子聽得懂，但他沒有無生法忍。即使我二十幾年來，從聖教量、從現量、從比量來講到這麼詳細了，都還有人信不過；所以我說廣老聰明啊，一生就這樣輕輕鬆鬆過完了。而我就得如此辛辛苦苦地過，因為他不必攝受弟子，就隨緣了；可是我得攝受，因此說要當菩薩阿那含還真不容易。

以前都傳說窺基法師證量不可思議，那我請問諸位：「**他把見道弄錯了，那還能是通達位的菩薩嗎？**」所以傳說歸傳說，沒有證量才需要傳說（大眾笑…）。你們笑得那麼有趣！有證量的人不用傳說，可以把法一一鋪陳出來給大家實證。所以天童宏智正覺禪師的弟子們傳說他剃頭時，剃下來的頭髮落到地上就變成髮舍利，諸位想想：可能嗎？如果他真是這樣，佛陀剃下來也應該變髮舍利了，但佛陀沒有啊！所以有人傳說：「窺基證量太高了！」人家說他睡覺時打呼好吵，他說：「唉！你不知道半夜裡，那兩隻蝨子打架，一隻斷了條腿，哀哀大叫，吵死人了！」有沒有聽過？有啊！那叫作傳說。（大眾笑…）我們要破除迷信，以法的實證爲上，傳說不一定可信。

但是傳說也不一定都不可信，所以你要聽了他的傳說以後，決定信不信他，要從他所演述的法中去判斷他有沒有那個證量？這樣才是有智慧的佛弟子。所以廣欽老和尚一生不強調他有什麼神通，人家問他說：「聽說你有神通。」他說：「有啊！我有吃就有通。」（大眾笑…）可是他說的「念佛三昧」，有幾個人讀懂、聽懂？所以他在人間只有一個知音，叫作蕭平實，因此我把他寫在《宗門法眼》裡面。以前人家說：「哇！他是個開悟的聖者。」問題是：「悟在何處？誰能講出來？」沒有人！那我們把它點了出來。

而他也夠聰明：「無來也無去，沒什麼事情。」就走了。其實他也有爲眾生處，比如他臨走的時候，很多弟子來問：「和尚！我們應該要爲您誦什麼經啊？」他以閩南語說：「總誦！」要全部都誦！於是闔寺的僧人，大家都去抱經本來；一部又一部抱得來，都在那邊誦起經來，而他在那邊看著笑。笑什麼呢？就是笑這一群笨蛋，這樣還不懂！是啊，要是個銳利的人，這一下就懂了！

所以法的弘傳要看因緣，也要看自己有沒有能力攝受。他很清楚知道，自己要攝受證悟的徒弟很難，因為他這一世的果報因緣就是不識字；如果識字，還可以從聖教量裡面引述出來，就能攝受善根夠的弟子；因為他講現量時又不太會講，不像我上座來，我從現量上一直講下去；現量講得不夠，又加一些比量來講，然後我又可以引述聖教量來作解說與證明；所以要當菩薩阿那含也不容易。

接著再講：「**斷諸貪欲，不著四食，不退道場，名阿那含。**」菩薩阿那含我們說過，他斷「五下分結」，就是三縛結再加上欲貪、欲瞋，全都斷除了；細說包括隨煩惱等數量就多了，主要就是這五個下分結。「**斷諸貪欲**」的人，不會落在「**四食**」中，所以你如果嫁給「**斷諸貪欲**」的老公（或者是娶了一個「**斷諸貪欲**」的老婆），那我告訴妳：「**他很好將養，妳餵他什麼、他就吃什麼。**」說句不好聽的話，他就像豬，你有什麼、他就吃什麼，就這樣過日子；「**趣得支身，別無所求！**」他只要維持這個色身能夠正常地存在，他不求什麼好吃的；摶食如是，其他三食也如是，所以說他「不著四食」。

也就是說，他對摶食全無所求；對摶食無所求，同時就對觸食、意思食、識食也就跟著無所求。所以閩南話說：「這個人足好款待。」隨便款待他就可以了，像這樣的人當然「不退道場」。「道場」是指什麼？欸！是如來藏！《法華經》講過了，還記得喔！你去到客廳，這裡也是道場，建一座佛塔！客廳事情辦完了，去到餐廳，要午齋了；這裡也是道場，建一座佛塔！忙活一天累了，該睡覺時上床了；上床以後說：「這也是道場，再建一座佛塔。」怎麼建？容易啊！很晚了，上床「建一座佛塔」，然後往床上一躺，就建完了！就這樣建啊。所以道場就是如來藏，永不退轉於如來藏時，這叫作菩薩阿那含。

「除滅一切，六十二見；而無所去，名阿那含。」我們在增上班《根本論》課程中講過六十二見，六十二見其實不過就是斷與常二見，然後從三世、從四方、從前際、從後際這樣不斷地演變發展，就是六十二見了。這六十二見都是三界中的見解，菩薩阿那含一定除滅六十二見。剛證悟的時候，你不會想到六十二見是什麼，你也不會感覺到自己已經除滅六十二見；可是當你證眞如之後，有人從六十二見裡面，把其中的每一種，各人都拿一種出來問時，你都會把它否定說：「**那都是三界法！**」表示其實你已經斷了六十二見，只是你沒有去探討六十二見的內容，所以不知。那麼菩薩阿那含一定要去探討六十二見的內容，瞭解了以後，自我檢查：「**原來我不在六十二見中。**」雖然是這樣，看來是出離三界去了，其實沒有所去；因爲看著自己依舊住在如來藏裡面，何曾有去？從來就不曾來過，這樣的人叫作菩薩阿那含。

「**離一切有，心無常相；解了如實，是故不來。**」菩薩阿那含的證量離開「**一切有**」，二十五有都不存在，所以菩薩阿那含所住的境界不在三界中，之所以一天到晚在人間來來去去，全都是爲眾生，所以說他的境界「**離一切有**」。可是如來藏心你說祂常，祂又不是眞正的常。有人這時候聽了，覺得奇怪，很納悶：「**明明如來藏是常，你以前也是這樣說的，爲什麼現在又說祂無常、非常？**」但我說：「**祂常、而且非常。**」除非到達究竟佛地，否則不能說是究竟的「**常**」。這是二十幾年前，我寫了那本《眞假開悟之簡易辨正法》時就講過的。因爲如來藏阿賴耶識心體恆而常住，可是所含藏的種子生、住、異、滅，不斷地變異，你怎麼能說祂常？

所以這個心沒有常相；直到成佛了，常、樂、我、淨時才可以說是常。

所以第八識心體恆常而種子非常，但非常的種子也是祂的一部分，而種子永遠都在生、住、異、滅中，所以非常。可是「解了如實」的時候，你會發覺：原來心體是常，恆住不變，永不可壞，所以是常；但是祂所含藏的大部分種子只跟五陰相應，而這些種子非常，不斷地在變異。如果因地的現在種子就是常，那你就完了！因爲你將永遠成不了佛。正因爲種子無常、可以變異，所以你不斷地把它更易，到最後究竟清淨的時候內外皆「常」，才是眞的成佛。

所以說第八識「心無常相」，可是卻離一切諸有，因爲如來藏不會花心思在三界有上面。然而我這樣講，也好放一棒！因爲如來藏都花心思在你這個五陰身上，五陰身心不都是三界有嗎？所以我怎麼說、怎麼對！欸！證悟就是這個好處，腳踏兩條船，既在實相法界、也踩在現象法界中，誰都拿你沒奈何！這樣「解了如實」的時候，就說你是菩薩「不來」。

如果要從識陰六識來說，也是「心無常相」，因爲識陰六識不斷地生住異滅，乃至晚上睡著時就斷滅了，正是無常的法相；如果有人像二乘三果聖者一樣看清楚了這一點，從此遠離三界有，不再來人間受生，就表示他證得二乘的不還果了，對現象界諸法的無常法相認識清楚而斷除我執及我所執了，當然「梵行已立」而不會再還來這個人間或欲界的境界中，如是「解了如實，是故不來」。

接下來說：「涅槃寂滅，離諸煩惱；滅去來相，是故不來。」所以你看，單單一個「菩薩不來」有這麼多道理可說啊！「涅槃寂滅」大家耳熟能詳，在我們弘法之前，也有人講涅槃寂滅，可是講錯了！他們說的是：「當我們每天靜坐，坐到離念靈知的時候，那就是涅槃，即是寂靜的境界。」等到正覺出來弘法，問他們說：「請問你這樣的涅槃，有沒有接觸六塵？」答不得，不敢答了！我說：「你這樣的離念靈知一定接觸六塵哪！你有沒有看見色？有沒有聞見聲？有沒有嗅見香？乃至有沒有意根、意識之法而領受法塵？都有！六塵具足，色、聲、香、味、觸、法都具足了，還寂靜喔？」

所以在部分書籍的扉頁中，我列了十種，從欲界定到二禪等至、三禪等至、四空定等，包括無想定，我都說：「那都不是涅槃！」所以到末法時代，「涅槃寂滅」四字大家都弄錯了，都誤解為離念靈知的境界就是涅槃；因為證涅槃是離六塵的，可是離六塵的二禪以上的等至，包括無想定六識斷滅，都還不能叫作涅槃呢！所以「涅槃寂滅」這個道理還眞不容易懂，但現在臺灣佛教界懂了，大陸佛教界還不懂，所以大陸佛教界要繼續沒落，沒奈何，業力就是這樣；但是要靠你們這些大陸同修好好修證，將來在大陸好好去弘傳，因爲目前正覺被中佛協及各省佛協發動官方，把正覺認定爲境外宗教就進不去大陸，以後正法在大陸就要靠你們了。

那麼證得涅槃寂靜的人，表現於外的叫作「離諸煩惱」。所以證得有餘、無餘涅槃的人，如果煩惱深重，且不說別的煩惱，單說他對欲界法的煩惱就好，顯現在外的是貪求人家供養名車、貪求人家供養錢財……，那他到底是斷了什麼煩惱而稱爲證得涅槃？這是很容易懂的道理，因爲證之於內而形諸於外，都是可以檢查的，可是世間人不懂的也眞是太多了。所以到現在那些附佛外道還繼續在蒙騙世俗人，也蒙騙初機學人，其實他們都沒有「離諸煩惱」；我們從他們的所言，一看見他們的所思、所行，就知道他們沒有「離諸煩惱」。然而不懂的人太多了，所以我們還要繼續努力，把正法的書流通出去，讓他們漸漸讀懂，然後他們讀了就有抉擇分，能抉擇於法；有抉擇於法的能力，就能抉擇何謂「善知識」，那他們就懂：「**原來我現在追隨這個師父叫作惡知識。**」他就可以遠離，這就是菩薩之所當爲。

「**離諸煩惱**」證得「**涅槃寂滅**」的人，在《阿含經》裡面有一部經典特別說：三果證得有餘涅槃，四果人證得無餘涅槃。有一部經典特別這麼講，我在《阿含正義》也有引述，這樣的人就是二乘聖人。如果證眞如以後修到阿那含位，已經「**滅去來相**」，這種「**滅去來相**」的人就可以說他是菩薩「**不來**」，因爲他沒有去、也沒有來，所以叫作「**不來**」。諸位如果實證了以後，還沒有在事修上用功，還沒有到達三果，你可以從「理」上說：「**我叫作不來，但我這個不來，是從理上講的。**」如果沒有附帶這句但書，就變成大妄語了。因爲你從「理」上來看時，我生也從如來藏中生，死也死向如來藏去，根本沒有生死、也沒有去來，「理」上這麼講也是可以的。

接下來，「**斷諸惡趣，離一切垢，證於涅槃，是故不來。**」證眞如的菩薩阿那含「**斷諸惡趣**」，這是必然的，因爲初果就已經「**斷諸惡趣**」了，離開一切垢染。

「斷諸惡趣」表示他已經斷除異生性，「離諸煩惱」才能夠「離一切垢」。菩薩斯陀含又叫作薄地，就是薄貪瞋癡，表示二果人於諸種垢染他還無法全部離開，所以多多少少也受用垢染之法。但是到阿那含離開欲界境界時，就是「離諸煩惱」而遠離垢染，所以說他「離一切垢」。

可是「離一切垢」並不是自己講了就算，所以有的人說：「我一天到晚都不攀緣五欲；我到了晚上是不倒單，專修苦行，所以我根本是離欲的！」可是那樣說，不算數；因爲離不離欲要以初禪爲驗，要看有沒有初禪的實證不退來作爲驗證。如果他有初禪，可以證明他是「離一切垢」，這時再來講下一步的「證於涅槃」。「證於涅槃」至少要有初禪的實證，並且那個初禪是要圓滿的，不是殘缺的，因爲初禪有兩個階段：第一個階段有八種相的驗證，然後將這八種相滅除後，又發起那八種相的細相，以此爲驗；到這個地步可以把欲貪、欲瞋斷除，所以於欲界法無所貪著，得之不喜、失之不怨，更不必說失而起瞋，這樣才可以說他「證於涅槃」；菩薩因爲這個緣故就叫作「不來」。

「摧伏怨敵，諸魔軍將；超出假名，是故不來。」這時候，眞的可以「摧伏怨敵」。菩薩阿那含不同於聲聞阿那含，聲聞阿那含在人間行走，來來去去，天魔根本不理他；因爲打從他發起初禪之後，天魔來誘惑他回來欲界，總是誘惑不回來，也就放手，再也不理他了。爲什麼呢？因爲他得滅度時就只是一個人得滅度，不會影響到其他眾生；而且他永遠不還來欲界，只有他一個人，就放他去吧。但如果是菩薩阿那含呢？天魔是傷腦筋的，很想把菩薩抓回來，可是這位菩薩阿那含卻是在欲行禪，本就住在五欲境界中受用著，天魔能把菩薩抓回來的工具就是欲界五欲，而這五欲對菩薩而言沒有吸引力了；而且每天在五欲之中看慣了，所以不受誘惑。因此天魔這個欲繩綁不了菩薩，只能眼睜睜看著菩薩一世又一世繼續來人間度人成爲阿那含，他又無可奈何；所以恨歸恨，沒得辦法，就只能眼睜睜看著菩薩阿那含繼續利樂有情、繼續度化眾生走上他同樣的路，依舊無可奈何。

可是天魔一定不死心的，那他能怎麼辦？就影響一些佛門僧眾繼續鬧事。比如說，像現在怎麼鬧事？在大陸禁止正覺去復興中國佛教弘揚正法，這就是天魔幹的事！那我們就來個鴨子划水，把自己的目標收小一點，慢慢作，一步一步作，他也是無可奈何吧？所以「**摧伏怨敵**」是菩薩阿那含辦得到的事，所以天魔派來了「**諸魔軍將**」也沒用。因爲「**諸魔軍將**」能夠用的武器就是五欲之繩，可是要談到五欲之繩，菩薩這類繩子比他還多；也因爲天魔在天界，所能提供的五欲之繩在人間沒什麼用處。

所以菩薩阿那含如果有一天入定了，天魔派了天女（包括他的女兒）來了，菩薩一眼看穿了說：「**妳如果眞有辦法，來吧！妳生到人間來，我就娶妳當老婆！**」她捨得來嗎？捨不得來的；因爲欲界天的境界勝妙，她不肯來的；所以菩薩這麼一句話，她立馬就消失不見了。這個辦法諸位可以學。如果魔女說：「**你騙我！**」你就跟她保證：「**絕對不騙妳，妳下輩子投胎來，同樣長這麼漂亮，我一定娶妳。**」（大眾笑…）等到她生到人間來，你到哪裡去了？她也找不著你啊！所以這個支票開得，絕對不蝕本。就算她找著了，娶了她、度了她成爲一個菩薩；當你度了她當菩薩以後，再下一世讓她把這個法傳回魔宮去，這叫作「無盡燈」；交代她一個傳一個，整個魔宮變菩薩宮，（大眾笑…）這也不錯啊！

維摩詰菩薩不就這麼辦的嗎？天魔來了，帶來一堆女人要給阿羅漢（編案：出家的持世菩薩），阿羅漢們當然推辭，但 維摩詰菩薩說：「**這一些漂亮的女人，阿羅**

漢不宜；我是個居士，我適宜，給我吧。」天魔波旬後悔，想要收回，但收不回去；因爲 維摩詰居士是倒駕慈航來娑婆的，天魔哪有辦法收回去？於是 維摩詰居士教導她們各個成爲菩薩，然後把那些魔女再交還給天魔帶回天宮去。這一招眞厲害！所以你入定時也可以答應對方，當天魔的女兒來了，沒有關係，就答應她：「妳來世如果還能生在人間、還能這麼美，我就娶妳當老婆！」頂多陪她一世吧！把她度了。天魔一看，原來偷雞不著蝕把米！他就不會再派誰來找你了。

所以這時候，菩薩阿那含可以「摧伏怨敵」，因爲以菩薩來講，五欲等諸法就是修道上的怨敵；那天魔派了「諸魔軍將」來也是怨敵，就把他們降伏了，因爲你能「超出假名」了。從你所證的智慧境界來看天魔派來的「諸魔軍將」，不都是五陰而假名爲「諸魔軍將」嗎？難道他們能超脫於五陰之外嗎？當你能超脫於這一切「名」時，因爲有情之所以名爲有情，就是因爲他們的七轉識；七轉識統統叫作「名」，而你超出於這個假施設的「名」了。而且你看天魔派來的所有「軍將」，不都是如來藏嗎？那麼就好好度化他們，讓他們嚮往於如來藏。如果他們想求悟，也很簡單：「你就投胎到人間來，我教你開悟。」這樣密意也不會外洩，因爲天界很難保證密意不外洩；所以這樣「超出假名」時，你有資格稱爲「菩薩不來」。

「拔無明箭，害一切愛；棄捨喜欲，是故不來。」人之所以一世又一世在三界中輪轉，都因爲無明；如果不是無明，各個早都證悟了！正是因爲被無明之箭射中了，拔不得，所以永遠都有無明。這個無明箭如果有一天弄清楚該怎麼拔，而不會傷身害己，就把它拔掉，無明就消失了。這時候可以開始「害一切愛」了，對於三界中的種種法，對於任何的貪愛都把它害死；當這「一切愛」被害盡了，就能棄捨所喜歡的一切欲。

人之所以會有欲，是因爲喜歡它們；喜歡它們隨順自己的覺知心，叫作順心性，所以就喜愛，喜愛後就成爲欲；這時候可以「棄捨喜欲」，「棄捨喜欲」當然就「不來」欲界了；雖然下一世仍然繼續受生在欲界中，還是叫作「不來」，但不是聲聞法中的不來，而是菩薩「不來」，因爲心不墮於欲界法中，「是故不來」。

《不退轉法輪經》上週講到四十頁第七行，今天要從第八行開始：

「滅諸結使，開示陰相；得決定智，名阿那含。」在佛法中，關於佛法的實證都要有所斷，才能說有所證，這是在二乘法中；證果的人不是得到什麼，而是斷除了什麼。來到大乘法中，還要加上證得一個法，叫作如來藏，現觀祂的眞如法性而轉依之；觀察祂的眞實與如如的法性，而說爲證眞如。

那麼菩薩阿羅漢得要是「滅諸結使」；「結」說有三縛結、五下分結、五上分結。「使」就是五利使和五鈍使。「五利使」是說這五個結使很容易斷，見道時即斷盡了，所以說它「利」；而這「五利使」，其實就是六根本煩惱中的惡見，這惡見分成五個煩惱：身見（又名薩迦耶見，即是我見）、邊見、邪見、見取見、戒禁取見，合稱爲五利使。由於這五個煩惱都是見道所斷，所以如果有人自認爲見道了，但是他的五利使還存在，特別是在末法時代通常都很容易顯示大法師們的身見，因爲落在名色的意識或識陰境界中，就表示他不是眞見道；他的見道可能只是意識思惟的所得，縱使答案一模一樣，也不是眞見道，那這個叫作薩迦耶見；由於這五個結使是容易斷除的，所以稱爲五利使。那其餘五個根本煩惱就是貪、瞋、癡、慢、疑，它們是修所斷。

也許有人問道：「**那疑見不是『三縛結』所斷的嗎？怎麼會是五鈍使之一？**」

但其實根本煩惱中這個「疑」不單是見道所斷那個疑見而已；因爲於修道位中，

還有許多的斷與證是他所不知，所以對於深妙之法心中有疑，而這也是二十二根之一，叫作「未知當知根」；這五個得要到阿羅漢位才斷盡，所以全面斷盡它很難，就不像見道所斷的那五利使一樣。所以見道之後還容許有這「五鈍使」存在，因爲想要斷這五個煩惱時，在修道位中是很遲鈍不容易斷的。

「善來比丘」都是菩薩再來，有的比丘是因爲聞法、得法眼淨，一夜思惟，就成爲阿羅漢，那也是再來的菩薩，並非聲聞人。因此「五鈍使」是修所斷，要在修道位中繼續修學，然後才能斷盡。這就好像有一根木材，放到柴砧上，那斧頭一砍，它就斷了，那就叫作「五利使」；可是有的木頭它又硬又粗，砍不斷的，得要用鋸子一來一往不斷鋸著，那就要很久才能斷，「五鈍使」就像這樣。所以貪、瞋、癡、慢、疑都是修道所斷。

不管怎麼說，五上分結、五下分結、三縛結其實源自於六個根本煩惱中的惡見所引生；這一些結使都滅除了，他就會知道什麼是眞正的解脫；而且因爲菩薩有明心的關係，所以他對緣起法更能如實理解，不像是二乘聖人只知道有一個第八識，但不知道在哪裡；他們聲聞四果人都沒有實證，所以無法成爲菩薩阿羅漢。

像這樣的人「滅諸結使」之後，他就有能力爲大眾「開示陰相」；所以五陰的法相他可以深入觀察而得勝解，然後爲大眾開示；這樣的人得到的智慧是決定不變的，所以叫作「得決定智」。如果有人見道之後，還繼續迷信古德所說的大乘見道的內容，咱們不能一開始就否定他爲沒有見道；因爲眞見道的人，不知道相見道位的法；相見道位的人，也不知道通達位的法，通達位的初地入地菩薩不知道諸地的所證法；所以如果他有時講錯了，情有可原，不能因此就否定他的見道。但如果善知識舉示經中、論中的說法，講清楚了，而他依舊堅持錯誤的見解時，表示他繼續在眞見道位原地踏步。可是如果他口中說出來、文字寫出來，對於如來藏的不生不滅法性推翻了，或者否定有第八識如來藏，那就表示他退轉了；如果不是退轉了，就是還沒有實證，這道理是很簡單就能判定的。

這就是說他還沒有得到「決定智」，因爲眞見道、相見道與通達位，要歷經一大阿僧祇劫才能完成，才能入地，這是佛法中不可改變的事實；古佛如是說、今佛如是說，未來他成佛以後也會如是說；但他現在迷惑了，所以對相見道位和通達位的內涵不如實知，只能迷信古時候大名聲的善知識。古德並不是每一個人都已修到通達位，入地的人永遠都是極少數；所以「得決定智」與否，要看他有沒有取證二乘菩提的阿羅漢位、以及有沒有通達大乘菩提的見道位；如果這些都有了，才可以說他有「決定智」。而這個「決定智」，三世諸佛不改其說，所以是永遠不會改變的。

那麼 如來說得到「決定智」的人，可以稱爲菩薩阿那含。爲什麼菩薩阿那含也算是得決定智？因爲他到阿羅漢位只是一步之遙，所以他願不願意踏入那一步，由他自己來決定，並不是由誰幫他決定的。所以諸地菩薩有的是阿羅漢位起惑潤生，進入初地；有的是修到頂品三果之後，留惑潤生而入初地，各有不同；但是從「滅諸結使」來說，總而言之就只有這兩種，就是起惑與留惑的潤生差別。但是在大乘的見道中，以及二乘的見道、修道上面都一樣，所以 如來說：「得到這樣決定智的人，就名爲菩薩阿那含。」

「拔憂惱刺，破憍慢山；善解五陰，名阿那含。」這裡告訴我們的是「善解五陰」。在我們正覺弘法之前，佛教界很少人在講五陰十八界；有時候講到五陰，也就是寥寥數語帶過，這是我們弘法之前的事。那爲什麼不能「善解五陰」，卻又自稱爲阿羅漢？因爲他們沒有「拔憂惱刺」。

生在人間之所以起憂生惱，都是因爲沒有見道；所以近期我故意作了一個測試，我說：「大乘法的見道，不能把眞見道、相見道以及通達位排在第十迴向位的一個位階裡面完成。」我故意講這個道理，那琅琊閣、張志成馬上就寫文章出來，很快！而這一測試，我就多少又增加一分瞭解：原來並不是只有一個人，而是一小撮人。就這樣子慢慢測試，也就慢慢瞭解了。至於爲什麼我說了正法以後，他們不能安忍，要趕快寫一些否定正法的文章來，貼上網以後看我會不會起瞋、發怒，寫出回應的文章來？爲何想要這樣子激怒我？因爲他們沒有「拔憂惱刺」。他們寫的文章，我倒是希望他們多寫一點，越多越好。他們寫了那些東西出來，老實講，第一篇寄了出來時，我看不到五分之一就不想看了；一則、因爲講得亂七八糟，讀下去並無意義；二則、我也沒那麼多時間陪他們玩，但我希望他們多寫一點。

爲什麼我一講出正法來，他們馬上就寫文章反應出來？因爲他們有憂、有惱，這兩根刺在覺知心裡面每天刺著，他們覺得很不舒服。那我如果去搖動那兩根刺，他們就很痛苦，所以就會繼續寫，不論他們說過幾次「不想再寫了」。所以身爲一個大乘的見道人，如果不懂這是憂的刺、這是惱的刺，那就得繼續領受痛苦；如果懂這是憂的刺、惱的刺，將它拔除了，馬上就沒有了，就只是一念之間。如果他們沒有見道或是自以爲見道而悟錯了呢，因爲以目前我所得到的文章，或是人家讀過了告訴我的訊息，都說已經不認定如來藏是他們的所證了，所以聽說他們繼續在胡扯甚麼意識境界的中觀，回到釋印順的那個意識思惟想像所得的中觀。因爲他們文章裡面寫的據說是這樣的，我沒去讀，沒時間啦。

這就是說，他們回到意識境界去了，那麼以前的見道就不算數。因爲當他們認定禪宗的開悟所證是意識的時候，就不會承認他們以前所證得的如來藏，必然無法轉依第八識的眞如，所以會有憍慢的大山壓在他心頭上，就會自己重新創造另一個眞見道的法來，肇因於憍與慢。而這憍與慢兩個大山是很沉重的，被這兩個煩惱現行而纏住的時候，想要脫離很困難；可是如果有智慧的人，把這兩個給脫離了，讓它消失於無形，日子就輕鬆快活了。所以一個人有沒有得解脫，從他的憂刺與惱刺在不在，便可以觀察出來；也從他的憍與慢還在或不在，可以看得出來。這個就是菩薩阿那含的實證後，在三行之中可以現前觀察而證實的。

如果沒有「**拔憂惱刺**」，任憑他是玄奘、世親或窺基法師再來，也無法鄰於初地。人家世親菩薩聽聞兄長說法之後，實證了大乘法，不久就鄰於初地了。可是以窺基對相見道的誤會、對通達位的誤會、對眞見道的誤會，那可不是小事！因爲在他的《成唯識論述記》裡面，把眞見道、相見道、通達位都在第十迴向位的末心完成；然後說「非安立諦的修證內容是十六品心及九品心」，但非安立諦在《大般若經》裡面的說法只有三品心，並沒有十六品心，那顯然他是把《楞嚴經》所講的入地前要作的加行，也就是把入地前專修安立諦十六品心（四諦各四而成十六品）的解脫道證阿羅漢的加行，當作非安立諦的加行。

也許當年他沒讀過《菩薩瓔珞本業經》、《金剛三昧經》，或是被當年的弟子們蒙蔽而完成《述記》時，就把眞見道、相見道都放在入地之前的加行位中；可是經論中不是這麼講的，諸佛如來都不是這麼講的。而將來他成佛時，也得像諸佛如來那樣講，這佛道的見道三位差別是不可改變的。所以眞懂大乘見道而得通達的人，一定是「**善解五陰**」，五陰有些什麼法相應，他都瞭解了，因此而得解脫三界生死，這樣才稱爲「**善解五陰**」。

你可別想說：「**我在禪淨班都學過了，五陰就是這些內容。**」其實不止！三大阿僧祇劫該學的法，不可能兩年半的時間全部告訴你。即使 如來說法四十九年，也還沒說完；也只是把概略的部分講出來，細說的部分你得到彌勒內院去聽，不然就得上色究竟天去聽。

最近也有人說：「**正覺悟的那個不是眞的，因爲呢，八個識全部都有（六塵境界中的）執受等。**」即使他們再講上一堆，自認爲是悟了般若；但問題是，他們都看不見自己這樣講出來以後，會產生多少的過失。他們都看不見，因爲不懂佛法。所以，外面的人就讓他們繼續去罵正覺，以後捨報去未來世時自己承擔，這都跟我無關；因爲我該講的都講了，而他們不信，那是他們的事。我這一世救不了他們，等他們從三惡道回來時諸位再來救他們，只能這樣啊！只可惜他們有可能走上《佛藏經》說的苦岸比丘等四人的後途，那就很傷腦筋，我要度他們就沒機會；可能要諸位成佛，再度很多的徒孫，然後由那些徒孫們再去度他們了。

所以我說，像這樣的人，表示他沒有「**善解五陰**」。也許有人想：「**五陰？那**

還不簡單！不過就是色、受、想、行、識。」有人想：「不止！你想得太簡單了，因為那得要是八識心王、加上五色根來看才行。」有的人又說：「你想的也太簡單了，那八識心王有多少心所法，你知道嗎？」有的人又說：「你說的也太簡單了，你說那五色根與八識心王就可以成就一個人嗎？不行的，還得要有六塵，所以還要再加上五浮塵根與五勝義根。」以上每一個人的說法，聽起來都好像對，因為五陰就真的只有五個，沒有別的了。可是其實它的含義很廣，若是來到《根本論》裡面研究時，就得要跟你談某些法義了；比如意根與什麼法相應、意識與什麼法相應，意根與意識的心性又是如何，所以這時候要談的可多了！

如果依他們所說的八個識都能有執受性，每當有人想要打架時，我告訴你：八個識之間也需要先自己打架後才能開始進行，因為好的種子我來執受，不好的種子給你執受；右手我來執受，左手給你執受等，有上述等等的很多問題出現；那麼這樣一來，整個法界全都亂了套，不成其為法界了。譬如說前五識，在善性、惡性、無記性三性門裡面，到底是什麼性？這前五識在苦、樂、憂、喜、捨受裡面，到底是什麼受？又比如說，到底這五識是所斷、或者非所斷？五識如此，意識、意根、阿賴耶識也莫非如此。接著又問：「那五識跟六個根本煩惱、二十個隨煩惱，是跟哪些法相應？有哪些法不相應？」那麼意識、末那識、如來藏亦復如是。如果八個識都一樣有執受性的話，眾生何必要有八個識？只要一個就好了。佛法的修證便會全部改觀，得要否定所有諸佛而另外成立別的成佛之道重新修證及修行了。

所以有些人犯了很多重大過失，但他們自己都不知道！他們自己寫了文字、說了法，其實是自己已經掌嘴了，可是都不知道掌嘴了自己；這得要有智慧的人次第修學，漸漸才會懂。所以「善解五陰」這四個字不能隨便講的，至少得要二乘見道，才算是第一分的「善解五陰」；因爲他懂了：原來這五色根有浮塵根、也有勝義根，這兩根不同的功能差別到底如何，他已經知道，這才只是第一分的「善解五陰」。可是這個「善解五陰」來到菩薩道裡面，要成爲菩薩摩訶薩阿那含位的聖者，所必須善解的五陰內含就更多了；所以八識心王一一心跟五個遍行心所法、五個別境心所法，以及與根本煩惱、隨煩惱、不定等四個法，究竟相應、不相應？都要一一把它現觀清楚，全都弄清楚了才叫作「善解五陰」。

所以眞正講「善解五陰」，那是菩薩阿羅漢的事，但是菩薩阿那含還差一步之遙，所以這四個字不是隨便可以亂講的。我們出世弘法，禪淨班有教諸位五陰的內容，去到禪三的時候，我就講得更深細一些，那是平常不會教的；如果平常那樣教，那禪淨班要學上六、七年才能畢業了！所以菩薩阿那含的證量，示現在外的就是「拔憂惱刺，破憍慢山」，而他自己本身內在的實質就是「善解五陰」。

接著說：「究竟照明，莊嚴佛乘；出欲淤泥，名阿那含。」爲何說他是「究竟照明」？因爲他看清楚了，一切有情莫不從如來藏來，死了以後莫不回歸如來藏中，從來都是無來也無去；有這樣的智慧，才叫作「究竟照明」，而這樣的智慧可以「莊嚴佛乘」。所以在正覺同修會中學法，當你進入增上班，即使才剛進入時，你的智慧都不是二乘聖者所能想像。所以這個「究竟照明」可以莊嚴佛菩提乘，這就是內在的涵養；因爲不但了知二乘菩提，同時也了知大乘菩提了。這時候，即使有眞正的二乘阿羅漢來了，他在法上對你也無可奈何！當然你心裡一定想：「那我對阿羅漢也無可奈何，因爲他那個出三界的解脫證量，我還達不到。」可是這個話說給自己知道就好，別講出口。但是，你總有一天會到達那個無餘涅槃的境界，不用特地去學解脫道；你只要依著佛菩提道的次第去修學就夠了，該證阿羅漢果時你就親證了。

但是我說：「二乘阿羅漢來到你面前無可奈何。」這也是實話呀！當他來了，你問他一句就夠了：「請問您這個五蘊從哪兒來？」他聽到這一句話，心想我這五蘊從哪裡來？想了一下說：「以前隨佛修學，佛有說過：『識緣名色，名色緣識。』我就從那個識來的。」那你問他：「您知道那個識在哪兒嗎？」他也只好跟你老實講不知道。阿羅漢不會說謊的，老老實實答個不知，你就告訴他：「不知最親切，會麼？」他就無可奈何了，也許還會請求你教導他。你就告訴他：「仔細聽了！」然後就跟他來個默然。良久，再問：「會麼？」你叫他怎麼會？他會不了的！可是菩薩阿那含有這樣的法，所以說他能「莊嚴佛乘」；所以二乘聖人遇到菩薩，也只能服服貼貼的。

像以前禪宗歷史上記載的黃蘗希運禪師，有一天西天來了個僧人，陪著他一起行腳，一路上說著佛法。那個僧人聽不懂，黃蘗也不會隨便放手給他，因為那個西天的番僧沒有拜他為師，怎麼可能放手給他？這個西天胡僧在法上很佩服他。走著、走著要過河，結果上游下雨導致河水暴漲，那胡僧踏水而行，招手說：「來呀、來呀！」黃蘗希運沒修學神通，可是黃蘗希運不是不願意學、或者沒機會學，而是認爲智慧比較重要，就沒修學神通。那時他看見胡僧在江中、站在水上跟他招手，黃蘗破口就罵：「早知道你是這樣的聲聞人，剁了你的腳後跟！」結果那胡僧被罵了以後，反而歡喜起來說：「不愧是個菩薩！」然後就飛走了。你們看，這胡僧多賤！挨罵反而歡喜。可菩薩就是這樣，只重智慧、不重神通等世俗法；該修的時候到了再修，依著菩提道的順序，五十二階位該修什麼時再修，否則就是修集福德與智慧；除了這兩個法，其他的不重要。所以表現在外的，是菩薩可以「莊嚴佛乘」，但是其實是因爲他心中「究竟照明」，否則從何說個莊嚴呢？

菩薩阿那含表現在外的還有一個現象，叫「出欲淤泥」，表示他超過欲界的境界了。以前海峽兩岸有好多的阿羅漢，可是竟沒有一個證初禪的，也都沒有斷我見。像這樣的假阿羅漢太多了！等到我這《阿含正義》出版完了，那些阿羅漢一個一個都入涅槃去了，全都消失了！因爲證三果必須要有三果的實質，就是欲貪與欲瞋斷除了；而這個斷除並不是他說了就算數，要以初禪爲驗，說的是有沒有發起足夠圓滿的初禪？可是當年佛教界都不談這個，然後各個自稱阿羅漢。

我們當年指出來說他們各個身見未斷，也沒有一個敢吭聲，就是私下抵制正覺，到後來我把《阿含正義》寫出來，而且在那一節前面，特地用顏體字標了出來：「**有證得初禪的凡夫，沒有不證初禪的三果人，也沒有不證初禪的慧解脫阿羅漢。**」這一下，佛教界好像又挨了一記悶棍一樣。然後臺南有一位願很大的那位法師，就開始講初禪是什麼的道理，可是他講那一些全都是思惟想像的、都是讀來的，他的目的是要讓人家肯定說他是個三果人。但終究沒有實質，所以後來又銷聲匿跡了！

「**其實這個道理很簡單，《阿含經》處處都有講到。**」眞的處處都有講到嗎？你們看 如來的聖弟子們聽聞 如來說法時得法眼淨，然後就求出家，一夜思惟之後，第二天早上就來向 如來稟白說：「**我生已盡，梵行已立，所作已辦，不受後有。**」佛世有那麼多弟子成阿羅漢，每一個都是這樣向 世尊報告的。那麼他們講的「梵行已立」是什麼？憑什麼說「梵行已立」？總不能夠自己口中說了就算數吧？當然是要以初禪作爲證驗的標準。可是佛教界那麼多的大法師們讀了，眼視如盲，好像都沒讀到一樣；直到我蕭平實不斷地宣示及解說之後，這些解說的書也流通得多了，他們終於服膺。

所以「**出欲淤泥**」是三果人的必要條件，就是他超過欲界法了。當他有眞的超過欲界法時，初禪便發起了，這叫作「**出欲淤泥**」。可是證得初禪以後，捨壽時是否就要生到色界天去？不應該！因爲那是凡夫之所爲。菩薩一世又一世都可以去色界天，可是從來不記掛去色界天的境界，因爲人間有好多有情等著他接引。他既然不是自了漢，就不該生色界天享福，所以一世又一世來人間行菩薩道。而菩薩道怎麼行呢？就是度眾生時讓眾生罵呀！有人想：「**那我何必？我可以生到色界天去的，何必來跟人間五濁惡世的這些惡劣眾生鬼混？**」是可以生色界天沒錯啦！但你要等到何時成佛？

你若是想要成佛的話，一定要有一生補處的妙覺菩薩，還要有其他的妙覺菩薩，至少要有兩位妙覺菩薩；然後好幾位等覺、好幾位十地、九地、八地，乃至凡夫都有，你才能成佛。菩薩也是爲自己，所以要攝受眾生。攝受眾生當然辛苦，因爲五濁惡世的學佛人之中，苦岸比丘那一類人永遠都有，所以我們有一位親教師，還沒有當親教師以前，她跟我說：「我看老師您也眞辛苦，這跟我想的遊戲人間不同。」我說：「妳什麼處想的不同？」她說：「我本來以爲菩薩遊戲人間是很快樂的事，原來菩薩遊戲人間是要給人糟蹋的。」我說：「喔！妳懂了！這才是眞懂。」

所以我告訴你們：「這是正常事！就算哪一天，你已經修完四禪八定、五神通，連漏盡通都有了；因爲你都已經入地了！當你出來弘法時就不會被糟蹋嗎？還是會被糟蹋，只是糟蹋得少一點罷了！」因此所謂的菩薩阿那含必須有他的本質，就是「**出欲淤泥**」。可是既然講到「淤泥」兩個字，我得要提醒一下：蓮花是生長在污濁的人間、還是長在清淨的色界天？（眾答：人間。）對！而且人間的最漂亮！天上的都不那麼漂亮。你看天人來供養的時候，那蓮花是什麼顏色？大白蓮花、大紅蓮花，要不然就是普通大小的紅蓮花、白蓮花；有沒有別的顏色？很少見啊！可是人間的蓮花有很多種顏色，每一朵都很漂亮。爲什麼呢？因爲人間有淤泥。

猶如我家種了兩大盆蓮花，今年被蟲吃得很厲害，因爲我沒時間照顧；但是如果它們的花開起來，那可漂亮了！然而蓮花有很多種，全都在人間；天上通常只有兩種：大紅花、小紅花，大白花、小白花，因爲沒有淤泥。欲界六天哪裡去找淤泥啊？我記得以前讀高中時，那教室有兩落，排成直角聯結，然後轉角的地方有個方形的水池，那裡面的水，我讀三年高中（其實我讀四年，因爲我留級了一次，我在高中讀大學。）（大眾笑…），四年沒換過水！所以那水變成黑色了，可是每到夏天，蓮花開得非常茂盛。水是黑色的，也就是說：有淤泥蓮花才會開得好。同樣的道理，你住在人間，你的蓮花也開得最好，因爲所有一切法，在人間莫不具足；你到欲界天就少了一些；到了色界天又更少，剩不到一半；到無色界可以現行的就只有一個定心，其他全都沒了！

所以想要成爲菩薩，具足無生之法而能得忍，在人間最好修；那麼在人間「**出欲淤泥**」才是最可貴的，你若是生到色界天去，到了初禪天時，禪定他也有；不管你見了誰，都有禪定，還稀罕嗎？都不稀罕了！可是在人間，特別是末法時代就稀罕了！那麼「出欲淤泥」的人因爲超過欲界境界，所以阿含裡面有一部經說：「三果人稱之爲聖人，因爲超過欲界了；沒有超過欲界不叫作聖人。」從一般凡夫來講，說初果就是聖人；可是眞要定義聖人時，是以三果爲先，再說四果聖人。

不同的經典，有時候針對不同的人、不同的道理就講不同的法；所以佛法中說「**法無定法**」。那麼有個定法就是不可改變的：一切三果人的「**梵行已立**」都要以初禪爲驗，所以才說：「**出欲淤泥，名阿那含。**」

「**悉知伏藏，諸伏藏上；佛所安置，是故不來。**」爲什麼「**悉知伏藏**」？其實學佛就像挖寶，但是世間挖寶是往泥地上去挖，學佛這個挖寶是往自身挖；因爲一切佛法都在自身，不外於自己的五陰身心。所以早期有很多人說：「**去跟老師挖寶！老師最好騙了，你跟他問一個法，他給你三個法。**」也眞的是這樣。後來那個話傳到我這裡來，我心裡覺得好笑：「**我要是不讓他們挖寶，怎麼攝受佛土？那要到何時成佛？**」說到這個，我倒想起來：這回禪三報名表審完了！初審時就錄取兩百四十九位；可是有個問題，禪三只有三個梯次，只能選上一百五十個人，所以備取就放在一邊，沒有辦法再放進錄取名單中；因爲連錄取的人都還要再刪除，得刪掉九十九個人成爲遺珠！

這個遺珠之憾想起來就覺得很心疼，因爲我們這個禪三，跟外面所謂的禪七不一樣。你們看法鼓山那個禪七，小參的時候，可以一次十來個人共同小參。我若是弘法要來小參時一次可以十來個人的話，那佛法不被搞壞才怪！我每次小參只有一個人，也都還會出一些不肖之徒。所以我沒奈何！只好一個一個慢慢挑、慢慢選；想要拿掉又得再想很久：要不要拿掉？最後終於忍痛還是得拿掉九十九張報名表，不然沒辦法呀！所以有時候我會打妄想：如果我是從一百歲活到零歲，倒也不錯！如果一百歲活到零歲這樣來活的話，我現在應該是三十幾歲，正當強盛，每一到春季、秋季各辦六個梯次！可惜現在體力不行了，沒辦法！

也就是說，菩薩得生在人間，從自己身上挖寶；自己挖不到寶，那就求善知識指導。善知識指點了以後，不是把他身上的寶給你，而是指點你往自己身上去把寶找出來；這個寶是你本來就有的，所以祂才是常住不壞的。禪師常常告訴大眾：「從門入者，不是家珍。」只有家裡本來有的，而你能突然頓悟，這才是眞正的珍寶。既然是你本來就有的，悟後就不會失去。所以一定是你身上本來就有的妙眞如心才是寶貝，而祂是「伏藏」，一直都潛伏著藏在你五陰大山之中，而你以前總是找不到祂；因爲看來看去都在五陰上面看，還沒有慧眼生起，所以看不透五陰。如果有慧眼，看透五陰了，就知道「原來是這傢伙！」一把抓住，再也不放了！然後就每天觀賞祂，越觀賞，法義就越來越進步；然後善知識再教導，進步很快！雖然自己沒覺得在進步，但對凡夫或二乘聖者來講，你每走一步，他們都覺得猶如千里之遙，所以眞的叫作日進千里。

可是這個法就是「伏藏」，一直藏在你的五陰大山裡面，你必須要全部都知道；當你全部知道了以後，就知道原來五陰不算什麼，眞正厲害的是第八識妙眞如心，而祂從來都沒有憍慢，這時候你再也沒有憍、沒有慢了。然後就知道：原來這個如來藏「伏藏」，是所有伏藏之中層次最高的，沒有一個「伏藏」可以超越祂。悟後次第進修而漸漸通達就知道：「**原來佛所安置的最勝妙法就是這個伏藏，名爲如來藏。**」所以古德有一句話說得好：「**如來藏中藏如來。**」未來成佛成爲如來時，就是根據這第八識如來藏來成就，不是依外法而成就，是依第八識內法而成就。佛爲大家「**安置**」的就是這個眞如法，因爲菩薩三果人懂得 佛所安置的這個法，所以不再還是欲界法中，名爲菩薩不來。

「**安住最勝，佛乘無上；斷除諸結，名阿那含。**」這就是安住於最上法，因爲世出世間，無有一法能出其外，所有一切諸法都在如來藏裡面。不用懷疑！且不說五陰，就說太陽、山河大地等法，其實也是共業眾生的如來藏共同變生的，這不是無因而有的法。如來藏能變生你這個五陰身心，就能變生四大、就能變生山河大地，不然祂變生了你這個五陰以後，你的五陰要活到哪裡去？所以這是一體的，不要把祂切割開來看！所以這時從現量、從聖教量、從比量去證明如來藏是最勝法。因此菩薩阿那含安住於最勝法中，很清楚知道：佛菩提乘是無上的，沒有哪一個法可以超越佛菩提；如果你眞要說有一個法可以超越，那叫作如來藏，還是不外於如來藏。就因爲安住於無上的佛乘，所以他次第修學、「斷除諸結」，五個下分結全部斷除了，如來說這樣才叫作菩薩阿那含。

「**以四弘誓，建立菩提；住菩提已，是故不來。**」菩薩阿那含建立佛菩提，是依四弘誓願來建立的。如果你接引親友，告訴他說：「**跟我來正覺學法，可以開悟。**」他聽了倒退三步說：「**啊！我算哪根蔥？我哪有可能！**」原來他連蔥都不是！他是這樣認爲的。這時候你提醒他：「**以前你三歸依的時候，有沒有發四弘誓願？**」他說：「**有啊！當然有啊！**」你就告訴他說：「**那你唸一遍給我聽。**」唸到最後「**佛道無上**」四字時就閉嘴不敢唸了！你正好戳著他的鼻子罵：「**佛道無上你都敢成，**

求個開悟算什麼？你竟然不敢！」他想了幾天，也許主動來電話說：「好啦！我跟你去正覺吧。」他這一世縱使沒有機會實證，至少把實證的因緣種下去了；所以呢，所有的菩薩不離「四弘誓」的大願，這是諸佛的通願；諸佛都以「四弘誓」之願來「建立菩提」，菩薩當然跟著諸佛走，同是這樣建立。

可是等你實證了佛菩提以後細細觀察，有一天在相見道位中，想到了這一點說：「那我生到人間來，我也沒有生，我何曾有來？」確實如此！表面上看來，我是出生了、我來人間了，可是我來人間時，還是在我的如來藏裡面，不在外面。這可不像小孩子玩泡泡、玩什麼說：「欸！我在泡泡裡面，我把它戳一下，手指伸出去看看。」不行！因爲祂無形無色，可是你眞的存在祂裡面，從來不曾離開祂！所以看來你被生下來了、來人間了，其實沒有來，還是住在自己的如來藏中！像這樣「住菩提已，是故不來」這就懂了。

當然有的人可以說：「那是你講的，我怎知道你說的是眞、是假？」這也容易呀！你就試著學一學，哪天如果有機會你悟了，你來看看我說的是眞、是假？不然從事實上來看：我們增上班的同修們那麼多，且不提增上班，只說講經的現場中，你看在前座的親教師這麼多，如果我說的是假造的，爲何沒有一個人起來抗議？這樣一想就懂了！

所以說這樣親證了以後，「**知諸空界，難可思議；除滅諸想，是故不來。**」到這個地步，知道「空性、空相」這個法界的眞相了：原來所有的空，乃至於《般若經》講的十八空，全部都歸於這個空性如來藏，原本就只是一個空。因爲在世間法、出世間法來看的時候，才會有這麼多的空；可是這些世間法、出世間法都不離空性如來藏，所以「空」這個法界「**難可思議**」。

有些人根本就是眞、妄不分，就在網路上寫文章貼文，宣稱他知道正覺悟的是什麼；然後有的更誇大說：「**正覺悟的不夠巧！**」然後他寫了出來自己的所悟。但我們讀了，慶幸說：「**好在我不是正在吃飯！**」（大眾笑…）眞的！你要是剛好吃飯，保你噴飯！因爲他根本不懂！然後還褒揚自己、貶抑正覺說：「**正覺悟的那個不算什麼！**」末法時代這種人多的是！可是空的法界不是那麼容易懂的，就算禪三過了，來到增上班，前三個月聽不懂也正常！熬著、熬著，熬過了三個月以後才終於說：「**我開始懂了。**」所以空界難可思議啊。

菩薩三大阿僧祇劫求的、證的都是「**空界**」，就是要那麼長的時間、那麼久的時光才能把「**空界**」弄清楚，終於才成佛。所以到菩薩阿那含時，快要入地了，他當然知道「**空界難可思議**」；這時候才發覺：一切「想」都到不了「**空界**」的境界中，因爲「想」是意識的境界，然後這一切想卻都是由「**空界**」所含攝，從來不外於「**空界**」，全部都歸「**空界**」所有。這時放眼望去，眾生平等，沒有高下分別；所有的高下分別，就只是因爲業力或願力的差別，否則眾生一律平等。這時候沒有男女想、聖凡想、佛法世間法想，沒有斷我見想，沒有證菩薩果想，一切想都不存在了；因爲究竟轉依如來藏，乃至一切智慧也都向內遣除，就只是一個如來藏，所以說：「**除滅諸想，是故不來。**」

因爲都轉依第八識如來藏了，還有什麼可來的呢？來了，也是在如來藏中來；來了之後存在著，也是在如來藏中存在；然後不斷地變異，最後消失了，還是在如來藏中消失的；一向不外於如來藏，所以沒有一切想可說。如果證悟之後，去網路上高聲喧譁說：「**我證悟了，而且我悟的比你正覺的如來藏更棒！**」那就是他沒有悟，很簡單！因爲他還有「想」，就落入「想」之中了，就是意識境界。可是實證的人無想，這不是語言、文字那個想，而說這是男人想、那是女人想；這是聖人想、那是凡夫想；而如來藏中都無想，把一切想除滅了，所以說他這樣實證了便叫作不來。因爲他看見一切想從如來藏中來，可是卻不曾外於如來藏，所以根本就沒有來！因此叫作菩薩不來。

「**於諸眾生，及法界相，而無所得，是故不來。**」譬如說，諸位來到正覺，「**我得到了一位好老師，我們親教師眞棒！然後我週二又來聽經，我又得到平實導師了，眞棒！**」可是等你悟了以後，去跟親教師禮謝，看見親教師時心裡想：「**這哪是親教師？就是如來藏啊！**」週二來聽經，看見我上座時心想：「**這叫作平實導師嗎？這也是如來藏！**」我告訴你，哪天你見了 阿彌陀佛、見了 釋迦牟尼佛時，你也是說：「**也沒有佛啊！就是第八識如來藏，祂改了名字叫作無垢識。**」所以無一切想。無一切想時，你看到所有的眾生，就沒有眾生了，因爲都叫作如來藏。

這就是說，你看見眾生的時候，同時看見他的如來藏；因爲他的五陰就是從他的如來藏中出生的；出生了五陰之後，如來藏與他的五陰和合似一，看來就是一個有情有五陰，可是五陰的本質是如來藏。而你看見了他的如來藏時，你說：「原來他並沒有出生，因爲一切諸佛都還是在如來藏（無垢識）裡面，何曾有生？既然無生，就是不來呀！」這樣看的時候，還有什麼所得？你有得到一位親教師嗎？沒有！那是你的五陰，從假相上面誤認爲：「我得到一個親教師。」其實眞實的你並沒有得。而這種得與無得混在一起，從現象上來說，有得；從實相法界來看，無得。所以現在從實相法界來講，「於諸眾生，及法界相，而無所得」，因爲無所得，所以叫作菩薩不來。

「心無所取，不隨於相，安住菩提，名阿那含。」現在回到事相上來講，你覺知心於世間相都有所取，乃至於佛法都有所取，可是你的實相心如來藏「無所取」。實相心對於所有六塵境界都「無所取」，而你這個意識心轉依實相心以後，就叫作「無所取」：「無所取」之中而無妨一天到晚都在取，但是遇到二乘聖人，你就告訴他：「我一切無所取。」他不服氣就說：「明明你取了色、聲、香、味、觸、法，怎麼說無取？」你說：「我取的時候，也還是無取。」這一下他就懵了，不懂得怎麼跟你對話。

所以我出世弘法，差不多十年左右吧！有一個佛教團體，說我沒有辦法跟佛教界對話。我聽了就很認同（大眾笑…），他們的意思是說：我沒有辦法跟他們對話，而我也知道我沒辦法跟他們對話；因爲他們住的是意識境界，而我住的是如來藏境界，差距太遙遠！我只要一講如來藏，他們都聽不懂，就別說是無生法忍了！那要如何對話？如來要宣演如來藏之前，還先鋪陳了二乘菩提十來年，否則還眞沒辦法對話。

這時候當然知道了，從事相上來看是有所取，可是如來藏心「無所取」；但自己悟後依止如來藏心時，就是「無所取」，所以「心無所取，不隨於相」。看見有情、看見一切事相，都知道那是如來藏，就這樣安住於佛菩提中，所以叫作阿那含。佛菩提並不是有一團一聚的什麼實際存在的物質叫作佛菩提，而是依於證眞如、依於現觀如來藏的眞實如如法性而發起了般若，說這樣叫作實證佛菩提。那麼意識心這樣現觀以後就這樣安住，所以叫作阿那含、叫作菩薩不來，因爲他住於不來的境界了。

「眾生界空，不可思議；知如是法，是故不來。」一般善知識都解釋說：「眾生界空就是因爲無常，所以是生滅法，最後都歸於空。」一般善知識都是這樣解釋的，可是當你實證了以後，你不這樣解釋了；你說眾生界其實都是空性，沒有辦法思議，意識思惟猜測所不能到。甚至於出三界去找，也找不到；因為二乘菩提裡面說有出三界，可是在大乘菩提裡面沒有出三界這回事。所謂「出三界」就是把五陰滅除，剩下第八識如來藏獨存，名之為無餘涅槃。這個說法是我的專利，因為我從天竺講到大唐、講到現在都這樣講，就是如來藏獨存叫作無餘涅槃。

末法時代佛教界從來沒聽過誰講這話，而我講了以後他們還半信半疑；有的人根本就不信，像釋印順那一派人，包括釋印順在內都不相信。可是算他聰明，不敢落實到文字上來講。但其實後來我讀到《百論》時，發覺過去世講過了。這個東西不是東西，所以難想像，無形無色，你很難想像祂。那你如果親證了，這時候聽了，真的是舒服，因為我可以現觀祂真的是如此。眾生界其實就是如來藏，但是如來藏不可思議，意識思惟之所不能到；如果思惟就能知道，印順最聰明了，經典他也讀那麼多了，難道不知道嗎？可就是不知道啊！所以說祂「不可思議」。

菩薩阿那含因為知道像這樣的法，所以就叫作菩薩不來，因為看見一切的有情跟自己一樣，從來沒有來過，都是住在如來藏裡面。生到無色界去時也是在如來藏中，生到色界、欲界天、人間，乃至於無量劫以來也曾經下過三惡道，同樣都在如來藏裡面，何曾有來？所以說：「知如是法，是故不來。」

「如是阿難，顯示那含，諸無礙相，安立佛法。」所以如果有人宣稱是菩薩阿羅漢、宣稱是菩薩阿那含，他一定能講這一部經；也許沒我講得好，但一定能講，或許他會比我講更久，因爲我是快講，希望盡快講到〈降魔品〉。那現在 如來作個結論說：「就像是這樣子，阿難啊！我就這樣子來顯示菩薩阿那含，他有種種無所障礙的行相。」所以菩薩阿那含一定可以顯示在外，除非他沒有任何身、口、意行；當他有身口意行時，一定能顯示在外，讓人家瞭解到這個人有證量；而如果對方同樣有無生法的安忍，甚至於對方同樣也有阿那含的證量，他聽了就會知道這個人是菩薩阿那含。這是因爲他的身、口、意行之中會顯示出來：他在人間所接觸的諸法沒有什麼障礙相，也在法上沒有障礙相。

那麼人間接觸的諸法什麼叫作沒有障礙相？可不是你所想的那樣；也就是說，人家罵他，他也不回罵，他就是這樣，因爲沒有「憂惱刺」。他不會想要去報復，所以沒有惱那根刺，也不會憂心說：「我的名聲又受損了。」因爲他不把名聲當一回事。他會當一回事的只有一個，叫作如來藏妙眞如性，所以他沒有障礙相。不是說他不會被人家罵、沒有障礙相；而是說人家罵他，他都無所謂，不會起憂、不會起惱，所以沒有障礙。那麼這樣一來，可以如意、自在行走於人間，所以他就沒有障礙相。

那麼在法上，他也可以把實相法界爲大家廣作說明，所以法上他也沒有障礙相；因爲到菩薩阿那含就已經快要入地了。聽到這裡，有沒有聯想到什麼？要把這些話連結到自己身上，因爲你在正覺證悟以後，我就跟你授記說：「**不久入地**。」因此你在正覺實證之後，就要開始努力修行；九千年內要證阿羅漢果，最後無法弘法了，那日子很難過，跟著 月光菩薩入山修行了，捨壽後就生去兜率天，去拜見 彌勒菩薩。然後祂來人間成佛時，《大般若經》說完，就是你入地的時候了。

但這些事情跟外面的人無關，只有跟諸位有關；如果說還有別人有關，那一定是他方世界悟後生來娑婆的菩薩們。所以阿那含要有阿那含的本質，你跟他相處日久，漸漸就會瞭解他。所以要依這個「**諸無礙相**」，來安立菩薩阿那含的佛法。

接著 如來作結論說：「**阿難當知！如來正等正覺，爲諸菩薩摩訶薩隨著各人的根**

基、隨著各種不同的情況，便宜來解說阿那含。」那接著 如來又怎麼說呢？

經文：【佛告阿難：「我今復說菩薩摩訶薩阿羅漢。滅一切行，修佛所行，捨諸有為，而能成熟一切眾生，亦斷一切眾生苦惱，是名阿羅漢。不得眾生相，亦不得苦惱相，是名阿羅漢。滅諸取著，住於無相；知諸法空，離一切相，悉無所有；除諸眾生一切妄想顛倒癡惑，了達空法不可思議；是阿羅漢得不思議菩提，成就如是法，故名阿羅漢。如過去諸佛所應說法，未來、現在一切諸佛亦如是說，無有戲論，具足清白，演說眞實菩提之法，名阿羅漢。安立眾生住菩提道，無所取著，名阿羅漢。應行諸波羅蜜慈，得佛大慈，滿足眾生無相之慈，亦能安立一切眾生；如是修慈無所分別，不取眾生及以慈相，名阿羅漢。為一切眾生說法，而於諸法都無所取，若能如是，名阿羅漢。分別顯示根、力、覺、道，於諸眾生無染無著，名阿羅漢。善知一切眾生心行，發起菩提，能如是者名阿羅漢。演說一切有為諸行而不取著，名阿羅漢。亦為諸餘一切眾生，說無著行、無取行，作如是說，名阿羅漢。遊諸佛國，心無去相；悉到佛所，以無相智如佛而見，名阿羅漢。若能如是成就佛國，具足諸功德，亦名不思議平等無垢清淨福田、空行福田、阿鞞跋致福田、第一清淨無女人相福田、離諸結使貪欲福田、如佛證知能盡一切蓋障福田、摧伏諸魔塵勞福田、悉制外道邪見福田、一切福田、莊嚴福田、離於一切怖畏福田、無諍福田、寂滅福田、神通福田、最勝福田、無窟宅福田、無盡福田、具足菩薩所行福田、得佛自在最上福田、佛所護持福田、變化福田，以是法印印諸眾生，令得安樂巧說福田；一切瓔珞莊嚴佛界，決定涅槃寂滅福田，亦於一切福田中上；成就如是福田，能知一切法不生不滅，名阿羅漢。除諸染著，見來瞋者而心不惱，名阿羅漢。於一切法不取其相，名阿羅漢。滅除習智，修最上智而能速證，名阿羅漢。以是威儀建立菩提，菩提勢力名阿羅漢。如是菩提亦名不思議，不思議者亦名不動；如是不動，能令無數億種眾生，安立菩提，無所取著，皆住平等，同於壞相無所有相，知一切法皆入菩提，住無所住，名阿羅漢。」

語譯：【佛陀告訴阿難說：「我如今接著再演說菩薩摩訶薩阿羅漢。滅除一切行，修學諸佛之所行，捨離一切的有爲，而且能成熟一切的眾生，也斷除一切眾生的苦惱，這樣名爲阿羅漢。在他身上找不到眾生相，也找不到苦惱相，這樣名爲阿羅漢。滅除了種種攝取的執著，住於無相；了知諸法都是空性，遠離一切世間相，全部都無所有；除滅諸眾生心中一切的妄想顚倒愚癡和迷惑，了達空這個法的不可思議；這樣的阿羅漢得到不可思議的覺悟，成就像這樣的法，所以名爲阿羅漢。猶如過去諸佛所應說的法，未來、現在一切諸佛也像是這樣子演說，沒有戲論，具足清明鮮白之法，演說眞實不虛的覺悟之法，名爲阿羅漢。安立眾生住於佛菩提道，而心中沒有任何的攝取或執著，名爲阿羅漢。應當行於各種波羅蜜的慈心，得到佛的大慈，滿足眾生無相之慈，也能安立一切的眾生；像是這樣來修慈而無所分別，不取眾生相以及慈心之相，名爲阿羅漢。爲一切眾生演說佛法，而於所有的法都無所取，如果能像是這樣，就稱爲阿羅漢。分別顯示五根、五力、七覺支、八正道分，於各類眾生都沒有污染、沒有執著，名爲阿羅漢。善於了知一切眾生心行，發起菩提，能像是這樣的人名爲阿羅漢。演說一切有爲諸行而沒有攝取或執著，名爲阿羅漢。也爲所有其餘的一切眾生，演說無著行、無取行，作這樣的說法者，名爲阿羅漢。遊行於諸佛國土，心中卻沒有去相；一一皆到諸佛的所在，以無相的智慧如佛而見，名爲阿羅漢。如果能像是這樣子成就佛國，而具足了種種的功德，也名爲不思議平等無垢清淨福田、又名爲空行福田、不退轉福田、第一清淨無女人相福田、離諸結使貪欲福田、如佛證知能盡一切蓋障福田、摧伏諸魔塵勞福田、悉能制伏外道邪見福田、一切有情的福田、莊嚴福智的福田、離於一切怖畏的福田、無諍的福田、寂滅的福田、神通的福田、最殊勝的福田、無窟宅福田、無盡的福田、具足菩薩所行福田、得佛自在最上福田、佛所護持的福田、變化的福田，以這樣的法印來印定所有的衆生，令衆生皆得安樂而巧辯宣說的福田；一切瓔珞都用來莊嚴諸佛法界，成爲決定涅槃寂滅的福田，也是在一切福田之中的最上勝者；成就像這樣的福田，能了知一切法不生不滅，名爲阿羅漢。滅除各種的貪染執著，看見有人來生起瞋恚而他心中沒有惱怒，名爲阿羅漢。於一切法都不攝取其法相，名爲阿羅漢。滅除各種習氣或者熏習的各種智慧，修學無上的智慧而能快速證得，名爲阿羅漢。以這樣的威儀來建立他的覺悟，覺悟佛法的勢力就稱爲阿羅漢。像這樣的菩提也稱爲不可思議，不可思議的意思也叫作不動；像這樣子不動，能使令無數億的衆生，安立於佛菩提中，而無所執取貪著，全部都住於平等心中，他的心性是同於壞世間相和無所有相，了

知一切法都入佛菩提之中，所以他住於無所住，名爲阿羅漢。」】

講義：佛陀告訴阿難說：「**我如今繼續來解說什麼是菩薩摩訶薩中的阿羅漢。**」接著就說明：「**滅一切行，修佛所行，捨諸有爲，而能成熟一切眾生，亦斷一切眾生苦惱，是名阿羅漢。**」佛陀提出的這個說法，定義非常明確，第一個要點就是「**滅一切行**」，所以阿羅漢一定要「**滅一切行**」；無論從二乘菩提、或從大乘菩提來說都得要滅。可是有的人也許想：「**即使佛陀在世的時候，那些阿羅漢們同樣也都有行啊！何曾滅了任何一行？不說阿羅漢們，就說如來好了！日中一食，不也是行嗎？下山托缽不也是行嗎？那爲什麼阿羅漢得要滅一切行？**」這就是說：心有所斷、也有所證，所以說他「滅一切行」。

從表面上來看，阿羅漢們有身行、口行、意行，不然如何向 佛請法？又如何與同修之間互相溝通？但是雖然表面上看來有這三種行，實際上並沒有行；因爲他已經滅盡了，所以說他是「不受後有」的人。如果凡夫看著他們有身、口、意行，而聽到說他們沒有一切行，就跟著講：「**我跟阿羅漢一樣，我也沒有一切行，因爲我修得離念靈知了。**」這就好像有個人擁有幾十億元的身價，有一天出家了，全部財產一朝頓捨，全部都捨棄了，孤身寡人一個人出家了。另外有一個人，他擁有個破房子、一點點現金，可是他也跟人家說：「**我也是可以捨棄一切我所的，我跟他一樣。**」但其實不一樣。人家是從心裡頓捨，可是他對那一點點財產還抓得牢牢的，所以記得很清楚財產的數目。也就是說，阿羅漢一定「**滅一切行**」，因為他是每一世都可以入無餘涅槃的，這才是菩薩阿羅漢。這是第一個條件。

第二呢，他既然稱為菩薩阿羅漢（不是二乘阿羅漢），所以他得「**修佛所行**」。所以 如來作什麼，他得要跟著 如來一樣去修、去作。這個「**修佛所行**」是菩薩阿羅漢之所必為，他不可以免掉這個部分。所以 如來下生人間，不為自利，只為利他，因為 如來的一切都是無功用行了；在人間修任何福德、修任何智慧，對祂自己都無所利益，因為祂在福德與智慧上面都已經究竟了；可是卻得要來人間，純粹是利他，這就是 佛的所行。那麼他是菩薩阿羅漢，不是二乘阿羅漢，目前的證量也還不是無功用行，所以他也得「**修佛所行**」，因為他最後想要成佛啊。

第三個條件：「**捨諸有為。**」他的身、口、意行全然不落入有為法中，這是阿羅漢「**滅一切行**」所表現在外的狀態。如果有人宣稱成為阿羅漢了，卻一天到晚跟弟子們訴苦：「師父都沒錢用了！米缸裡也沒米了！」明明米缸裡滿滿的，他先挖掉大部分去偷藏起來，再訴苦說只剩下那麼一點點；明明錢就夠用，他老是抱怨錢不夠用，這還叫阿羅漢喔？所以菩薩阿羅漢「捨諸有爲」，因此絕對不貪身外之財。如果他繼續貪著身外之財，一天到晚告訴徒眾們，暗示他們要來布施、要來供養；可是他其實用不了那麼多，也吃不了那麼多，那他就是貪，就不是阿羅漢，因爲他落在有爲法裡面了。這樣有三個條件了。

第四個條件：「而能成熟一切眾生。」那什麼叫作「成熟」？就是要教導眾生：該斷的斷、該證的證。佛法跟聲聞法不一樣，聲聞法是以斷爲證，只要斷了那個煩惱就是證；可是大乘法不是這樣，要斷二乘人所斷的那一些煩惱之外，還得有所證，就是第八識如來藏，要證眞如。所以大乘法方面的修學，一定要有所斷，就是煩惱斷；然後要有所證，叫作證眞如、證佛性；所以從七住眞如、十住眞如、十行眞如、十迴向眞如、初地眞如，一直到佛地眞如；各個階位有不同層次的眞如要去實證，這是大乘法異於二乘法之處。所以必須有斷、有證，這樣才是眞正的「成熟」。如果煩惱都不能斷，表示這個人還沒有「成熟」；沒有「成熟」之前，你幫他證眞如就會出事；保證出事的，因為他的煩惱還沒有斷。所以在大乘法中斷與證是相對的，在二乘法只講斷，斷就是證；但大乘佛法中有所斷，也要有所證，是相對的；對眾生要能這樣教誡、教示，才能說是「**成熟一切眾生**」。

「**教誡**」就是讓眾生去斷煩惱，勸誡說：這個煩惱不可以生起、這個事情不可以作……，這都屬於教誡。「**教示**」呢，就是該證的眞如或是佛性，應該要怎麼修？怎麼樣去證？這叫作教示，或者說開示；這兩個層面都教導了，才叫作「**成熟一切眾生**」。可是「**成熟**」眾生的過程中，這菩薩阿羅漢為大眾開示了：你要斷什麼煩惱，然後要證什麼眞如。開示完了，大部分人也作了，可是少數人沒有辦法依止，無法信受奉行，於是陽奉陰違，表示他們的善根尚未「**成熟**」；於善根尚未「**成熟**」之前，千萬不能幫他們實證。

我們以前就是這樣，眾生善根還沒有「**成熟**」時就幫他們實證了；然後有的人一年兩年退轉了，有的人三年五載退轉了，乃至有人遲至十幾年才退轉的；這表示他們的五善根尚未成熟，所以幫他們實證是不應該的。但有的人很會偽裝，所以他來到善知識面前百依百順、絕對地恭敬誠懇，可是背地裡他是另一回事，那我們就要小心去觀察。就像大陸這兩年退轉的那兩、三個人或臺灣的琅琊閣等人一樣，我們沒有從側面再加以深入瞭解，看到他們來到臺灣的表現，說這樣的人很不錯，於是幫他們證悟後就出事了！所以未來我們度人，一定要從側面再觀察：究竟他們的善根「成熟」了沒？善根如果尚未「成熟」，就沒有資格證眞如。

善根有沒有「成熟」？其實只要側面求證一下就知道了。比如說：有個人固執己見，你跟他講道理講不通，他一定要跟你爭個輸贏，這叫作「見取見」；他認爲自己的見解最正確，而且自己比別人優越，根本不聽人家說明，你爲他解釋什麼都沒用，這就是「見取見」；那這樣的人，善根尚未「成熟」。所以身爲菩薩阿羅漢當然必須善根成熟，因爲菩薩須陀洹就必須具備這一點了，要善聽人言。人家講什麼，他願意傾聽，然後再去作判斷。可是這個人不一樣，他堅持己見，而且一定要爭到贏；這樣的人將來悟了一定出事，因爲他的善根還沒有「成熟」。

所以善「能成熟一切眾生」的菩薩阿羅漢，一定要能教誡眾生，好好去斷除煩惱，也要同時開示第一義諦。換句話說，解脫道的法、佛菩提道的法，全部都要開示。如果眾弟子們哪一些煩惱斷不了，他就要提出教誡，告訴他說：「你這樣是犯戒，而你這個犯戒就叫作什麼煩惱。」要告訴他，所以要有教誡、要有教授。教授是教導法上的，教誡是教導他如何斷煩惱以及沒有斷的時候，就當面訶責他、當面要告訴他：「你這個是什麼煩惱。你還沒有斷，得要趕快斷。」這樣子有教授、也有教誡，才是眞正在「成熟一切眾生」。

第五個條件：「亦斷一切眾生苦惱。」有教授、有教誡了，可是這個學人煩惱很多，所以他修道修得很苦惱，那就要在教誡上面，作另一個層面的加強；要依二乘解脫道之理告訴他：「五蘊無常無我、諸行無常、一切法無我，不要落在我與我所裡面。」當他不在我與我所上用心時，他的煩惱就漸漸減輕了，所以他漸次去遠離那些煩惱，最後把煩惱斷除，他的善根也就成熟了。所以菩薩阿羅漢要有這五個條件。要當菩薩阿羅漢並不容易，因爲要律己利人。「律己」就是自己要先斷一切行，永遠不落入有爲法中，這是律己。然後要教誡學人、也要教授學人，才能「成熟一切眾生」，也才能「斷一切眾生苦惱」；如來說這樣子「是名阿羅漢」，所以這是菩薩阿羅漢基本的條件。

那麼表現在外，當然有其他的行相，所以 世尊又說：「不得眾生相，亦不得苦惱相，是名阿羅漢。」菩薩阿羅漢如果一天到晚落在眾生相裡面，那他想的都是世間法，所以他的所思、所行都跟眾生一樣；眾生心裡面想的是色、聲、香、味、觸，他想的正是一樣；眾生心裡想的財、色、名、食、睡，他想的也是一樣，無異於眾生，那就是眾生相，不是菩薩阿羅漢。眾生很怕死，他也很怕死，不是為了事情還沒作完而不肯死，而是他眞的怕死。

但眾生有很多的行相，譬如說，聽聞到大乘佛法，心中有所疑，疑根不斷；他同樣對大乘法有疑，這都是眾生相，依此類推諸位就懂。所以有眾生相的時候，就算讓他當上了法主，他會要搞什麼第一。比如說：「我們道場在佛教界中是學術研究上的第一。」「我們是寺廟最高的第一。」「我們是寺廟最多的第一。」「我們是救濟眾生中的第一。」「我們是信眾最多的第一。」依此類推，求某種方面的第一，就是落入眾生相中。我們有沒有主張過說：「我們正覺是法上第一。」從來沒有，證了眞如法，轉依成功之後就沒有「第一」這回事了。有第一就是落在人我上，落在五陰中；然後從五陰來看時，我到底是排名第幾？那就是眾生相中的外我所了；所以「不得眾生相」是表現在外的一個狀態。

「亦不得苦惱相」，菩薩阿羅漢沒有什麼苦惱，不論外在環境怎麼樣打擊、外在環境如何的橫逆，他放在心中，想辦法去對治，以利益眾生；但是你找不到他的苦惱相，對他而言，不生苦惱。他想的就是：「我能作到哪裡？我一定要作到哪裡才能利益眾生，我要想方設法去作到。」「正法遭遇到困難，我想方設法去解決，但是我心中沒有煩惱。」菩薩阿羅漢就應該這樣。所以有時候有的人說：「哎呀！這回大陸的正法情勢大壞，我看平實導師睡不著覺了。」沒有！我只有低氣壓的時候睡不著覺；如果不是低氣壓，我都很好睡；所以我如果搬去大陸住，一定很好睡，因爲大陸通常都是高氣壓。可是臺灣只要有颱風靠近，那氣壓很低，我就睡不著；從小就是這樣，可是沒有苦惱。

我還是一念不生的安住，外在的環境對我沒有影響，所以我不會生起苦惱；但是該怎麼作？我會想方設法改變，去順應那個外在的環境，設法繼續利益眾生，但我沒有苦惱。比如現在兩岸這麼緊張，有一些事情產生了變化，正法不能再去大陸推廣了，當然是有關係；但我想方設法去對治那個環境的變化，而我心中沒有苦惱。所以在逆境之中，我還想到一些事情，然後我後面應該要怎麼作。對我來講，沒有苦惱這回事，因爲頂多就是復興到這個地步，現在就成爲頂點高峰，這就是最壞的情況了！最壞的情況就是這樣，沒有更壞的了！

可是這個「壞」是從五陰的境界來說壞，跟如來藏有什麼相關呢？所以不必要有苦惱，也就沒有苦惱相。每次來講經、來上課，我總是快快樂樂的，不管外在環境怎麼樣；我從來不曾有過愁眉苦臉的樣子。欸！諸位要這樣子，先去瞭解菩薩阿羅漢的心境。如果是聲聞阿羅漢，那就是不苟言笑，也不東張西望，他走路永遠只看著前方地上，什麼都不管；但菩薩無妨看東看西，可是心中一點都不搖動，沒有煩惱或苦惱，而他在瞭解外在環境，然後判斷對於正法該怎麼作，他會去構想。

所以菩薩阿羅漢這個心境，諸位得要學著，因爲這個跟諸位息息相關。將來九千年後，你們全部都得證得菩薩阿羅漢的果位。千萬不能小看自己，這一世不能證阿羅漢果，下一世證；下一世證不得，三世後證；總之九千年後，正法要滅失之前，你們都得要證阿羅漢果。如果你們能堅持到那個時候，一定是阿羅漢；否則你們會被月光菩薩放鴿子（大眾笑…），因爲你們要追隨月光菩薩入山時，必須是阿羅漢才行；月光菩薩可不想帶著三果以下的人入山，鬧一堆是非，這就是諸位要作到的事。

那麼說完這個「**不得苦惱相**」，接著又說：「**滅諸取著，住於無相；知諸法空，離一切相，悉無所有**；」阿羅漢顯現在外的「**滅諸取著**」，譬如說正覺同修會好了，我如果今天有一個大道場，可是我還覺得不夠，一百公頃還太少，我要兩百公頃，就是要兩百公頃。有了兩百公頃的地以後，又想：「**我要擴充為五百公頃。**」無止盡地去擴充，這就是「**取著**」。弘揚正法的時候，你想要作什麼事而需要那一塊地皮或者建物，所以你就去買；但是沒有必要用到時，不去買它、不需要去作它，在弘法的時候應當如此。

如果他只是在世間財上面用心，不論他是為了拼第一、或為了擁有更多，那都叫作「**取著**」；就是執取世間的財、色、名、食、睡等，然後執著不放。菩薩阿羅漢不許這樣。有一天他當了法主以後，他只是構思：「**我現在應該作什麼？這個階段要作什麼，下個階段要作什麼。所以我必須要有多大的地皮、多大的建築物，可以完成這件事情。**」這才是菩薩阿羅漢之所當為，所以不應該在世間法上用心，這叫作「滅諸取著」。

那他可以作到這樣，是因爲「住於無相」。無相之法就是實相，眞正的無相是沒有任何執取、沒有任何貪著的，可是要達到這個境界，他得有解脫及實相上的智慧呀！所以先要「知諸法空，離一切相，悉無所有」。因爲諸法在現法之中存在，現前的諸法之中，看來諸法都在，但這只是在如來藏中的示現，其實不是眞實的存在；只是在現象上看來，諸法出生了、諸法變異了、然後諸法又滅了，所以諸法的生、住、異、滅都不是眞實的。

你如果從實相來看時，一法也無；因爲有這個實證，所以「離一切相」；既然「離一切相」，還有什麼法存在？世間人最貪的，大概就是財產吧！但是想想看：剛生來人間時有什麼財產？孤身寡人一個來，什麼也沒帶得來！說穿了，後來有了那麼多財產是往世修福，有了福報，這一世來實現福報；但是活上兩百年好不好？不好！因爲老得可以了，沒辦法幹什麼事了，所以通常人大概都九十幾歲、八十幾歲走人；而那麼多的財產擁有不過幾十年，不超過百年，最後又交出去了；然後這一世因爲有好好護持正法，得了好多福德果報帶到未來世，再去實現；可是有哪一世，你眞的可以帶走去到來世呢？永遠帶不走，所以「悉無所有」。就在這樣「悉無所有」的過程中，不斷地把那一些菩提資糧拿來用，一世又一世增進道業。

一定有人聽過一句話說：「佛法就是藉假修眞。」聽過吧？藉著假有的法來修眞實法，眞實法就是如來藏妙眞如性。都是藉著假有的五陰身心來修行、來證如來藏，每一世就這樣不斷地次第前進，到最後成佛；成佛時，可以改說爲常、樂、我、淨，卻是三大阿僧祇劫之中，藉著一世又一世虛妄的五陰次第修行，才能到達這個地步，所以說是藉假修眞；既然五陰身心都是假有的，當然是「悉無所有」，這是菩薩阿羅漢自己的證境。

可是他當菩薩阿羅漢，形諸於外就是「**除諸眾生一切妄想顚倒癡惑，了達空法不可思議**」。所以身爲菩薩阿羅漢，得要有菩薩阿羅漢的實質；那個實際上的本質口說無憑，要實現在外，讓人家可以觀察；雖然外人可能觀察不到，但是隨眾一定觀察得到。所以當他跟周遭的人說法時，大家會漸漸地發覺到：他的煩惱不存在，而且還有所證。於是一傳十、十傳百、百傳千；因爲追隨他的人可以跟隨他一樣除掉妄想、顛倒、癡惑，風聲一定會傳開呀。

有不少大道場之所以「成其大」，是藉用廣告公司去行銷；最高明的行銷是行銷在無形之中，讓你感覺不到他在行銷，可是帳面上一定可以看到；因爲今年付給廣告公司五千萬元，明年給廣告公司一億元，就這樣花錢。可是有的廣告那就很明顯了，表示那家廣告公司的手段太差，他們的構思也不好。可是正覺沒花過這種廣告費，咱們曾經作過的廣告是專破密宗；但是其他的增益自己的事，我們從來不打廣告。雖然不廣告，可是風聲會傳開。這「風聲傳開」叫什麼？叫作口碑，就好像一座又一座石頭雕出來，都說正覺有多麼好。所以說，只要你有所斷、有所證，能「**除諸眾生一切妄想顛倒癡惑**」；於是隨眾後來斷了煩惱、斷了愚癡、斷了迷惑，風聲一定會傳出去。

還有一個部分叫作：「**了達空法不可思議**」。「空」，一般人都以爲，不過就是無常故空；所以全部都會過去，那就叫作「空」；可是其實不然，因爲要先有一個眞實空，這個眞實空叫作究竟空或畢竟空，由這個「究竟空」才能產生出種種的空。所以整整十八種空，也是從這個「空性的空」衍生出來的，這樣就是「**了達**

空法不可思議」。

因爲已經現前觀察到：一切諸法的緣生緣滅，全都依這個空性第八識而有，如果沒有這個第八識空性，不會有阿羅漢實證二乘菩提與出三界的涅槃；如果沒有這個眞如心空性，也不會有菩薩阿羅漢，當然也就沒有諸菩薩、諸佛了；所以一切都從這個空性開始，一切諸法始於空，然後終於空，而「空」永遠無始無終。因此所謂的有始有終，都是空性心中的一切現象法所攝；因爲眞正的空，無始亦無終，而祂所顯示的現象界諸法有始有終；因爲每一世的五陰都是有出生的，即使他壽命長到八萬大劫也是一樣，八萬大劫後依舊滅了，全部有始有終。可是這個有始有終，卻是一世又一世的有始有終，最後全部聯結起來還是無始無終，因爲如來藏無始無終的緣故。

如果是二乘根性的人，就說他無始有終，因爲他最後入無餘涅槃去了，再也「不受後有」。那凡夫眾生也叫作無始無終，可是諸位你們是應該無始有終、還是無始無終呢？（有答：無始有終。）那不是跟凡夫眾生一樣了嗎？喔！不一樣！因爲證得實相，依止於實相的時候，永遠不入無餘涅槃，把有餘、無餘涅槃揣在懷中，但是依著本來自性清淨涅槃繼續修行、次第成佛；成佛之後，繼續利樂有情，永遠無終、究竟的解脫，而五陰身心則是無始有終。懂這個道理，而且實證了阿羅漢位，是證眞如的人，才可以說他「了達空法不可思議」。

世尊接著說：「是阿羅漢得不思議菩提，成就如是法，故名阿羅漢。」所以阿羅漢是有實質的，不單單口說；口說的都經不起檢驗，所以佛教界這兩、三百年來，出現了好多的阿羅漢；可是正覺出現之後，那些人都「入」涅槃去了！因爲經不起檢驗只好自己消失了。這表示菩薩阿羅漢不是口說爲憑，而是要有所斷、也要有所證，這樣才能符合菩薩阿羅漢的定義。所以必須得到不可思議的菩提，而不只是二乘菩提。

二乘菩提可思可議，所以你們看《阿含正義》，我把二乘菩提眾人所未曾聽聞的，都把它寫出來公開講；大家讀了知道說：「喔！原來是這樣。」那麼能不能實證，就看他們有沒有善根以及付諸實修了！可是大乘菩提，我絕對不會寫出來，因爲有不可說的部分。大乘菩提「斷」的部分大約相當於二乘菩提，可是還有一大部分是無始無明的斷；那無始無明的斷就是「證」的部分，你要怎麼實證如來藏以及悟後現觀祂的一切種子，那就是悟後要修學《瑜伽師地論》、《成唯識論》，必須要證得這樣的不可思議的菩提。如來說：「成就如是法，故名阿羅漢。」所以菩薩阿羅漢是不容易當的，必須有他的實質。

接著說：「如過去諸佛所應說法，未來、現在一切諸佛亦如是說，無有戲論，具足清白，演說眞實菩提之法，名阿羅漢。」這告訴我們說，阿羅漢不可以不說法，因爲這個阿羅漢是菩薩阿羅漢，不是二乘阿羅漢。所以 如來說：「猶如過去諸佛所應當說的法、現在一切諸佛也這樣說、未來諸佛也是這樣說；所說的法沒有戲論。」因爲是實相法。如果所說的法是令人可以實證的二乘菩提，而沒有佛菩提，那麼從第一義來講，還是說這樣也叫作「戲論」，因爲言不及第一義諦。所以所說的法，必須如同三世諸佛所說一樣，完全沒有「戲論」。

那什麼叫作「戲論」？落在三界中的法就是「戲論」。那麼現在一定有人起了個疑惑說：「那二乘菩提沒有落在三界裡面啊，爲什麼您剛才說『依大乘第一義諦也叫作戲論』？」別客氣！有這個懷疑是正常的。我又說了，依第一義諦來講，所有大乘經典也是戲論。什麼叫第一義諦？就是如來藏本身的眞如境界，在那個境界中，一法迴無，哪裡還有佛法？可是想要利樂大眾實證佛法，於利樂大眾實證這個實相境界時，你卻不能不說法，雖然所說的法從眞如自己的境界中來看時還是「戲論」。如果大乘佛法都可以說是「戲論」，二乘菩提難道不是「戲論」？而如果今晚是第一次來聽我講經，聽到這裡，一定罵將起來：「啊！你這蕭平實好可惡！竟然敢說佛菩提道是戲論。」可是你去讀讀《般若經》，就是這樣講明的啊！所以要能利樂眾生而把佛法講出來，讓眾生實證；但實證的內涵卻是離「戲論」的，就是眞如的境界。眞如的境界中沒有二乘菩提，也沒有大乘菩提；連大乘菩提都不存在了，何況是二乘菩提？所以二乘菩提當然是「戲論」。

從另一個層面來講，大乘菩提不但函蓋了二乘菩提，而且所證是超越二乘菩提後的眞如法性，那這個眞如法性是實相法界的事；可是二乘菩提說的法，全部都是現象法界裡的事，哪能說它不是「戲論」？等而下之，如果每天開示弟子們時都說：「你只要證得一念不生，那就大事已畢了。恭喜你開悟了！從此以後，就過著幸福快樂的日子。」那根本連二乘菩提都及不上，純屬人間的「戲論」。所以菩薩阿羅漢自己實證眞如以後，還要教導眾生實證眞如，必須猶如三世諸佛所說一樣，爲眾生宣說，而他的所說「無有戲論」。

「無有戲論」的時候，顯示出來他就是「具足清白」。「清」就是裡面沒有任何雜質；「白」就是沒有任何雜物，所以完全透光；這種「具足清白」之法就是實相，只有實相境界「具足清白」。而這個實相不可說、不可說，既不可說，卻要讓人家實證，所以諸佛菩薩就辛苦了。如果這個實相境界可以明講，那諸佛菩薩只要來人間講一講，就可以走人了。很快！輕鬆多了！但是不能明講啊！因爲明講了，眾生不能信受，所以黃蘗禪師說：「不是一番寒徹骨，爭得梅花撲鼻香？」眞的要辛苦鍛鍊過才能算數。

所以你們大家都不要冀望說：「我去一次禪三，就可以過關。」別妄想啦！那是很少數人，過去世已經悟過了，否則都別想。那麼這樣子辛辛苦苦，一定要上山三次、四次、五次乃至十次才能鍛鍊過去，這樣沒有壞處，只有好處；就像上戰場，你那把寶劍得要好使，可別一砍就斷了！所以「具足清白」之法，一定是要經過辛苦鍛鍊過來，終於悟了，才有那個實質。所以菩薩阿羅漢必須如同三世諸佛所說一樣，「無有戲論，具足清白」，他所演說的是「眞實菩提之法」，所以「演說眞實菩提之法」是菩薩阿羅漢的條件之一。

如果哪個所謂的成佛者說出來：「我就是加持你以後，你就可以成佛了。」那一定是泥土捏的假佛。如果來頭頂跟你摸一摸，說：「你這樣就是開悟了。」或者往眉心跟你點一下，說是點玄關；說這麼一點，你就開悟了。那個佛是用蠟燭做的佛，還不必點火，只要天氣稍微熱一點，它就熔掉了。所以演說的法必須是實相之法，能演說實相之法才叫作「眞實菩提」，也就是眞實覺悟之法，因爲菩提名爲覺悟。可是不能悟得世間法，也不能單只是悟得二乘菩提，而要悟得如來藏，並且能現觀祂的眞如法性；能現觀而能轉依成功時，這才是眞正的「演說眞實菩提之法」；得要是這樣的人，才能說他叫作菩薩阿羅漢。

接著說：「安立眾生住菩提道，無所取著，名阿羅漢。」所以菩薩阿羅漢度化眾生，不是自己住於阿羅漢位就滿足，而是同時要安立眾生住於佛菩提道之中，並且要進一步「無所取著」。所以我常常在強調說：諸位九千年後，一定要證阿羅漢果；可是我今天要進一步講：「最好就在這一世，你就證阿羅漢果。」這是說眞的。有一句成語說：「水漲船高。」對吧？船如果要高、就得水也要高。那是船多、還是水多？（大眾答：水多。）對嘛！所以水要漲起來，船才會高；不為了炫耀，而是為了將來九千年到的時候，你們大家都能跟在月光菩薩身邊；然後到無法弘法的時候，只剩下五十二年時正法無法再弘傳了，就入山去隱居了！末法最後五十二年，就在最後一位阿羅漢捨壽的時候，末法告終。那你如果作不到，說：「這一世哪有可能？」這一世不可能，就下一世吧；下一世不可能，下下世吧！總是要盡快取證阿羅漢果。所以除滅性障很重要，因為你必須要盡速除滅性障，才能發起初禪；發起初禪是證三果的必要條件，接著住在頂品三果的境界中，你要取證慧解脫果，那就易如反掌，這是眞實可以作到的事，不是打高空；但我這些說法跟外面那些大師與學人完全無關，就只是跟諸位有關。

外面的人，你如果跟他說：「要趕快取證阿羅漢果啊。」他聽到你這麼一說，馬上就堵你的嘴：「你算哪根蔥？」他不說自己是哪根蔥，卻說你算哪根蔥，這是一般的現象。可是諸位來到正覺，就有這個機會。如果悟後，想要快速發起初禪，才去取證三果、四果，結果一天到晚小鼻子、小眼睛的，要等到驢年馬月到來，才有可能證得。請問驢年馬月什麼時候會到？（大眾笑⋯）沒機會啊！永遠不會到來！

所以菩薩阿羅漢演說清白之法，「無有戲論」，還要安立眾生住於佛菩提道中，並且還要教誡、教授大家「無所取著」。如是菩薩阿羅漢跟二乘阿羅漢不同，二乘阿羅漢也努力在教導弟子證阿羅漢，那菩薩阿羅漢更應當如此。如果在我這一世臨走之前，有好多位阿羅漢出現，大家會說：「你看！這蕭平實厲害吧！還教導好多阿羅漢出現了。」所以這時候，不是只有菩薩七住、十住、十行、十迴向位而已，因為還有菩薩阿羅漢。那麼我此世離開之時 如來接引我的時候，我禮佛時臉上也會發光；如來一定歡喜摩頂說：「你這一世幹得不錯啊！」這樣辛苦一世就值了，所以菩薩阿羅漢不是自了漢。

二乘阿羅漢是自了漢，他們很怕落在五塵中、很怕落在五欲中，一心一意要遠離；但菩薩阿羅漢在五塵中、在五欲中無所謂，就像禪宗講的：「百花叢中過，片葉不沾身。」二乘阿羅漢可是很怕五塵的，很怕沾了身；還沒有走過，正準備穿過五塵時他就在擔心了。可是菩薩無所謂，身上儘管色、聲、香、味、觸、法一堆，可是都不沾身；因為這是菩薩道中的日常，所以天魔波旬要來引誘也沒得辦，這樣才是菩薩阿羅漢；但他不是自了漢，所以他不會自己「無所取著」就滿足，一定教導弟子、教導眾生們同樣證得佛菩提、證得菩薩阿羅漢果；而且同樣「無所取著」，這樣才是菩薩阿羅漢。

接著說：「應行諸波羅蜜慈，得佛大慈，滿足眾生無相之慈，亦能安立一切眾生；」先講這半句。菩薩阿羅漢之所應行就是「波羅蜜慈」，無有一菩薩不修波羅蜜。那「波羅蜜」到底叫作什麼？「般若波羅蜜」譯過來，叫作「智慧到彼岸」，「波羅蜜」就是「到彼岸」。彼岸無生亦無死，那才是眞解脫。

有人也許想：「那不一定要修大乘菩提吧？因為二乘阿羅漢也有到彼岸啊。」可是我講過了：「阿羅漢沒有證涅槃、沒有到彼岸！」因為阿羅漢所謂的到無生無死的彼岸、所謂的證涅槃，是把自己滅掉、不受後有；那他的後有不在了，是誰證得涅槃、到達彼岸？可是菩薩繼續有一世又一世的後有，但這後有本身就在彼岸，這樣才是有人到達彼岸。那麼在一世一世的後有存在的當下，看來有生死，卻沒有生死，因為當下就是無生無死的彼岸，這就是「波羅蜜」；眞正的「波羅蜜」是這樣，由此證明二乘聖人沒有「波羅蜜」。所以二乘菩提不叫作「波羅蜜」，叫作解脫道；可是佛菩提的修法就叫作「波羅蜜」，只有佛菩提才能令人到彼岸。

那麼「波羅蜜慈」的意思是說，你要以到彼岸之法來接引眾生、度化眾生；以這樣的慈心，讓他們藉著「波羅蜜」的法，同樣到達無生無死的彼岸，這樣叫作「行諸波羅蜜慈」。所以如果菩薩阿羅漢只以二乘法教導眾生，他就不是「行諸波羅蜜慈」。可是有個問題，爲什麼叫作『諸』波羅蜜慈」？因爲「波羅蜜」不是只有一個，至少要有六個，這六個一一實證了、一一次第進修到位，然後進入第七住，般若正觀現在前；不是想像的，而是現前實證的，所以叫作波羅蜜多現在前，也就是「般若正觀現在前」。

而這個般若波羅蜜多顯現在你眼前，可以讓你諦觀，卻是要從布施度起修，得次第進修波羅蜜法：從布施波羅蜜多、持戒波羅蜜多，乃至般若波羅蜜多；前一個波羅蜜多，是後一個波羅蜜多的基礎，要以前一度波羅蜜多來支持及成就後一度波羅蜜多。所以如果有哪一個乞丐來，想要證得二乘菩提，我說：「可以！你依我的教導好好實修。」可是他如果說：「我也想要證佛菩提。」我說：「你下輩子再來。」因爲他的「布施度」沒有修好，這輩子才會這麼窮苦。等他下輩子來了，我又告訴他說：「你把布施波羅蜜修好了，下輩子再來。」就得一世一世延後，讓他把布施波羅蜜修好；修好了然後叫他受菩薩戒，一度一度都要修，前一度是後一度的基礎。所以 如來說：「以『布施』波羅蜜多作『持戒』波羅蜜多的基礎；乃至以『靜慮』波羅蜜多作爲『般若』波羅蜜多的基礎。」

這六度修學滿足，得要修四加行了！「世第一法」完成的時候，隨時都可以見道；見道了，能不退轉（注意！這是個前提！），並不是知道密意就算開悟！而是見道之後轉依成功「得不退轉」，才算是入第七住位。

如來有說：「見道之後，要得不退轉，必須是諸佛菩薩、善知識所護；如果沒有諸佛、沒有諸菩薩或善知識所護，第一次證悟後一定會退轉。」這倒讓我想起來，我們下一部經，乾脆來講律部的《菩薩瓔珞本業經》；我今天下午，特地把它重讀一遍；因我想到這一部經，在這種對見道有淆訛的狀態下，譬如說那個琅琊閣、張志成不就是這樣嗎？他認爲這一悟就是入地了。其實不應該說「他」，而是「他們」，因爲他們是一小撮人，有臺灣的、有大陸的。那我把這一部《菩薩瓔珞本業經》來講清楚，同時大約就開講《成唯識論》了，這樣搭配著也很好。

所以到底要先講《無上依經》、還是《菩薩瓔珞本業經》？我還眞費思量！因爲《菩薩瓔珞本業經》告訴大家：一定要具足「六種瓔珞」才能成佛，從銅寶瓔珞、銀寶瓔珞，乃至到最後的水精瓔珞，要具足這六種瓔珞才能成佛；至於入地時必須要有銅寶、銀寶、金寶等三種瓔珞作基礎才行，再證得第一分琉璃寶瓔珞才能入地。結果有人妄想一悟就入初地，沒這麼便宜的事。因爲《菩薩瓔珞本業經》明明白白講著：「**證悟之後，只入第七住。**」進入第七住之後，可能馬上會退回來，因爲他不接受佛菩薩或善知識的攝受，於是就退轉了。（編案：後來是在此經講完時先講《解深密經》，然後再講《菩薩瓔珞本業經》。）

現代學人如果自己一個人獨自悟了呢，沒有佛菩薩或善知識攝受時，還是會退轉，只有我除外。但是我不退轉，我繼續往前走，領著大家前進，所以我現在拉的這個繩索很粗，因爲我要拉那麼多人往前走。這意思是說：「波羅蜜」不是只有一個般若波羅蜜，總共有六度。如果有人告訴你說：「**只要一悟就行，其他布施等五度全都不用。既不用讀書、不用上課也不用聽法，什麼都不用；也不用來正覺作義工，什麼都不要。**」那就是說，他只要最後一度般若波羅蜜；然而只有一度是不可能成就「波羅蜜」的，必須具足六度才行。

可是即使具足這六度波羅蜜多了，最多就只能走到第十迴向位；你還必須要知道「諸波羅蜜多」這個「諸」，除了六度以外，還要有後面的四度：方便波羅蜜、願波羅蜜、力波羅蜜、智波羅蜜，加上原來的六度總共是十度；可是這十度修完了，就具足菩薩瓔珞了嗎？也還沒有！還欠兩種。所以還要到等覺位，再加一種摩尼寶瓔珞，然後進入妙覺位；這個妙覺位可能你要一劫、兩劫、三劫、幾劫不一定。在妙覺位修完了，具足最後的水精瓔珞時，才有成佛的資格，所以眞的叫作『「諸」波羅蜜』，「波羅蜜」沒有只修一度的。

所以如果有人告訴你說：「唉！正覺書那麼多，不用讀啦！你只要悟就好。」「只要悟就好」會出問題！就好像早期，最早期的人跟我學法，我是一股腦兒倒給他們，所以第一次禪三就能明心又見性；然後我接著跟他們說悟後進修的法。有一天，有一位許師姊跟我反應說：「老師啊！我們明心、見性就好了，為什麼還要學那麼多？」我當時臉上眞的三條線！（大眾笑…）因為我要快速幫她入地呀，她還嫌棄，說為什麼要學那麼多？沒辦法！只能搖頭了。所以說，菩薩阿羅漢沒有只教人家一度波羅蜜、兩度波羅蜜的，都是具足六度波羅蜜；如果他的學生已經入地了，他還得要教導十度波羅蜜。換句話說，波羅蜜多有遠波羅蜜多、有近波羅蜜多、有大波羅蜜多……，所以叫作「『諸』波羅蜜」。所以波羅蜜沒有只修一度的，也不能單單只有六度，否則無法入地或成佛；因爲你要入地之前，就得要先瞭解「十度波羅蜜多」。

那麼菩薩阿羅漢要有「諸波羅蜜慈」，不是只有教導一種波羅蜜。所以在禪淨班裡面，我們所有親教師都教導六度波羅蜜；如果有誰只教導一度波羅蜜，他專教導般若波羅蜜，我們一定會糾正他，這是正覺同修會的規矩。所以我們早期，有的親教師爲了顯示他教得特別好，就把般若波羅蜜先講，其他的留到後面講；我們就糾正他，因爲這是不如法。眾生學佛菩提道，要以「布施」波羅蜜多作爲「持戒」波羅蜜多的基礎；乃至要以「靜慮」波羅蜜多作爲修學「般若」波羅蜜多的基礎；前一度爲後一度的基礎，修到後度的時候，便以後度含攝前度，然後具足六波羅蜜的時候，才能夠證悟；否則幫他證悟了，一定出事，這是我們二十幾年來弘法的經驗。所以菩薩阿羅漢「應行『諸』波羅蜜慈」，也就是每一度波羅蜜都要具足教導給眾生，他才算具足「『諸』波羅蜜慈」。

能幫眾生實證實相，這才能說「**得佛大慈**」，因為不得少為足。中國古時候，絕大多數的禪師都是得少為足，所以大多數的禪師，只要有一個、兩個弟子悟了，他就不想再幫誰證悟了；他覺得這樣就夠了：「**我這個法脈有傳承了，這樣就好。**」就滿足了。如果要說悟後還教導禪門差別智、還教導《成唯識論》，還演說經典，還為弟子教示教誡，禪宗史上難得其人。你們看禪師們，哪一個不都是禪師當得好好的？叫他講一座經，難如登天。你要他講經很難的，可是講經的座主卻都是沒有悟。所以中國佛教就是這樣，停頓在那個地方，不會前進。證明你要找一個禪師為大眾講經，眞叫作難得其人。

現在我看著這個時代，是佛教可以復興的時代，所以咱們就得辛苦一點，當經師、當論師、當律師，再加上一個當禪師、辦禪三；所以這不叫「三藏」法師，要玩笑叫作四藏法師了，那當然就要作很多事，所以不能得少為足。我不會想說：「**我現在增上班六百人了，很滿足。**」不！你們現在都知道我發下的願，希望我臨走之前，這一串念珠一百零八顆，全部都是既明心又見性的，不是明心就夠了！

可是眼見佛性之難，比明心還要難上十倍；所以諸位也得拼，不是悟了就沒事。那麼隨著見性的報告越來越多，諸位對見性的瞭解，也會跟著越來越多；因為見性，我有時候想到這個部分、或是想到那個部分，多多少少跟諸位講一點；可是實際上的問題，得要見到佛性的人有新的疑惑再提出來，我來幫他解決，然後諸位就可以瞭解更多。明年還會再出《我的菩提路》第六輯，諸位也得買，因為明年也有見性的報告；所以每一個人見性的角度，講出來時都不一樣。

這一百零八顆讓我串成念珠掛了起來，這也是瓔珞的一種；可是諸位想想：一百零八個人明心又見性，那需要多少人明心之後又對佛性眼見分明才足夠湊成？絕對要超過一千個人開悟明心才行。老實說，超過一千個人明心，還不一定能湊足這一百零八顆；所以諸位想想看，我這個心夠不夠雄大？因為這是創紀錄了，歷史上從來沒有過這樣的盛況，所以我期待諸位是越來越努力、越來越進取，然後我可以完成這個願。這時，這無形的一串瓔珞戴在頸項上，二十年後走人見佛時，心安理得！如來一定摩頂勸慰。但是我這樣的大心，得要諸位來呼應；如果諸位都不呼應，我也只能大呼：「奈何！奈何！」那就是遺憾了。

所以　佛的大慈不是得少為足，像古來中國禪師那樣，座下只要有一個、兩個弟子悟了，他認爲法脈可以傳承了，然後就一生過輕鬆的日子，這樣叫作不能「得佛大慈」，這樣就不能「滿足眾生無相之慈」。那什麼叫「眾生無相之慈」？眾生的五蘊山中都有一個無位眞人，這個無位眞人對眾生慈愛得不得了，那眞叫作有求必應。諸位可別說：「什麼？這無位眞人變土地公去了？」我告訴你：「土地公不是有求必應的，因爲有很多事情是他的能力之所不及；可是你的五蘊山中，那個無位眞人對你有求必應。」

這時一定有人想要問我說：「欸！蕭老師！您也告訴我：祂是怎麼個有求必應法？」那我就說：「不告訴你！」（大眾笑…）等你哪天實證了，自己就知道了，我也不必告訴你。所以眾生身上有這個「無相之慈」，而你身爲菩薩阿羅漢已經實證了，當然要滿足眾生這種「無相之慈」，因爲眾生都想知道這個「無相之慈」。當你能滿足眾生這個「無相之慈」的時候，你就能「安立一切眾生」。那什麼叫作「安立一切眾生」？我常常跟大家講：「學佛是越學越快樂的，如果學佛是越學越苦惱，那樣學佛是有問題的。」如果不是善知識有問題，就是你本身有問題。

以前我的姪兒說：「我看您學佛，好像學得很苦惱。」我現在回憶起來，眞的是苦惱，因為不曉得善知識在哪裡啊！普天下所謂的善知識，他們說的、他們寫在書裡面的，你讀來讀去渺渺茫茫，根本不知道實證的內容是什麼，因為他們自己也不知道。當他們不知道時，講了出來、寫了出來，你如何能知道？你們忍俊不住了喔！可是我說的是事實，當年就是這樣。

後來我說：「**乾脆我自己來！**」閉門參禪第十九天，我靜坐到下午差不多三點的時候，把那些假善知識講的全都丟了，自己來。就把「**明心見性**」四個字整理、整理，往世的所證就回來了！所以那不叫作參禪，那叫作整理，跟大家從無所知的狀況參禪不同，所以不是參禪。到這一步，有人聽我講話跟以前有所不同，所以請我去上課，我就開始講佛法了；到最後有好多人實證了，覺得很安心。

「心」不是用意識思惟去安的，而是用實證的；當你實證了，心就安了，因為腳踏實地了。以前禪師常常說：「**腳跟浮逼逼地。**」有沒有？你如果讀過公案，就會讀到這一句，說腳跟浮逼逼地，因為只有腳尖著地，腳跟不著地，站不穩的。可是我說：「**只要你實證了，你會覺得很實在，因為禪宗這個實證、般若波羅蜜這個實證，祂不是空泛的、不是思想、不是玄學，祂是實證的，所以是義學。**」因此實證以後，心中落下了那十五桶的水，再也不會七上八下了，這個時候心中很篤定；當眾生心中很篤定說：「這回我真的悟了！」就表示你「能安立一切眾生」；所以教導眾生如何在佛法中安住，是很重要的事。

但是要安立眾生於正法中，你得要滿足他們的「無相之慈」。每一個眾生五蘊山中，都有個「無相之慈」，祂不落入六塵相、不落入三界相中；但祂對你絕對地慈愛，有求必應。這樣作到了，說：「如是修慈無所分別，不取眾生及以慈相，名阿羅漢。」你看，要當菩薩阿羅漢這麼難啊！不是自個兒一個人悟了就算，要像這樣子修「眾生無相之慈」，然後教導眾生實證這個「無相之慈」，讓眾生得以安立佛菩提道。

當眾生安立下來之後，你修這個慈是「無所分別」的。也就是說，你很有智慧，也有解脫功德，能教導眾生證得這個眾生身上的「無相之慈」；把眾生安立好了，你自己所住的境界卻是「無所分別」，所以這如果不是實證了大乘法，不能講解的。在正覺弘法之前，那些大法師們都說：「無所分別就是一念不生。」但一念不生時，如何行這個「眾生無相之慈」呢？行不得也！講句俏皮話，如果是《水滸傳》那一百零八位兄弟會怎麼講？「**行不得也！哥哥！**」（大眾笑⋯）對吧？他們都互相稱呼哥哥！但是菩薩就在無分別當中廣作分別，所以才能行「**眾生無相之慈**」，以這個無相之慈利樂眾生、安立眾生。

既然菩薩阿羅漢有無量無邊的智慧，修這個無相之慈而安立眾生，本身卻是「**無所分別**」；「**無所分別**」就「**不取眾生及以慈相**」，所以行於慈心之時，菩薩阿羅漢沒有想到說：「**我正在對眾生行慈心。**」他沒有這個想法，就直接去作了；就好像如來藏一樣直接運作，祂不會想：「**我正在行無相之慈。**」所以如果有人說：「**這蕭老師二十幾年來，行無相之慈，他大概每天都會想到無相之慈。**」我告訴你：「**我沒想過。**」我真的沒想過，只是覺得這是我的本分，我就去作了，根本不會想到這些事。不信的話，你們去問親教師們，他們有沒有覺得自己是在行「**無相之慈**」？都沒有啦！如果有這樣想，表示他根本就沒悟，所以每一個人都不會想：「**我現在正在利樂眾生。**」他們想的就是說：「**我悟了，然後我就是應該利樂眾生，這是本分。**」所以「**不取眾生**」、不取「**慈相**」，就這樣自然而然地去利樂有情、去安立眾生；得要這樣才叫作菩薩阿羅漢。

如果一天到晚都掛在口上說：「你呀！要不是我，你根本悟不了！」「你也是一樣！他也是一樣！」（大眾笑…）那就不叫行「眾生無相之慈」了，而叫作「取眾生相」，心有所求。但我對某些悟後生起慢心的同修也會這樣講，打掉他們心中的慢心，幫助他們好好修行，不要生起障道之業。就是說，眞正證得那個眞如心的時候，是「無所分別」的，所以他不會取眾生相，也不會取自己對眾生行慈的慈相；可是如果三果以下、或者初果，也許有時候一念閃過，但馬上就會丟掉；有時候會一念閃過，這個無可厚非，很正常。有時候想到這一句經文時就說：「啊！我也有行無相之慈。」但想過就過了，不會老掛在口上。所以當菩薩阿羅漢就不能這樣了！連這個念、這個想都不存在，要這樣才叫作菩薩阿羅漢。

「爲一切眾生說法，而於諸法都無所取，若能如是，名阿羅漢。」所以菩薩阿羅漢要定期爲眾生說法，並且是爲一切眾生說法，不是單獨爲少數眾生說法。因此菩薩阿羅漢演說經典的時候，不能限制對象；凡是可以公開演說的經典，都不許限制對象，誰要來聽都可以；只要依照規矩進來聽經，你不能限制資格。除非是悟後進修的課程，因爲那牽涉到實相的密意，就要施設資格。如果演說經典時，講解的是可以公開流通的經典，都沒問題，不能施設資格限制。

所以我們正覺講經時二樓以上的講堂，要進來聽講得要換證，因爲大樓管理處有規定；可是地下一樓、地下二樓，不必上電梯的、直接從樓梯下 B1、B2 的都沒問題，直接就可以下去聽經，不需要換證，也不需要學員證，全都不需要。我們歡迎任何人來聽，包括想要找碴的都可以來聽；因爲菩薩要滿眾生願，眾生要找喝的「茶」就來這裡；要找石部旁的那個「碴」，也可以進來；等到他找不到碴的時候，就會覺得：「嘿！口齒留香！」原來他喝到「眞茶」了。這就是菩薩阿羅漢之所應爲。

所以菩薩阿羅漢說法時，是爲一切眾生說，不爲少數人說；可是說法之後、說法之時、說法之前呢？「而於諸法都無所取」。因爲他很清楚知道，一切諸法都是自己如來藏中的法，不外於第八識自心如來；全都是自己本有的法，何必再執取呢？自己如來藏中本來都具足，又何必再執取呢？菩薩阿羅漢也很清楚知道：所有眾生來聽聞自己說法時，是想要藉由自己的說法，讓眾生瞭解到身中的寶貝，叫作如來藏；只要找到這個金剛藏寶，就可以聽懂菩薩阿羅漢所說的法，然後可以繼續進修。既然跟隨善知識所證的法，也是自己心中的法；悟後進修、想要進修更詳細的法，也是自己心中的法，那又何必有所取著呢？所以受學的弟子們也跟著「而於諸法都無所取」；如果能夠這樣作得到，這才叫作菩薩阿羅漢。

「分別顯示根、力、覺、道，於諸眾生無染無著，名阿羅漢。」所以菩薩阿羅漢爲眾生說法時，是不是只要講「證得如來藏」就夠了？不是這樣的，證如來藏之前相關的次法，你一定都要教導；教導了之後，悟後進修相關的法，你也得全部教導；否則，這個善知識絕對不是菩薩阿羅漢，他頂多是個菩薩須陀洹。所以爲眾生說法時要分別、也要顯示，分別什麼呢？五根、五力、七覺支、八正道。要顯示什麼呢？顯示自己身上有五根、五力、七覺支、八正道；但是分別出來也顯示出來之後，「於諸眾生無染無著」。所以眾生學到法以後，來告長假說：「我要休息了，我再也不來了。」那菩薩也隨喜啊！菩薩不會說：「嗄？你才一悟，就要走了。好捨不得喔！」好捨不得，就叫作染著。所以咱們正覺同修會的規矩，大家都知道：「來者不拒，去者不追。」這才叫作「於諸眾生無染無著」，能確實這樣作到，才能叫作菩薩阿羅漢。

《不退轉法輪經》我們上週講到四十二頁第一行第一句。今天要說：「善知一切眾生心行，發起菩提，能如是者名阿羅漢。」阿羅漢要善於了知一切眾生心行；能善了知之後，他就發起菩提。一般所謂的善知識，依文解義都說：「這意思簡單啦！就是眾生都在想什麼，全部都知道！」但是阿羅漢不是每一個人都有神通；如果沒有他心通，縱使有天眼通、有神足通也不能知道啊！更何況這裡告訴大家說：「是因爲善知一切眾生心行，所以發起菩提。」這種一般性的想法，來到這裡講不通了；因爲世間那麼多修五神通的人，他不就應該善於了知一切眾生心行嗎？可是他爲什麼發不起菩提？這就是個問題了！

那麼縱使他有五神通，也不見得能「善知一切眾生心行」，因爲這裡講的眾生是「一切」，上從非想非非想天，下至地獄一切眾生都函蓋在內；那些所謂有五神通的人何曾了知這個法，但是這位菩薩阿羅漢「善知一切眾生心行」，這是什麼緣故？是因爲他已經證得佛菩提。還記得《維摩詰經》講的嗎？「不會是菩提，諸入不會故。」又說：「知是菩提，了眾生心行故。」那個「了眾生心行」，正好就是這個「善知一切眾生心行」。

換句話說，是依所證的如來藏，了知七轉識這個眾生想作什麼、不想作什麼。從自己來看是如此，再從眾生的共相來看，莫非如此；這樣才能函蓋三界一切有情，才能談得上「善知一切眾生心行」；所以我把這個道理講了，聽懂的，一聽就懂；聽不懂的，繼續聽不懂，因為這是唯證乃知的事。所以聽懂的人，馬上從自類以及他類一切有情來作觀察：從自相來看時，這是現量，非想像思惟所得；那麼從自己推及於一切眾生，那個共相是由比量而知，但也因為正確就變成現量了。因為你可以現見一切眾生莫非如是，這就是「善知一切眾生心行」，因此而發起佛菩提來。

世尊說：「能如是者名阿羅漢。」所以大乘通教中的菩薩阿羅漢，不是二乘菩提的阿羅漢，因為二乘人沒有「發起佛菩提」，他們也沒有「善知一切眾生心行」。有人也許曾經想過：「那某某阿羅漢不是有他心通嗎？為什麼我在想的事情，他會不知道？」這個很簡單，因為他又不是每一剎那、針對每一個人在運作他心通；他是有時候、有對象的，不是一切時、對一切人使用他心通，那他怎麼會知道？如果他想的現在是某甲正在想什麼，他在觀察某甲；但他沒有想到你，所以你想什麼他不知道，這也是正常的事。

所以這個「善知一切眾生心行」，不是有他心通的人之所能知的；他所能知的不過就是一個人；然後觀察某個人完了，他再觀察另一個人時，也還是一個人，不是「一切眾生」。所以想要證知這一句聖教，必須要實證佛菩提，當他親證後轉依成功了，就可以作各種現觀；於是當他讀了經典這一句時馬上知道：「喔！原來這句經文是這個意思。」就不再依文解義了，那我們就說他有眼力，讀經、讀論時可以力透紙背。而一般人只看到文字表義這一面，不曉得那文字背後的意思，就說他沒有眼力；沒有「眼力」在佛門中，就說他沒有「慧眼」。

所以這是二乘阿羅漢之所不知，因爲他們沒有這個現觀的能力，因此他們讀了這一句經文時也不瞭解意思。可是你實證如來藏之後，反覆現觀，一定會發覺到：「喔！原來如此！所謂一切眾生心行，就是七轉識的心行；七轉識的心行，就函蓋一切眾生了。」要能這樣，而且可斷五上分結，才能稱之爲菩薩阿羅漢，否則全都是二乘阿羅漢。兩岸的佛教界，以往所說的所謂證得阿羅漢，假使眞的證了，也只是二乘阿羅漢，不是菩薩阿羅漢！何況他們全都未證，都是因中說果；

所以要像這樣子，才能稱為菩薩阿羅漢。

接著說：「演說一切有為諸行而不取著，名阿羅漢。」在人間說法，所說的都不離「一切有為諸行」；如果你不在人間說法，而是想要出三界外說，那你說給誰聽？所以一定得在人間或三界中說法。可是在人間說法時，你不能離開一切有為諸行。當然「有為」牽涉到兩個層面：無漏有為、有漏有為。打個比方，阿羅漢們在人間遊行、托鉢、說法等事都叫作「無漏有為」。可是世間人在人間也得要遊行、來來去去種種的營生，也叫有為，但這有為是有漏性的。所以有為法有兩個層面：無漏有為法、有漏有為法。那麼二乘阿羅漢或者大乘菩薩阿羅漢，在人間遊行、說法，全部都是有為法，雖然他是無漏有為法，但他的一切身、口、意行，在人間既然不離有為行，所以種種的身、口、意行不離有為。因為如果是純無為，你根本連看都看不見他了，還能追隨修行嗎？所以這樣的有為諸行之中，不斷地為大家示現、演說，可是他從來「不取著」。

如果是菩薩為大家演說的，可能是演說實相之法；但是阿羅漢為大眾演說的，就是如何瞭解四聖諦；經由種種苦的說明，現觀了苦聖諦之後，如何去斷集；斷集的方法就是八正道，集眞的斷了就是滅，那就是苦滅諦了；那麼所講的這些內容，都不離有爲諸行，可是他對有爲諸行完全「不取著」，完全不攝取也不執著。「不攝取」的意思，不是離開了有爲諸行；而是說，他不再增長有爲諸行的種子，因爲他已經可以斷現行、可以出三界了！那菩薩阿羅漢跟二乘阿羅漢又不同了！除了剛才講的那個境界以外，他還加上實相法界的親證，一定要證眞如；證眞如之後轉依眞如，可是轉依眞如之後，教導人家如何實證眞如時，他不也都在「演說一切有爲諸行」嗎？可是演說的時候，他對一切有爲諸行都沒有「取著」，因爲他轉依眞如而住無所得了，得這樣才能叫作菩薩阿羅漢。

接著說：「亦爲諸餘一切衆生，說無著行、無取行，作如是說，名阿羅漢。」不但是「演說一切有爲諸行」，也爲「諸餘一切衆生」，演說「無著行、無取行」；因爲把「一切有爲諸行」演說出來的時候，不過是指其餘的現象界中的生滅法，而現象界的法緣生緣滅，苦、空、無常，所以這些內容解說完了以後，還得爲衆生們演說什麼叫作無著之行、無取之行。

修學二乘解脫道，最重要的就是無著、無取；有著、有取就落入輪迴。所以古時候禪師們悟後爲求即世解脫，他們很害怕被世間的財物粘著；這個現象跟末法時代的大法師們完全不同，末法時代的大法師都是求名求利，廣求一切；但古時眞悟的禪師，爲了在此世實證解脫，都是捨離一切的。所以中國古時佛門也流傳一則故事，說有個禪師，人家供養了他一個寶鉢，不曉得是什麼製成的，反正就是一個寶鉢。那他每天會入定，雖然入定了，他的深心中還是牽掛著那個寶鉢。有時候喚他出定很難，可是他的徒弟們知道：你只要拿個東西去敲敲那個寶鉢，發出聲音，他就出定了；他怕人家弄壞了他的寶鉢，落入我所之中，這就無法解脫了。

可是阿羅漢不會管這個，人家來供養時，他根本就沒想要；如果不得不接受供養，因爲自己身爲福田，不能拒絕眾生，自己是「應供」啊！但是接受了，然後就轉施，不留在自己身上，這才是眞阿羅漢哪！如果得了正法，還藉正法聚斂錢財，那他到底悟個什麼、轉依了什麼而說轉依？只要從這一點去觀察，便可以理解那個人有沒有證量。也就是說，不但要爲眾生演說苦聖諦，知道什麼叫作有爲，知道什麼叫作無常、無我；還要教導他們，如何是無所執著的身、口、意行，如何是無所攝取的身、口、意行。

因爲菩薩阿羅漢不是二乘阿羅漢，菩薩阿羅漢是要自利利他的，而且不許取無餘涅槃，要一世又一世不斷在人間輪迴生死，與眾生共事，這樣來攝受眾生，讓眾生跟自己一樣實證佛菩提；所以還要教導大眾對「一切有爲諸行」無所取著，那麼眾生看了說：「欸！菩薩阿羅漢！你不也跟我們一樣有取有著？因爲你每天也接觸六塵，不就取了嗎？」可是其實他無取，他是爲了眾生所以生來人間，有了五陰就不得不接觸六塵，但他無取。怎麼說個無取？我們先得要從有取來講。

例如末法時代的大法師們，一直都說：「你只要每天打坐，坐到後來，可以兩個鐘頭、三個鐘頭都一念不生，證得離念靈知時就是開悟了，那你就解脫了，這樣就是無取無著。所以管它什麼妄想來不來，妄想來了，不理它，它就消失了，你就可以保持離念，這樣就是無取著。」然而問題是：當他離念的時候，對六塵了了分明；而他們認爲這個覺知心得要離開語言妄念而住在六塵中了了分明，這才算開悟！他們都不知道，其實那六塵是如來藏生給他的，他還以爲自己眞的是對外六塵了了分明呢。

可是菩薩阿羅漢打坐時，同樣是離念，同樣是了了分明，可是他無取。爲什麼無取？因爲知道是自心取自心，根本沒有接觸到外六塵；所以自己覺知心所接觸到的六塵，也不過是自心如來藏生現的事實，名爲「自心現量」。既然都是自己的，何必去執著、去取？菩薩阿羅漢來人間示現有取，是爲了眾生，不是爲了他自己。所以能爲眾生演說無執著、無攝取的一切身、口、意行，要這樣子演說，才能叫作菩薩阿羅漢。

說到這裡，諸位可以去觀察、去判斷，或者說去審定：在正覺弘法之前，人間有沒有阿羅漢？且不說大乘的菩薩阿羅漢，單說二乘阿羅漢；也不說一個、兩個，半個也無。因爲那些所謂的阿羅漢們，每天都在攝取六塵境界，更不能爲人這樣演說。依據《不退轉法輪經》的定義，他們根本沒有資格說爲「阿羅漢」。

接著說：「遊諸佛國，心無去相；悉到佛所，以無相智如佛而見，名阿羅漢。」現在有個問題來了：阿羅漢在人間，明明只有一個佛國，就是 釋迦牟尼佛這個佛世界，何來「諸佛國」？卻說他「遊諸佛國」。那麼就要請問諸位：「什麼叫作佛國？佛的國度主要的內涵是什麼？」主要內涵還是這個第八識，祂出生了色法、出生了七轉識；這色法中就有五色根、還有六塵，再加上七轉識和合運行，這就是一個佛國。還記得《法華經》講的嗎？菩薩摩訶薩來到庭院，說：「這裡應該建個七寶塔。」當下就把它建起來，一剎那就蓋好了，很快喔！進了門，來到客廳，說：「這裡也應該建個佛塔！」這七寶塔又把它蓋起來；走到餐廳，再蓋一個七寶塔。晚上睡覺躺下去，也蓋一個七寶塔，道理都是一樣的。

那菩薩阿羅漢「遊諸佛國」，比如今天晚上諸位坐在這裡，回顧前後左右，有多少佛國？一個講堂坐三百個人，六個講堂就是一千八百個佛國。聽經完了，出了大樓走在路上，還有多少佛國？這不都是「遊諸佛國」嗎？「遊諸佛國」時，看來你有來有去；可是在這個來去當中，你的眞如心沒有去相，因爲沒有來呀！你來到正覺講堂，五陰知道自己來到講堂；如果你證悟了，你問如來藏說：「如來藏啊！來到講堂了，你知道嗎？」而祂不知不見，所有證悟的菩薩得要如是知見。

並不是大乘經才這樣講，二乘經中也這樣講的。我們上週或者上上週，增上班的課程我就引述了一部《長阿含經》，就是這麼講的呀；因爲那本來是大乘經，被二乘人結集成爲二乘經了，它說：「無漏心解脫比丘不知不見，如是知見。」就是這個道理呀！所以你的五陰有來去之相，而你的眞實心沒有來去之相。

接著說「悉到佛所」，這菩薩阿羅漢日常所行，每天要到諸佛的所在，不是只有到一尊佛的所在，而是「悉到」；也就是來到每一尊佛處，才會講個「悉」字。那你早上醒來，就已經到佛的所在了；是哪一尊佛？是你的「本師釋迦牟尼佛」。然後盥洗完了，到父母那裡去問安，又見了兩尊佛；接著爲孩子準備飯食、準備他們的衣著，然後幫他們處理好了，送他們出門上學；兩個孩子，也是兩尊佛。然後你出門辦事，路上見到多少的佛？眞的「悉到佛所」啊！

可是「悉到佛所」時，不是以五陰眾生看他們，而是「以無相智如佛而見」。有一句話說：「眾生看佛，佛是眾生；佛看眾生，眾生是佛。」這道理不難理解，只要你證悟了就知道，因爲你所看到的一切有情都是如來藏，都是第八識自心如來；那你看到了這麼多的如來，不是看到五陰，這樣就叫作「如佛而見」；因爲佛的所見就是這樣，菩薩阿羅漢的所見也是如此。

這時候，當然是有智慧才能如是見；如果沒有智慧，就不能如是見了，而這個智慧叫作「無相智」。那麼請問：「二乘阿羅漢的智慧是有相、或是無相？」（大眾答：有相。）對！雖然他入的涅槃中無一切法，可是他之所以能入無餘涅槃，是因爲他看見一切有相之法緣生緣滅，所以他滅掉了對有相法的執著，依無我法入無餘涅槃。因此說他能證無餘涅槃，是從一切有相法上見；可是無相的如來藏，他永遠看不見。那麼菩薩阿羅漢就是親見無相法而有「無相智」，以這樣的「無相智」，猶如佛的所見而見一切眾生；得要有這樣的慧眼乃至法眼，才能說他叫作菩薩阿羅漢。所以這麼一個標準，你把它放諸於四海，去觀察一切大法師們，竟然無一人可得！所以諸位還是得要來到正覺才行，因爲正覺之外，無一人可得，他們都未曾親證啊！

接著說：「若能如是成就佛國，具足諸功德，亦名不思議平等無垢清淨福田、空行福田、阿鞞跋致福田、第一清淨無女人相福田、離諸結使貪欲福田、如佛證知能盡一切蓋障福田、摧伏諸魔塵勞福田、悉制外道邪見福田、一切福田、莊嚴福田、離於一切怖畏福田、無諍福田、寂滅福田、神通福田、最勝福田、無窟宅福田、無盡福田、具足菩薩所行福田、得佛自在最上福田、佛所護持福田、變化福田，以是法印印諸眾生，令得安樂巧說福田；」經文先唸到這裡就好，總共二十一種福田；歸結起來說，用這樣的法印來印定諸眾生，讓眾生可以得到「**安樂巧說福田**」。既然有這二十一種福田，咱們總得稍微解釋一下吧。世尊說：「**如果能夠成就自己的佛國，**」淨土法門不是說諸佛如來有四種淨土嗎？其實眾生各自也都有四種淨土。

你如果證悟了，我說給你聽：「**常寂光淨土**」，就是你的如來藏，如來藏自住的境界，這是自受用淨土。「**方便有餘土**」，其實一切眾生都住於諸法之中而能生忍，可是自己不知道；要等待諸佛帶著菩薩們來人間弘法之後才知道，這個就是方便有餘土；當你證悟後，有了妙觀察智、平等性智，就可以看見這個境界了。還有個「**實報莊嚴土**」，說穿了，「**實報莊嚴土**」就是你意根住於平等性智的境界；但是你有慧眼之後，就有各種的方便善巧可以來看待眾生同有這些境界；那麼這種妙觀察智是你哪一個識的境界？是意識的境界，這就是你的「**方便有餘土**」；只要你證悟了，就能看見。

那麼菩薩留著五識幹嘛呢？五識一天到晚都在幹嘛？《西遊記》裡那個豬八戒，他手裡拿著一枝什麼？五爪的釘耙；他專門抓取五塵。可是當你證悟之後，就會發覺：自家就有這樣一個「凡聖同居土」，你的意識不也一樣運用五塵嗎？而五識就抓取五塵來供給意識使用；這個五塵境界，不論你是凡夫、或是聖人，同樣都得有它，這不就是「凡聖同居土」嗎？

所以每一個人都有理上的四土，何況究竟地的 如來呢？那麼你能夠這樣現觀，就說你已經「成就佛國」，因爲理上你已具足四種淨土了；這時候「具足諸功德」，因爲你已經大致瞭解什麼叫作「大圓鏡智」了，知道那是第八識的事；什麼叫作「成所作智」？那是前五個識的事；就說：「如今我有妙觀察智，也有平等性智；原來我一心阿賴耶識，總共八識心王就有含藏著這一些功德。」你可以作「諦現觀」；這時候不只是現觀，已經是諦現觀了。

有諦現觀的時候，就說是「具足諸功德」，這時候成爲菩薩阿羅漢，就叫作「不思議平等無垢清淨福田」。從事相上來說，菩薩阿羅漢的證量遠遠超過二乘阿羅漢；二乘阿羅漢已經無所貪緣，而這菩薩阿羅漢可以入無餘涅槃，卻又世世起惑潤生來受生在人間利樂有情；他的智慧非二乘聖人之所能知，而他的智慧就說爲「不思議平等無垢」，而且是「清淨」的；他的「平等」是因爲有平等性智，「無垢」是因爲轉依心眞如，「清淨」是因爲他「無取無著」，所以他就叫作「不思議平等無垢清淨福田」。這當然是人天應供，因爲二乘阿羅漢都已經是人天應供了，何況他是實證眞如的大乘菩薩阿羅漢。

那麼菩薩阿羅漢的第二種功德叫作「空行福田」。談到這個「空行」，諸位有沒有聯想到什麼？那密宗它就是這樣，你佛教有什麼、它就有什麼！但是它所有的什麼，都不是佛教的什麼。比如說，佛教講空行，那它密宗就有空行；可是它的空行並不是佛教的空行。佛教的空行說的是「行於空」的人，可是密宗的空行者，叫作空行勇父、空行母，所行悉皆不空；不但不空，而且落於三界有中最低賤的境界中！那是把下流當風流，咱們就不談它，回來說我們的空行，先要知道空的意涵，然後才能行於空。

「空」主要有兩種，就是五陰十八界等一切諸法的緣生緣滅、緣起故空，也就是現象界的一切諸法，無常故空、有生必滅，能如是現觀的人，證得出三界果，這叫作「空行」，所以一切阿羅漢都叫作「空行」；既然行於空而且是人天應供，所以就是福田，因此稱爲「空行福田」。那麼菩薩阿羅漢，除了二乘阿羅漢所證的空行境界之外，又親證第八識眞如空性；依於眞如以觀，迥無一切法可得；在眞如的境界中，尋求任何諸法時，連一法都不可得，因此而生起無分別智。而以這樣所證的空性，行於三界之中，就稱爲空行；所以菩薩阿羅漢名爲「**空行福田**」，必須具足這兩種空，就是現象界諸法的無常故空，以及實相法界能生萬法的空性。

第三種說：「**阿鞞跋致福田**。」我們這一部《不退轉法輪經》還有另外一個譯本，內容一樣，它的經名叫作《佛說阿惟越致遮經》，意思是不退轉經，所以「**阿鞞跋致**」就是「不退轉」的意思。證悟而得須陀洹果之後，次第進修到達菩薩阿羅漢位，他會願意再退回到凡夫位中嗎？就好像有人挖了金礦，好好去提煉、去除渣滓，成爲千分之九九九的黃金了；他會愚癡到再把它融化了，加進沙子、渣滓嗎？不會的！也就是說，他永遠都不會再退轉了。二乘阿羅漢容或有人會暫時退轉，這個很正常！就像孫陀羅難陀一樣，出家後成爲阿羅漢，結果退轉，因爲想念美麗的老婆，所以回家去了！阿羅漢們去向 如來報告，如來說：「**不用阻擋他，三個月後極盡五欲，他就自己回來，再也不退了。**」果然！三個月後回來，不退轉於阿羅漢了。

那麼如果成爲二乘阿羅漢以後，又證眞如而成功轉依，叫作菩薩阿羅漢，他更不可能退轉，所以叫作「不退轉福田」；這樣的福田當然是人天應供，如果當菩薩有機會遇到這樣的福田，當然要種他的福田，不種白不種！種了，後世果報不可思議，因爲是無量報。即使是一個初果人，你在他身上種福田就是無量報了，所以如果有機會遇到親教師，供上一顆水果也很不錯，因爲來世可得無量報。想要當正覺的親教師，並不是初果就能當的；還要證眞如，還要悟後進修很多年，這種福田你外面再也無處找去。

可是你身邊沒有水果可以供養時該怎麼辦？要隨喜，千萬不要生起惡心所。比如有的人看見人家供養親教師，就說：「嘿！你就聰明，每次來上課就供養他！」（大眾笑…）那他就失去隨喜的功德了！所以學佛要懂得隨喜：「這是個機會！下回我就趁早來供養。」下回供養成功了，那就是無量報；所以說：「不退轉福田極難可得。」因爲這樣的不退轉福田，一定是「空行福田」。爲什麼呢？從初明心，不但是斷三縛結，也還證眞如，就具足兩種空行了；你要到會外哪裡找去？所以說：「今天不湊巧，沒關係！下週我再來找機會。」今天你已經有隨喜的福德了，也眞不錯，所以就心中隨喜、口中讚歎；可不要撇起嘴角來說：「就你幸運！我就沒這個幸運。」千萬別作此想。

接著講：「第一清淨無女人相福田」。請問諸位女眾：「你證悟之後，還有女人相嗎？」沒有女人相就表示什麼？他同時是「第一清淨無男人相福田」。舉一反二啦！因爲你放眼所見都是如來藏，哪來女人相？既無女人相，當然就沒有男人相了；凡有所見，皆是如來藏相。而這樣的菩薩阿羅漢，三界第一，無任何一切眾生可以超越；因爲他所證的清淨，與二乘聖人所證的清淨不同。二乘聖人所證的清淨，是很努力修行到成爲阿羅漢以後才變清淨的；可是菩薩阿羅漢所證的這個清淨，是無始劫以來到現在都清淨，乃至到無量劫以後還是清淨，這樣才叫作第一清淨，並且已經具備二乘阿羅漢的清淨了。而這樣第一清淨的福田沒有女人相，因爲所見都是如來藏相，這是第四種福田。

第五種說：「離諸結使貪欲福田」。二乘阿羅漢也是「離諸結使貪欲福田」，因爲他們斷了三縛結、斷了五下、五上分結了，當然結使貪欲都斷了。可是他這個「離諸結使貪欲」，是這一世修行以後才離的；但菩薩阿羅漢所證的，卻是無始劫以來直到現在，都一樣的「離諸結使貪欲」；不單單是七轉識修行後離諸結使貪欲，所以他就稱爲「離諸結使貪欲福田」。

又說：「如佛證知能盡一切蓋障福田」。佛當然「能盡一切蓋障」，可菩薩阿羅漢爲什麼也說是「如佛證知能盡一切蓋障福田」？這一定有個原因。「如佛證知」就表示這也是 佛之所證；那麼 佛的所證是什麼？就是「能盡一切蓋障」。可是他只是菩薩阿羅漢，還沒有成佛，爲何也這樣講？因爲他是以如來藏而說，從如來藏現觀時，如來藏境界中「離一切蓋障」；從來不曾有一絲一毫蓋障，當然是「能盡一切蓋障」，這是從實相法界來看。從現象法界來說，他也把三界中一切蓋障的現行全部斷盡，只剩下習氣種子，所以菩薩阿羅漢也是一樣，「如佛證知能盡一切蓋障福田」。

下一個說菩薩阿羅漢同時也是「摧伏諸魔塵勞福田」。當你證悟之後來看如來藏的境界時，諸魔之所不能到。天魔所以能夠擾亂你，是因爲你的五陰住在人間；但如果你從如來藏來看時，天魔波旬所不能到，他能擾亂你的只是五陰，他對你的如來藏境界，根本擾亂不到，那你依著如來藏就可以「摧伏諸魔塵勞」；因爲諸魔來擾亂你，擾亂得很辛勞，卻都是在六塵境界中擾亂；而你的如來藏不住於六塵境界，所以他擾亂不到。你轉依如來藏的時候，當諸魔來打擾你，你說：「我轉依如來藏，我沒看見你。」魔問你說：「你明明看見我，所以還跟我講話，為什麼說你沒看見我？」你就說：「我依如來藏，所以沒看見你。我依如來藏的境界而住，你到不了，所以我也看不見你。」那他看看你，無所影響，根本影響不了你，所以摸摸鼻子走了。那你作得到這一點，就是「摧伏諸魔塵勞福田」；剛證悟就有一分這個功德；成為阿羅漢時，連事相上都不受打擾，當然是「摧伏諸魔塵勞福田」。

接著講第八種：「悉制外道邪見福田」。外道所有的見解都叫作「邪見」，那「五利使」中排在最前頭的叫作「身見」，或名「薩迦耶見」；第二個叫作「邊執見」，或者叫作「邊見」；這兩個是一般人都有的，而且是俱生的，不是分別所生的。接下來，最後兩個叫作「見取見」以及「戒禁取見」，這是被邪教導，或者自己作了邪思惟以後，分別所生。如果其他的見解錯誤的，不歸在這四個裡面，就把它集合在一起叫作「邪見」，就是第三個邪見。

那麼外道為什麼有很多邪見？起因還是因為薩迦耶見，也就是「身見」；是落入諸法功能差別之中，說我這個覺知心有這麼多功能差別，這就是眞實不壞的常住我，就是身見，梵語就叫作「薩迦耶見」。由這個身見，所以落入斷見或常見，就把它叫作「邊見」；對邊見有所執著的，就把它叫作「邊執見」。依於身見與邊見，修行人就會產生「見取見」以及「戒禁取見」；一般人就會產生種種邪見。可是這種種邪見之所從來，還是從邊見來，邊見卻根源於身見。那麼菩薩阿羅漢得要先斷了三縛結，所以身見在初果位時已經斷了，戒禁取見、疑見也斷了，所剩下的邪見以及見取見也就不存在了。

那麼見取見以鬥爭爲業，認爲自己的見解是最殊勝的。有時候你會發覺：增上班的同修有很少數的人還會跟你辯論、爭執說：「這樣才對，你那樣說不對！」我告訴你：「他那個不是見取見，他那個叫作見取見的習氣種子，不是現行。」因爲他想救你，你的邪見如果很嚴重，他就無論如何要講到你聽懂；他甚至最後不耐煩告訴你說：「哎呀！你講的不對啦，我講的才對！」那是他的見取見習氣種子，因爲他很清楚什麼叫作對、什麼叫作不對。那你證悟之後，次第修學，到達菩薩阿羅漢位，依於眞如而證通教阿羅漢位時，外道邪見你就可以全部制伏。

我們會中的同修，好多人還沒有證悟，就能夠制伏外道邪見了。週二講經我也常常說，不管哪個外道說他的修證境界多麼高，你都可以告訴他說：「你那個境界我都知道。」他聽了不信。那你就說：「那不然，你講給我聽，我聽了馬上就知道。」他講了一大堆，口沫橫飛，講完了，告訴你說：「你看！你辦不到吧。」你說：「這怎麼辦不到？你這個不過是意識境界，並沒有超出意識境界啊！」他如果是個內行人，一聽就懂了，會說：「果然沒辦法跟你對話。」因爲他知道你證的或修學的是實相境界，不是意識的境界，所以一聽就閉嘴了。

也許你參禪參到了，但是還眞妄不分，那時你也可以籠罩他，他也拿你無可奈何。如果通過禪三考驗了，他當然更別提了！所以一切外道境界，不外乎意識境界，沒有什麼多高的層次可言。那你如果「身見」斷了，都可以拿來制伏一切外道的邪見。身見斷的人，包括意根的境界也能理解，所以對外道邪見全都能夠制伏；那菩薩阿羅漢當然更是「悉制外道邪見福田」，這是第八種。

接著又說第九種：「一切福田」。因爲二乘阿羅漢都已經是人天應供，一切人、一切天、一切天主見了阿羅漢，就是禮拜供養；如果是菩薩阿羅漢呢，除了二乘阿羅漢的證量以外，他又證眞如，次第進修到通教阿羅漢位，那當然更是一切人天之所應供，所以是「一切福田」。

第十種：「莊嚴福田」。二乘阿羅漢以什麼爲莊嚴？以二乘菩提實證的解脫作爲莊嚴。如果是今晚第一次來聽我講經，腦海裡大概浮現一幅圖像：阿羅漢一定穿得怎麼樣，他的缽怎麼樣，或者他的錫杖怎麼樣等等。錯了！二乘阿羅漢都是穿得破破爛爛的，甚至於有的阿羅漢所用的缽還是破的；因爲阿羅漢有個特性：連自己都不執著了，何況執著身外之物？所以如果有個人來跟他說：「我這個缽缺了個角，我來換你那個沒破的缽好不好？」他一定說好，然後就換，那他就拿了破的缽。不懂佛法的人說：「這哪叫作阿羅漢？穿得還破破爛爛的。」但我告訴你：阿羅漢就是這樣！

你們不曾經歷過這種生活，我們兩千五百年前就是這樣，那時候剛成立僧團，是怎麼樣穿僧衣的？那時沒有多少信徒，都是到棄屍林去撿的裹屍布。那人死掉以後被棄置於棄屍林中，野狗都會來咬、來啃、來吃，所以那布都是破碎的，就只好選擇沒有破的部分把它裁下來；裁成好幾條以後，拿去縫成一件僧衣，所以阿羅漢穿得破破爛爛是很正常的。如果到了末法時代，如今紡織業非常發達、布料很便宜，他買了新的布料，還把它剪碎了再來補丁（大眾笑…），這叫作造作。

但如果是菩薩阿羅漢，可不一定穿得破破爛爛；他有可能穿得破破爛爛，但也有可能穿得很莊嚴。關於這個莊嚴，我們後面再來講，先說莊嚴福田。這菩薩阿羅漢除了二乘菩提的莊嚴以外，再加上佛菩提的莊嚴；具足這兩種莊嚴，而且是菩薩阿羅漢位，所以他是「莊嚴福田」。

第十一種：「離於一切怖畏福田」。菩薩阿羅漢不怕人家來挑戰，但二乘阿羅漢很怕菩薩；例如《維摩詰經》的記載，有哪一個阿羅漢敢跟 維摩詰菩薩對話？不過也難怪，因為祂是 金粟如來倒駕慈航，來護持 釋迦牟尼古佛，佛陀不方便作的就由祂來作。可是不說 維摩詰大士，單說菩薩阿羅漢之下的二乘阿羅漢，他就已經「離於一切怖畏」了，只是他這個「離一切怖畏」是這一世才達到的。而菩薩阿羅漢除了這種「離一切怖畏」以外，他所證的真如，是從無始劫以前直到現在，都同樣「離於一切怖畏」；他具足這兩種實證，所以成為「離於一切怖畏福田」。

第十二種：「無諍福田」。無諍是因為他已經成為菩薩阿羅漢了，當然與人無諍，所以你要找一位阿羅漢跟人家爭執的狀況，你找不到；那你要找菩薩阿羅漢跟人家爭執的狀況，當然也找不到。可是有時候會示現有爭執，比如說，他在世間法上與人無諍，總是退讓；可是當你破壞正法的時候，破壞到他無法接受，因爲影響力大了；壞法的影響力大了，他就得要制止，這是他的義務，那他就開始破邪顯正。

所以你們看，從西天開始說吧，馬鳴菩薩爲什麼要寫《大乘起信論》？因爲要破除邪見。那麼提婆爲什麼要破《楞伽經》中講的那四種外道呢？因爲當年那四種外道很流行，他要救眾生、要維護正法；因此他不但寫了《百論》，還寫《廣百論》、《百字論》、《大丈夫論》，破斥很多外道；在那個時空該那麼作、就得那麼作。那麼再看玄奘，他在《成唯識論》中破了多少外道？天竺的外道、中國的外道一體皆破。那你再看 克勤圜悟大師，他總是拈提諸方大師；然後大慧宗杲繼承了法脈，也是這樣。然後你看那《山法了義海論》，總是夾雜著一些外道法加以摧破，就是破密宗的邪法，但表面上看他也是密宗。

本來菩薩就應該這樣，可是他心裡「無諍」，因爲他是在救護眾生，所以他沒有忿、恨、怨、惱，全都沒有；因此他破斥邪見的時候，沒有一絲一毫的不悅，這是所有菩薩阿羅漢之所應爲。那我們正覺弘法以來，遇到的法難三次，其他還有一些私底下背叛、反咬一口等等，其實爲數也不少；但是我們沒有起瞋，總是抱著救護他們的心態，來作法義辨正；不得不出書時，那就出書，可是寫書的時候，不像那些人爲了毀謗正覺，一面寫、手一面抖，因爲很生氣；但我們沒有，我們寫得很快樂。每當跑出一個法義出來時，旁邊先註解一下，等候這個法義寫完了，再把那註解的拿進來寫；總之寫得很快樂，法喜充滿，所以我們與人無諍。

古時常常有弟子、或者外道來質問 佛陀，然後 佛陀爲了救他們，就爲他們說法；表面看起來，就是在作法義的辯論，看起來好像 佛陀有諍。所以有人就來請問，佛陀便說：「**世間與我諍，我不與世間諍。**」因爲外道所說是沒有道理的，卻是硬要講成有道理，那就是「諍」；佛陀講的是事實，是實相法界與現象法界中的事實，那就不是諍；菩薩阿羅漢就應該是這樣，所以與人無諍。

因此有時候，有的人會當面告訴我說：「**導師啊！他在指責您欸！您爲什麼都不責備他？**」我說：「**我不需要責備他，也不認爲他在指責我；我只要把實情、把**

道理告訴他，讓他懂了就好。」所以像第三次法難，那時候有些人發動法難之前，曾經在我面前誇口：「我的證量怎麼樣、怎麼樣、怎麼樣……」誇口說他的證量有多高，我都說：「很好！很好！很好！」我都不會跟他潑冷水；可是他一旦否定正法了，而我不能接受的時候，因爲他弄得太過火，那我就寫書破他，是快快樂樂寫一本書送給他，就這樣子，這才是眞正的「無諍」。

當上了菩薩阿羅漢，不能夠說人家提出法義上的質疑時，你就「氣噗噗」的。這句「氣噗噗的」大陸沒在使用，那是閩南語「氣噗噗」啦！（大眾笑…）所以不用生氣，因爲你轉依眞如了，眞如何曾生氣？那你該作的事情就是救他們，所以我們不是提出一、兩個道理把他反駁倒了就好；我們寫出一本書、兩本書、三本書，把那個道理詳細說分明，讓他們可以讀懂以後改過，這樣才叫作「無諍福田」。所以一切菩薩阿羅漢都是「無諍福田」，他們不會跟世間人諍。

第十三種：「寂滅福田」。我請問諸位：「二乘阿羅漢證得有餘、無餘涅槃，他入涅槃的時候，是把五蘊、十八界全部滅盡，無一法留存，夠寂滅了吧？」以前大師們都說：「我們只要坐到離念時，心中都不打妄想，那就是寂滅了。」我說：

「還早著哩！人家外道證得初禪，還可以離開香塵與味塵，他還離不得喧鬧哩！六塵具足時的離念靈知怎麼能叫作寂滅？」

以前我們講過初禪、二禪的境界，有的外道來聽經，聽過一次後回去誇口說：「你們正覺太差了！才初禪、二禪；我們是先證第四禪，再來證初禪、二禪的。」這話傳到正覺了，然後我說：「那你去問問你那個朋友，告訴他：『你在第四禪中，有沒有呼吸、有沒有心跳？』你就告訴他四禪息脈俱斷的道理。」結果就是都沒消息回來。末法時代的人對禪定的誤會很多，就像南懷瑾，他有一本書叫作《如何修證佛法》，有人送了我一本，我翻開來讀到第三頁就不讀了；第三頁中間有一段，他說當他坐到都沒有妄想雜念的時候，這就是無想定。我就不再讀了！我說：「不用讀了！因爲他的層次就是這樣而已。」他所謂的佛法只是類似民間信仰外道的想法，道理都是一樣的。也就是說，什麼是眞實的寂滅？那些外道們在正覺弘法之前都不懂；不管是佛門內的外道、還是佛門外的外道全都一樣，所以才會把離開語言、文字、妄想的那個「欲界定」離念靈知，當作是四禪後的無想定。「無想定」是息脈俱斷之後，把六識心也滅了，才叫作無想定；然而那是四禪後的事，但是很多人不懂。

話說回來，有的人心想：「**那二禪的等至位夠寂靜了吧？**」說的也是！因爲二禪的等至位中只剩下意識心，已經沒有前五識、沒有前五塵，當然夠寂滅了！可是這仍然不是眞正的寂滅，因爲有意識在就會有法塵。可是二乘阿羅漢入涅槃時，是一切法俱滅的；那時七轉識全都不在了，六塵也不在，色身五根也都不在了，所以他是眞正的「**寂滅福田**」。可是這種寂滅只是一種層次，另一個層面的寂滅，他還沒有實證；因爲菩薩阿羅漢這個寂滅是當世之所證，不是想像爲入無餘涅槃後才證的。菩薩阿羅漢所證的寂滅，是無始劫以前來到現在，始終寂滅，因爲菩薩阿羅漢所證是第八識如來藏，而如來藏從來不了別六塵；具足這兩種寂滅，所以菩薩阿羅漢就是「**寂滅福田**」。

第十四種：「**神通福田**」。菩薩阿羅漢們如果成爲慧解脫之後，有時間他就繼續修學證滅盡定，成爲俱解脫；再有時間時，修學五神通，成爲三明六通的大阿羅漢，所以成爲「**神通福田**」。那麼世間人或者外道修得五神通了，不名出世間福田，因爲他不得解脫、也不證實相。那麼菩薩阿羅漢有許多人是從證得二乘菩提的阿羅漢果之後，迴小向大再證眞如；這時候他多了一種神通，也就是二乘聖者以及一切凡夫異生之所不能見的實相法界，他見到了！這也是神通的一種，稱爲理上的漏盡通。世間人不管他禪定多好、天眼多好，就是看不見這種解脫的境界；但這位菩薩阿羅漢以慧眼得見，你說神不神？無形無相竟然可以看得見！怎麼不神呢？世俗神通看見的都是有形、有相的，看不見這個無形無相的，所以菩薩阿羅漢也可以是「**神通福田**」。

第十五種：「**最勝福田**」。二乘聖者證得無學位，迴心大乘，又證得大乘菩提而成爲菩薩阿羅漢了，世間一切有情無能超越其上；所以他既是人天應供，當然也是「**最勝福田**」，因爲二乘定性阿羅漢見了他，都開不得口！你們可別以爲我講這句話是大話，這是如實語，既是如實語就不是大話。所以二十幾年前我就講過了，我說南洋縱使有阿羅漢，來到正覺講堂也開不了口。當年佛教界很多人，私底下都罵：「**這蕭平實講話好狂！**」其實我沒有狂，我一直都很低調；說法時我如實說，那就不叫高調。

如實說就不是高調，我到了任何地方，人家都不認識我，所以我有時候被人認作算命先生，有時候說我是教拳的先生，有時候說我叫作廟祝先生，後來多了一個叫作寫書先生，各種說法都有；我都說：「是啊、是啊！」那表示什麼？表示最勝福田所說的其實都是如實語，既然說如實語就不狂。那菩薩阿羅漢之所以成爲「**最勝福田**」，是因爲他說如實語；他把二乘菩提如實爲大眾演說，也把大乘菩提爲大眾如實演說，世間之人無出其右，所以說是「**最勝福田**」。

第十六種叫作「**無窟宅福田**」。請問諸位：二乘阿羅漢可以入無餘涅槃嗎？（有人答話，聽不清楚。）那我請問諸位：他有沒有窟宅？欸！這話不好答喔？無怪乎諸位都不回答。因爲你如果從世間人的境界來看，他眞的沒有窟宅；他都離開三界一切境界了，怎麼會有窟宅呢？因爲他無所住，一心想的就是死時不起中陰身，就入無餘涅槃去了，滅盡一切後有；所以從世間人的眼光來看，他是無窟宅的。

可是如果從菩薩阿羅漢來看時，那二乘阿羅漢仍有窟宅；因爲無窟宅的人，不用遠離三界。二乘阿羅漢死的時候，爲什麼一定要入無餘涅槃？因爲他有恐懼；他們恐懼來世再受生於人間，深怕還會流轉生死；這表示他們被三界窟宅侷限住了，所以他們對三界窟宅有恐懼。可是菩薩阿羅漢不一樣，因爲他看見三界窟宅都在如來藏中，離開了三界也還是在如來藏中，只是把自我消滅而已，依舊是如來藏獨自的存在；既然住在三界中，就已經在三界外了，又何必離開三界？

諸位聽我講這種話也聽多了，我希望的是：諸位都已經被我洗腦成功！（大眾笑…）所以現在禪三報名表，大部分的人都寫著說：「**盡未來際行菩薩道，永遠不入無餘涅槃。**」（大眾笑…）這就是我們正覺上禪三的基本要求。因爲我如果度了你，你就趕快要去斷五下分結、五上分結，死了就入無餘涅槃，那我度你幹嘛？我要的是，有很多人繼續隨著我的腳步往前走，然後可以救度更多人，這樣對眾生才有利啊！

那麼不入無餘涅槃，是菩薩阿羅漢之所應爲；所以菩薩阿羅漢每一世都可以入無餘涅槃，但每一世都不入無餘涅槃，不斷地起惑潤生；因爲他的所見，出了三界也還是如來藏的境界，可是如來藏的無生無死境界眼前就存在，不必入無餘涅槃出三界去找那個境界。然後菩薩的所見，阿羅漢出三界卻找不到那個境界；所以我在《邪見與佛法》十幾年前講的，說阿羅漢沒有證無餘涅槃，當時佛教界好多人說：「**哇！這是邪書，把它燒掉！**」現在沒有人燒了，因爲懂了！

聲聞阿羅漢入無餘涅槃是「不受後有」，所以無餘涅槃中沒有五陰、沒有十八界，哪來的阿羅漢？他阿羅漢都不存在了，那是有誰證得無餘涅槃？沒有人證涅槃哪！可是菩薩阿羅漢實證涅槃，因爲菩薩現前看見阿羅漢入無餘涅槃時，就是他的如來藏獨存，那叫作無餘涅槃：「可是那個無餘涅槃的境界，我現前就看見了，那我又何必入無餘涅槃？所以我有證無餘涅槃，但不說我已證無餘涅槃，這才叫作本來自性清淨涅槃」。所以我說菩薩無有窟宅，因爲一切眾生的所見就是如來藏，這是他的現觀；既然如是現觀，他就是「無窟宅福田」。

第十七種：「無盡福田」。請問諸位：二乘阿羅漢這個福田有盡或無盡？（眾答：有盡。）對！大聲一點啦！是有盡！因爲他終止一世之後就「不受後有」，所以他這個福田，你能種也就種他這一世；而他這一世捨壽時，就會入無餘涅槃，滅盡了。可是菩薩阿羅漢這個福田是無盡的，因爲他會一世又一世起惑潤生，繼續受生於三界中利樂眾生。假使有人二十五年後來到同修會，說要供養蕭平實；結果一聽到蕭平實走了，他在那邊惱恨；那時如果你在現場，就告訴他：「不用惱恨，你未來世仍有機會供養他，因爲他是無盡福田。」講不講得通？講得通啊！

因爲一定繼續起惑潤生，不會入無餘涅槃的，所以菩薩阿羅漢就是「**無盡福田**」。

第十八種：「**具足菩薩所行福田**」。二乘阿羅漢當然沒有具足菩薩所行，因爲有許多二乘阿羅漢沒有修布施度，沒有修忍辱度、精進度等，他們沒有具足菩薩之所行。想要成爲菩薩阿羅漢必須具足六度萬行；這六度，後度要依前度來修，前度是後度的基礎，所以六度沒有具足修，就不可能成就般若度；般若度沒有修好，不可能成爲「**阿鞞跋致菩薩**」、不能進入第七住位；所以想要證悟不退，必須具足菩薩所行，廣修六度具足行，才能具足不退，否則一定會退轉。所以諸位可以下一個結論：「**凡是悟後會退轉的人，都不具足六度萬行。**」這很簡單！

如果要成爲菩薩阿羅漢，當然要具足菩薩所行；還沒有入地時，不用修十度萬行，只要修六度萬行就夠了。菩薩阿羅漢是已經從證悟的第七住位，又繼續往前走；如果依菩薩五十二個階位來講，是應該在第十迴向位證得菩薩阿羅漢位。但是諸位別擔心，因爲阿羅漢位也可以先證，所以先證二乘阿羅漢位再好好進修「非安立諦三品心」，到時候成爲菩薩阿羅漢。當你三賢位具足圓滿的時候，就是「**具足菩薩所行福田**」；因爲六度在三賢位中該修的，你都具足修好了，成爲菩薩阿羅漢了。接著你就得發「十大無盡願」，發到這十個願都清淨了，名爲增上意樂清淨，你就成爲初地菩薩了；這叫作「**生如來家，住如來家，行佛子行**」。

雖然眞如很多個層次。第十九種：「**得佛自在最上福田**」。諸佛之所以得大自在，就是因爲證眞如，又遣除一切智，歸於眞如的「**無智亦無得**」的解脫，這就是第一品心，名爲「內遣有情假緣智」；因爲眞如的境界中沒有智慧，你這個智慧具足了，然後要轉依眞如的「**無智亦無得**」；這時所證的眞如就叫作「非安立諦第一品心」完成。

修到第十迴向位時，那也是證眞如；但是這個眞如得是先修成第十行位的眞如，這個眞如就是「內遣諸法假緣智」；就是在第十行位把這個智慧修學完成以後，像十住位中把眞如遣除掉——眞如境界中沒有這個智慧，轉依眞如的解脫而住，這樣就叫作證得第十行位的眞如，說爲「智與眞如平等、平等」。然後進入初迴向位，繼續進修、修到第十迴向位滿心時，要證第十迴向位的眞如；這時你已經具足「一切有情諸法假緣智」了，普遍都具足圓滿了，但是你還要轉依眞如而把它向內遣除，成爲「遍遣一切有情諸法假緣智」，因爲你看見眞如的境界中「**無智亦**

無得」；當你「無智亦無得」的時候，依於這樣的第十迴向位的眞如境界而住，第三品心的智慧也不存在了，這樣「非安立諦三品心」才算完成。

我必須說明這個法義，是因爲九千年後，你就已經證阿羅漢位了，所以這時候三品心完成時，只要發十個無盡的大願就可以入地了。那時每天在 佛前發十大願，發到心地清淨時就說你的「增上意樂」清淨了；增上意樂清淨時就是入地了，這就稱爲：「**生如來家，成如來子，住佛子住。**」這就是初歡喜地。這樣的聖者就叫作「**得佛自在最上福田**」，因爲到了菩薩阿羅漢位而有入地的實質了，一切法可以爲人解說，於一切法都無所畏；於法無畏時於人就無畏，這時候世間無一切有情可以比擬，那當然叫作「**得佛自在最上福田**」。還有一個原因說，爲什麼這叫作「**得佛自在最上**」呢？因爲現見諸佛如來同樣依於這樣的實證，而次第進修到佛地，所以成爲「**得佛自在最上福田**」。

接下來是第二十種福田：「**佛所護持福田**」。到這個地步，不論哪一世，父母關心你，找了相師來跟你算命，說你可以活到幾歲，你根本不用理他；因爲你的壽算，不是世間凡夫之所能算，那是 佛依著任務來決定你活到多久；你的任務還沒有完成時，想提早一天走都不行，所以你就乖乖地好好去幹。那任務完成了，佛就來接引你。去處，你也不用擔心，佛都安排好了，交給如來就好了，自己省事。那你如果發了某一種願，說你來世要幹嘛，所以生到哪裡去，佛也不會阻攔你；通常都是由你自己作決定，這就叫作「**佛所護持福田**」。那第二十一種，就等下回再來講了。

一個小時前上香，心裡想你們大陸同修怎麼還能再來？原來是你們還沒有回去！最好是永遠都不用回去，可以住在這裡。你們嘴裡說「好啦」，也知道實際上不可能！（大眾笑⋯）看有沒有機會，過個兩三年局勢轉變後，換我過去大陸看你們（大眾說：「好！」並熱烈鼓掌⋯）；但那只是個希望（大眾笑⋯），美好的希望！也許想久了，就是心想事成，這就最好了！回到《不退轉法輪經》，我們上週講了二十種福田，說菩薩應當像這樣來成就佛國土，具足種種功德；這樣的菩薩阿羅漢同時就是成就二十一種福田，那我們上週講到第二十種福田。

今天要從第二十一種福田說起，也就是最後一種福田，所謂「**變化福**

田」。「**變化**」兩個字從狹義的方面來講，是說菩薩阿羅漢是經由繼續進修，成爲現在的俱解脫阿羅漢；然後又修五神通，所以成爲三明六通大解脫的阿羅漢；加上漏盡通，他就是有六種神通了，因此可以隨意變化自在，這樣的菩薩阿羅漢就說是「**變化福田**」。

但是如果有好因緣而修學別教菩薩道的話，是到三地滿心之前，一樣要修這五神通，加上原有的漏盡通，就有六種神通。通教菩薩阿羅漢轉入別教而修到三地時，還得有四無量心的實證，那麼這樣不但可以變化，而且能以意生身遊歷萬千的佛世界去爲眾生說法，這也是狹義的「**變化福田**」。如果廣義地說「**變化福田**」，例如菩薩修解脫道成爲阿羅漢以後，他只是慧解脫，這樣的阿羅漢又是實證般若的菩薩，但他沒有辦法像三地滿心菩薩、或者三明六通阿羅漢那樣自在變化；可是這個慧解脫的菩薩阿羅漢爲「十無盡願」所持，所以生生世世不離人間，就在人間一世又一世度化眾生；可是每一世的身相、眷屬、名稱都不一樣，那麼從前後三世輪轉來看，既然世世不同、有所變化，所以就說是廣義的「**變化福田**」。

那麼這時候可能有人想：「**那我現在既不是阿羅漢，也不是證悟的菩薩；可是我也一樣三世不斷受生、不斷變化，算不算變化福田？**」有此一問，但這不能算，因為這是流轉生死，是被無明所控制、被業力所控制而不斷地流轉生死，所以不得不一世又一世由第八識來變化不同的五陰身心，因此就不能夠說他是「**變化福田**」；所以前提一定是菩薩阿羅漢，已經有能力出生死苦的流轉了，才可以說他是廣義的「**變化福田**」。

接下來說：「**以是法印印諸眾生，令得安樂巧說福田；**」到這裡總共說了二十一種福田，如來總結說：「**要以這一些福田的正義來印定諸眾生，並且令菩薩所印定的這一些眾生得安樂，也能成為巧說佛法的福田。**」這個容不容易？有沒有人認為容易的？眞的難！因為解說了二十一種福田，還要幫助眾生同樣證得這二十一種福田的本質。當他們都證得這二十一種福田了，然後這位菩薩阿羅漢以法印來印定這些眾生，使他們也可以得智慧及解脫的安樂，同樣成為「**巧說福田**」；因為能如是宣說二十一種福田的實質，這樣的菩薩就是「**巧說**」的菩薩，這種「**巧說**」菩薩世間難得啊！

而這位菩薩阿羅漢能如是「巧說」，並且「巧說」之後還廣度跟他有緣的一切眾生，同樣證得這樣的二十一種福田；但這些眾生聽他說法以後，證得這二十一種福田時，當然是有法上的實證；假使是沒有法上的實證，不可能同樣證得這二十一種福田的本質。所以同樣有這個法上的實證爲前提，菩薩阿羅漢可以這個法作爲法印，來印定所度的諸眾生。所以佛法中說法印，就是以法爲印，因此不管是印證、或者是印定都是以法爲歸；如果在法上沒有實證，就不能用法來印定他。

同樣的道理，善知識出現於人間，弘揚佛法而教導大家同樣實證；當眾生有所實證時，善知識得爲他印證。印證的時候不是自由心證，當然有個標準在，也就是能否證得這個法；請問「這個法」是哪個法？（眾答：如來藏。）對！是如來藏，因爲如來藏運行中就會顯示眞如法性，能使菩薩阿羅漢們轉依之。所以我說，你們諸位在大陸，我用一句成語來說明，就是鶴立雞群；因爲那些落在六識論、落在離念靈知境界裡面的人，全都不離識陰；可是你們知道「如來藏」這個法才是根本，所以你們的境界就高人一等、所見跟著深遠；諸位已經知道這就是如來藏，不就是鶴立雞群了嗎？

等再過個一兩年或兩三年，打過禪三回來，證悟後心得決定了，那時已經不只是鶴了，有句俗話說「躍上枝頭變鳳凰」，那時就是鳳凰了，因爲世所難見，這是事實。自古以來，打從佛教正法時期過了以後，證悟的菩薩都猶如鳳凰一般，甚難可見。所以你們看，部派佛教由一個聲聞上座部分裂出來，成爲十八部派，後來又繼續分裂，比較有名的就是十八個部派；但那些都是聲聞人，因爲都是從上座部分裂出來的，他們分裂出來的全都是六識論者，不能服膺八識論。他們又是好爲人師，愛樂表現，所以各個凡夫都出來當論師，寫了好多論；而他們寫的充滿邪見的凡夫論，有一些還被後人收入《大藏經》裡。

可是你看，從天竺來到中國以至於今，證悟菩薩們寫的論有幾部？叫作屈指可數！所以菩薩出現在人間時都叫作鳳凰，已經不是鶴了；鶴再怎麼高，不超過一個人高！聽說日本的丹頂鶴有時候也會飛到東北去，也不會比一個人高；但是鳳凰不在地上行走，鳳凰凡有棲息都在樹上。所以菩薩出現在人間是很難得的，而且菩薩也會寫論，所寫的論不跟大眾和稀泥，專門破斥佛門內外的一切外道，這才算是菩薩論。

所以你們看，西天提婆菩薩寫了《百論》等，專破外道；然而外道不是只有在佛門外，佛門內也有外道，因爲外於眞實心而求佛法，叫作心外求法，名爲外道。且不說西天的馬鳴、提婆等人，西天還有個龍樹；再來說中國好了，《成唯識論》請出來，悟後來讀還是讀不懂的，因爲太深；可是《成唯識論》裡面作了許多法義辨正，大多是針對佛門外道部派佛教僧人講的；卷一、卷二都是在破天竺的外道，可是後面講的絕大部分都在破佛門外道；甚至還把自己的主張提出來說：「**若不摧邪，難以顯正。**」譯成白話叫作：「**如果不努力摧破邪說，就很難顯示自己的所說是正法。**」所以摧破邪說很重要。但是正覺二十幾年前剛開始弘法時並不摧邪，只是顯示正法，可是被全面抵制，無法立足；於是在諸方毀謗的情況下，開始破邪；破斥邪說以後，正覺的正法便站起來了。

但是兩年前開始，咱們不怎麼摧破邪說了，咱們希望跟其他的教派、別的宗教可以和平共存；因為從某一個立場、某一個看法來講，現在正覺站立起來了，所以跟其他宗教、或者佛門內的各宗派維持和諧是好的。宗教自由很重要，但現在大陸的宗教自由幾乎快消失了，所以現在我們作風就改變了一下，破斥密宗外道的腳步便放緩了。

談到這個，我順便公開和大家說一件事。你們在大陸，可能很多人都讀過網路上那個所謂的「琅琊閣」的文章，有沒有？有喔！我們本來不想理它，希望它漸漸淡化就好；以前也因為他們的文章太少，咱們如果「**摧邪顯正**」以後，不足以成為一本書，所以不理它。但是因為「琅琊閣」只是一個名稱，它其實是一小群人，有臺北這邊的人、也有大陸的人，這樣共同來組成一個所謂的「琅琊閣」；但那個「琅琊閣」不是古時候那個「琅琊榜」，兩者不可相提並論，雙方層次差太多了。那麼最近因為我們收集的資料夠多了，所以正覺的同修們現在開始撰寫針對它的邪見文章加以評論，一年半載後如果寫好了，《正覺電子報》就會開始連載，這事情順便說明一下。

話說回來，「**以是法印印諸眾生**」，所以佛法當然講的就是 佛所說的法，就是成佛之法；既然以法來印定眾生，表示這個法不是言人人殊，而是有一個標準。因此說，禪宗所說的「開悟」不是釋昭慧說的自由心證，而是有一個實質在那裡，那就是個標準，只是釋昭慧不知道而已。所以佛法從　如來建立而遞傳到中土，又來到臺灣，這個法是不會改變的；從無始劫以前來到現在，將來還去到無量劫之後，都沒有終結的一天，也是不會改變所傳的內容。這個法就是這樣，無始無終，然而終究不變，也就是第八識如來藏的眞如法性。得要以這個法來教導眾生同樣能實證，證了以後，同樣以這個法來印定眾生，說：「**你悟對了。**」或者不為眾生印定，因為他們悟錯了。

所以從無量劫以前的諸佛，就是過無量無邊不可思議阿僧祇劫之前，就已經是這樣；來到現在，即使未來又經過了超過無量無邊不可思議阿僧祇劫之後，所印定的仍然是這第八識如來藏，並轉依祂的眞如法性，所以祂永遠不會改變。以這樣的法來印定諸眾生說：「**你悟對了。**」再教導他們非安立諦及安立諦，次第進修到達阿羅漢位，這時候他就心安了。到阿羅漢位的時候可以自覺：「**我死後不會再有中陰身。**」這是自覺自證的。這時對佛法有信心了，所以要告訴他：「你現在所證的涅槃只是化城，不究竟，但是你已經先得解脫了；接下來要再實證的是究竟解脫佛地的境界，你可以次第進修，不慌不忙，都不用急；因爲你隨時可以入無餘涅槃，你隨時可以解脫生死了。」

所以這時候度眾生時要教他實證第八識如來藏，證如來藏之後現觀眞如，發起了實相般若；經由實證後的現觀，他親眼看見諸阿羅漢們死後所入無餘涅槃，其實就是這個如來藏獨住的眞如境界，名爲本來自性清淨涅槃；而這樣的大乘涅槃是現前就存在的，不需要入無餘涅槃就已經存在了；然後就現見：自己五蘊從來不外於如來藏；換句話說，不論生也好、死也好，都是在如來藏中生死；而如來藏本來就是不生不死，不生不死就是無餘涅槃；既然如此，又何須把自己蘊處界滅除、入無餘涅槃呢？

經由這樣一個現觀，菩薩阿羅漢不入涅槃了，「因爲入了涅槃以後，那個無餘依涅槃就是第八識如來藏獨存；而從來不生不死、從來不生不滅的如來藏，現前就已經不生不死、不生不滅了，那我何妨留著五蘊自度度他，乃

至成佛？」所以菩薩有這樣的現觀以後，心想：「**我何必入無餘涅槃？我要再起惑潤生，再起一分思惑，滋潤未來世繼續受生的種子；那就可以自度度他，乃至成佛；依著十無盡願，永不取無餘涅槃。**」所以成佛之後，示現八相成道完了，眾生看 如來好像入了無餘涅槃；其實是「**無住處涅槃**」，又另外再找別的星球中，過去三大阿僧祇劫以來，所曾經度化的有情，他們得度的因緣成熟了，就去那裡受生，重新再示現八相成道，這才是諸佛如來的本懷。不是那些六識論者亂講的「**如來本懷**」，他們完全不懂如來的本懷。所以「**以是法印印諸眾生**」是有個標準的，那叫作如來藏；外於第八識如來藏，就沒有法印了！

假使有人繼續以其他的「**法印**」來印定誰是證悟了，那個印定是無效的；一般都說，那個印定叫作冬瓜印（大眾笑…），因爲這一蓋下去就爛掉了。可是你以這個無形無色的如來藏作爲法印時，這一印定是盡未來際永不失壞，這樣才能令諸眾生「**得安樂**」。因爲證得如來藏以後，發覺這個眞如是眞實存在、現前可以證得；然後以諸經論來印定之時，心中毫無猶豫；再也不像以前所謂的開悟，腳跟不著地、就覺得不實在。

學到離念靈知的假眞如時，那個狀況是一直修學到眞實證悟之前那一剎那，都會覺得不實在，總覺得佛法渺渺茫茫不可把捉，因爲他們悟得所謂的離念靈知心以後，公案依舊讀不懂，經典也依舊讀不懂，智慧並沒有出生。可是你證悟如來藏之後，現觀此第八識的眞如法性時，你心中得定、不猶豫了，因爲腳踏實地。此時把禪宗公案及般若諸經請了出來開始恭讀，「哦！**原來如此！**」就懂了。讀過以後說：「**原來《般若經》講的都是我自心裡的事情，不是外法。**」這時候腳跟著地，心安理得，次第進修，成佛也就快了。因爲你知道：現在自己在這成佛之道五十二個階位中是哪個階位，也知道說：「**接下來，我要幹什麼。**」你只要次第往前邁進就行了。

所以「**法印**」是有個標準的，不是言人人殊！因此不懂的人，請到了禪宗公案，譬如《五燈會元》、《景德傳燈錄》，讀來讀去摸不著邊！就說那是無頭公案；爲什麼同一件事情，某甲禪師這麼講、某乙禪師卻講另外一種；這件事情遇到某丙禪師時，他又講出第三種；結果被某丁禪師聽到了，他評論出來又是第四種，全都各自不同。可是家裡人看來，四種不同的講法都在講同一種。所以這不是自由心證，但是讀不懂的人，就說：「唉！禪宗祖師都是自由心證啦！」所以儘管禪宗祖師講的各個不同，家裡人看來其實都相同。只要你看出它們的同與異，能夠區別出來什麼地方不同，而背後爲什麼都相同，你能看出來時，表示你已經入門了。但怕的是，往往有人自以爲眞的入門了，其實都沒入門！所以有善知識住世時，有所觸證，還是得尋覓善知識勘驗，然後把其中的淆訛都去除了，顯示出眞實之理；這時候你才可以說：「**我眞的證悟了。**」

可是證悟以後你發覺：「**沒有悟這回事。**」因爲悟只是個施設，不過是找到自己的如來藏，可以現觀自己是如何從如來藏中出生的；那這樣就懂「三量」了，現量、比量以及至教量可以懂了，這樣才叫作取得法印。但是取得法印並不容易，你們看正覺出來弘法之前，大陸好多的阿羅漢，臺灣也有好多的阿羅漢；可是正覺出來弘法以後，特別是《阿含正義》寫了出來以後，天下所有阿羅漢都入涅槃去了！（大眾笑……）再也找不到一個阿羅漢了。然而那時候還留下一個三果人，在臺灣的臺南，可是再過不到一年，他也「入涅槃」去了；因爲終於瞭解：什麼叫作阿那含、什麼叫作阿羅漢？可是當他們瞭解自己不是阿那含、不是阿羅漢以後，仍然不得佛法法印，只好取消聖位的稱號。

那麼諸位來受戒，成爲菩薩數中的一分子，那我問你們：「**你們來求受菩薩戒後成爲菩薩，身在菩薩數中的目的是爲什麼？**」對！就是證如來藏。打從實證如來藏而心得決定，確實轉依眞如之後，才是眞正邁向成佛之道的人，因爲已經入「位不退」了。所以修學佛法，要怎麼樣進入位不退？這是個最大的關鍵，是最重要的事。有了位不退，次第修行，才能進入「行不退」的初地境界。那麼我就恭喜諸位：進入正法中來，將來要取證這個位不退時，只要性障微薄、定力夠、福德夠、修學的智慧也夠了，想要進入「位不退」的第七住位，我跟諸位說四個字：「**水到渠成**。」

可是如果前面六度都沒有修，就像琅琊閣那些人一樣都只要修般若度，不修所必須的前五度福德，那就抱歉了！因爲水不會來到，渠也不會成就。

今晚把這個道理告訴諸位，每一個人進了正覺，都有機會實證、都有機會開悟；可是證悟之後，發覺自己所轉依的如來藏中，根本沒有悟這回事，這樣才是眞正的證悟了，才是眞正的轉依眞如成功的人，這樣的人就不會藉這個法去爲自己求取世間上的利益，也因爲這樣無求無貪才能夠得到「安樂」；有這樣的「諦現觀」，以後就能爲人「巧說」佛法。所以成爲實義菩薩以後，可不能像周利槃特伽那樣，說他證阿羅漢果了；可是人家午供後請他隨宜說法，結果他開不得口，只好用神通趕快招喚，招喚誰？舍利弗！然後舍利弗就來代替他說法，飯卻是他吃的！（大眾笑……）不過他也懂得精進，後來他修不放逸行成功，也能爲人說法，因爲他終於有無生智了。

這就是說，身爲菩薩阿羅漢通達三乘菩提，所以能爲人說法；這二十一種福田的實質，也能爲大眾解說，讓大眾心生渴仰，所以努力修行，次第前進，獲得這二十一種福田的功德。然後菩薩阿羅漢就以這樣的法印來「印諸眾生」，而且令他們得到「安樂」；因爲心中不懷疑了，也知道解脫是實證的事，自己已得解脫；未來每一世，不論哪一世都可以入無餘涅槃，所以心中

「安樂」，同時他就能為人「巧說」佛法。這樣能為人巧說佛法的眾生，他就是前面說的這二十一種福田中之一分子；具足二十一種福田，他是其中一分子。

接下來說：「一切瓔珞莊嚴佛界，決定涅槃寂滅福田，亦於一切福田中上；成就如是福田，能知一切法不生不滅，名阿羅漢。」「一切瓔珞莊嚴佛界」是說什麼？為什麼又說是「一切瓔珞」？這表示瓔珞不是只有一種，而是有很多種。在律部有一部經名為《菩薩瓔珞本業經》，這部經說菩薩得有六種瓔珞。首先說銅寶瓔珞，這是一種譬喻，不是眞的用銅做的，用銅做的能算得上什麼瓔珞？這是譬喻。

第一種銅寶瓔珞，指的是五十二個階位裡面，過了信位以後的十住位；這十住位修完了，你已經眼見佛性，世界「如幻觀」成就了；你的肉眼所見山河大地和五陰身心是那麼虛妄，不是從法上思惟比較出來的，而是見的當下就是虛妄的，這樣成就「如幻觀」的現觀，這時候就說你已經具足「銅寶瓔珞」了。你們看諸大菩薩們的畫像、雕像不都掛著瓔珞嗎？那瓔珞不是隨便掛的。修到了第十住位滿心，看見佛性，遍山河大地都是自己的佛性，「如幻觀」成就了，就生起「有情假緣智」；有這個現觀而轉依眞如，將此智慧內遣歸於眞如的「無智亦無得」成功時，成就「內遣有情假緣智」，就稱爲「具足銅寶瓔珞菩薩」；這是第一種瓔珞，叫作「習種性」菩薩的修證，是因爲還有許多習性存在，從另一方面也說他還得要再繼續熏習，所以叫作「習種性菩薩」。「習種性」的修學熏習到「如幻觀」成就時就終止了。

這第十住位「習種性」修完了，轉入初行位，要修十行位的法。十行位稱爲「性種性」，因爲這時候開始要作的事情，就是把菩薩性給具足圓滿，所以就在「性種性」上修，修到第十行位圓滿，有一個現觀要親證，叫作「陽焰觀」。「陽焰觀」簡單地說，就是現觀自己七轉識猶如陽焰，晃動不停，就好像熱砂地上遠遠望過去時，那遠處的地平線上好像有水在流動，那叫作陽焰；七轉識及其心所就像陽焰一樣虛妄不實，所以「陽焰觀」成就時就得到「諸法假緣智」，這時內遣此智而歸於眞如的無所得、無所有時，生起「內遣諸法假緣智」的解脫，也就是第十行位圓滿；這時候有了「陽焰觀」的現觀，就說你第二串的銀寶瓔珞已經成就了。

銀比銅好吧？升級了！這時候就是以銀寶瓔珞「**莊嚴佛界**」。請問：「**莊嚴誰的佛界？**」答對了！是自己的，是莊嚴自己的佛界。那麼這時候就可以轉入初迴向位中，從初迴向位努力進修，經歷第二迴向、乃至第十迴向位終於圓滿了；這時候一樣有個現觀得要實證，因為你要進入第十迴向之前，你至少得要有圓滿的初禪，最好是有二禪的實證，比較容易滿足這個現觀。

第十迴向位滿心的現觀叫作「如夢觀」，這時每天睡覺前，躺上床就先進入禪定的等持位中，看看有些往世的什麼事情可以看見；也許看見前一世，也許看見前十世，也許看見前一劫的事，也許看見無數劫之前的事；每天這樣看，看上一、兩年後說：「**喔！原來我過去世是這樣的，轉輪聖王也當過，動物也作過，妓女也作過，午夜牛郎也作過。**」這眞的叫「作」：有時候在天上時高高在上，有時候當畜生去了又是卑劣下賤，有時在人間當轉輪聖王。然後就知道自己的來歷是這樣的，因為把它前後貫串起來，就知道自己的來歷了。

然後不用佛菩薩告訴你，你自己就知道該作什麼；這樣來看自己這一世，原來這一世也是在作夢之中。因爲往世就是這樣，看起來都好像作夢一樣，一世一世這樣下來，那這一世不當然還是作夢嗎？這樣叫作「如夢觀」的成就。這「如夢觀」成就了，你就是第十迴向位滿心；這時生起「一切有情諸法假緣智」，心得決定而內遣歸於眞如法性的「無智亦無得」的境界，成就「遍遣一切有情諸法假緣智」的解脫境界時，「非安立諦三品心」已經修好了。如果你不是阿羅漢迴心，而是戒慧直往的菩薩，到這時候入地前要修加行，就是修「安立諦的十六品心」和「九品心」；但是你還沒有修這個加行之前，這時「如夢觀」成就了，所以你的瓔珞又增加一串了，這時候叫作金寶瓔珞，這表示你的「道種性」成就了。

所以你看「一切瓔珞」，這還只談到第十迴向位而已，後面還有法欸！你入地以後，這「一切瓔珞」到底應該修什麼？所以你要入地之前作個加行，要修四聖諦的十六品心、九品心，然後又發了十無盡大願，每天發、發到這十大願清淨了，這叫作「意樂清淨」；「意樂清淨」就會得到佛的加持而產生大乘照明三昧，此時就入地了，這叫作：「**生如來家，住如來家，成佛子住。**」從這時候開始便進入「聖種性」位，這時是第四種位置了，習種性、性種性、道種性，現在進入初地開始「聖種性」的修行，這時才算眞正是大乘的「修道位」。

證悟般若而在入地之前都是在「見道位」中，所以證如來藏之後，只是第七住位而已，《菩薩瓔珞本業經》告訴我們說，菩薩始於初住位起修六度波羅蜜，到第六住修學般若波羅蜜完畢了，然後加行位圓滿而證悟眞如、轉依不退了，說他叫作「**第六般若波羅蜜正觀現在前**」。那般若正觀顯現在他眼前了，確實可證。如是知道般若是可證的，自己親證了，並且心中無慢而因爲佛菩薩、善知識所護故，才眞入第七住「**常住不退**」。所以悟後退轉是正常的事，更多人是悟後不敢如實轉依，進不了第七住位也是正常事；所以如果沒有佛菩薩守護他、沒有善知識守護他，或者他有遇到佛菩薩、遇到善知識，但有慢心而不願意被守護，他就會退轉而自以爲是增上。

這部經中說：「**於六住位修學般若波羅蜜多，第六般若正觀現在前，因**

爲佛菩薩、善知識守護故，入第七住，常住不退。」但第七住開悟明心與第十住眼見佛性都是眞見道，可是這樣經由十住位、十行位、十迴向位，終於入地時，剛入地的初地心叫作入地心，還是見道位，叫作見道的「通達位」，《瑜伽師地論》這麼說，《成唯識論》也是這麼說；這時候入地了，瓔珞就改變了；所以這個「一切瓔珞」看來只有四個字，其實很多內容，這時候叫作「琉璃寶瓔珞」菩薩。

琉璃比黃金珍貴，所以一小片輕輕的琉璃得要幾千塊錢，乃至上萬都平常，這叫作琉璃寶瓔珞。而你身上有一串無形的琉璃寶瓔珞，諸天天人看見你，都知道你有琉璃寶瓔珞，只是世間肉眼看不見罷了。那麼這個琉璃寶瓔珞掛在身上，表示他有這個瓔珞來莊嚴自身的佛土。這個琉璃寶瓔珞菩薩繼續修行，從初地位出發，來到二地、三地，一直到進入大波羅蜜多，就是八地以後，還是得繼續進修。

九地滿心四無礙智圓滿，再修到十地滿心，這時候他自己會從頂上放光，去到十方諸佛世界，從諸佛腳掌進去，十方諸佛知道：「**有人在十地的**

階段進修快要圓滿了，他已經成就某一些功德了。」於是十方諸佛共同放光，從這位十地菩薩頭頂灌入，他就成爲受職菩薩。換句話說，他十地滿心了，可以入等覺位了，入等覺位後就叫作受職菩薩。所以十地滿心開始就是受職菩薩，那麼他就轉入等覺位，表示十地「聖種性」他已經修圓滿了；佛法中說的「聖性」，他具足圓滿了，這還是「一切瓔珞」的範圍之內。

這個聖種性圓滿，進入等覺位，就叫作等覺性；所以習種性、性種性、道種性、聖種性完成了，接著現在就是等覺位的等覺性。等覺位的瓔珞叫什麼？摩尼寶瓔珞。在等覺性中重要的，就是要把異熟生死的種子最微細的部分全部滅盡，然後百劫修相好，無一時非捨命時，無一處非捨身處；去受生取得五蘊、取得財產，目的就是爲了眾生，不斷地利樂眾生。財產布施完了，人家來說：「你可以布施我什麼？」等覺菩薩說：「我現在財產都布施完了，你看我還有什麼可以布施？」那個人說：「我某一個疾病熬藥需要眼珠子，不然，你布施眼珠給我！」等覺菩薩說：「行！」把調羹拿來就挖給他了。就這樣布施啊！要修整整一百劫。這一百劫修完了，福德圓滿時他身上那一串瓔珞就圓滿了。摩尼寶瓔珞完成了，就是他等覺位該修的都修完了，這時候他就進入妙覺位。妙覺位的菩薩是六個種性中的妙覺性，所以《菩薩瓔珞本業經》裡面說，修學佛法有六個種性，始從習種性，末至妙覺性，這叫作六性有情。

那你如果還沒有證悟，但是很努力在修六度，得要思量一下：自己到底現在是什麼性？佛菩提道就是這樣修行的啊！所以在正覺修學佛法是次第前進的，有所依、有所據，我們現在會裡面的同修們，特別是老師們就這樣，有的七住位，有的八住、九住、十住，見性了；見性後轉入初行位，一步一步往前走；甚至現在有人參牢關，發起了初禪，這距離阿羅漢位又更近了，就是一步一步往前走，是如實可證而不是打高空。那麼到了妙覺位，這瓔珞又增加一串了，叫作水精瓔珞，純潔無瑕，猶如水精一樣。那這樣六種瓔珞叫作「一切瓔珞」，所以你看這四個字，函蓋那麼多內容，碰巧就今天給你們聽見了！（大眾笑⋯）這六種瓔珞莊嚴，就叫作「一切瓔珞莊嚴佛界」。

這時候成妙覺菩薩如果受生在諸佛世界，只有兩個身分：第一就是當如來的脇侍，他始終陪伴在如來的身邊奉侍如來，這叫「脇侍」。要不然他就是當一生補處菩薩，當來下生成佛，這叫作妙覺菩薩；有時候也稱爲妙覺如來，因爲他的境界相似於究竟佛，那麼這樣就叫作「**一切瓔珞莊嚴佛界**」。

到這個地步就說「**決定涅槃寂滅福田**」，他對於涅槃的體驗是決定不變的，雖然「**無住處涅槃**」他還沒有實證，因爲那得要到最後身菩薩成佛時才能實證；但他這時候對於佛地涅槃決定無疑，所以說他是「**決定涅槃**」；而他當然也是「**寂滅福田**」，正是「**一切福田中上**」；除了諸佛如來，無人可以和他相提並論，因爲他「**決定涅槃寂滅福田**」，這時候就說他同時也是在如來以外的「**一切福田**」之中最高層次的人。那麼要能成就這樣二十一種福田，並且自己繼續進修，「**一切瓔珞莊嚴佛界**」，具足這六種瓔珞，圓滿六個種性時，才能成就這具足的福田。

這時「**能知一切法不生不滅**」，跟二乘菩提不一樣。二乘菩提都說一切法緣生緣滅，因爲無有一法常住；凡所有法皆是有生，有生則必有滅，所以一切法生滅不住，因爲是從現象界的一切諸法來看的。但這時候，菩薩妙覺看待一切法時，竟然說「一切法不生不滅」；因爲所謂一切法都從如來藏中生，全都要攝歸如來藏，而如來藏不生不滅，所以「一切法不生不滅」。那麼菩薩阿羅漢就是必須了知這個道理，才能叫作阿羅漢。

這時候也許有人想：「那『一切瓔珞莊嚴佛界』不就成爲妙覺菩薩了嗎？爲什麼還是菩薩阿羅漢？」欸！這個懷疑也有道理啊！可是其實沒道理！爲什麼沒道理？就好比入地時就知道，從初地到佛地要修什麼、要斷什麼，每一地都有所斷、也都各有所證，這樣可以通達十地之理，才能說他是初地菩薩，但他畢竟還不是佛。同樣的道理，菩薩阿羅漢就是要懂這些道理，所以這個菩薩阿羅漢是準備入地的人，或者說他是已經入地了，才會懂這「一切瓔珞莊嚴佛界」。

所以要當菩薩阿羅漢，還眞的不容易！要懂這麼多。現在可能有人想：「嘿！奇怪了！您蕭老師沒有講稿，爲什麼看著這幾個字，您就講這麼多？」沒什麼奇怪！等諸位修行到我這個地步，你也會這樣講；不用拿了《菩薩瓔珞本業經》這樣一句一句來解釋！

我剛剛講的「一切瓔珞莊嚴佛界」，就是《菩薩瓔珞本業經》裡面所說的。意思是說，你如果入地時，就要懂得這些道理；不懂這個道理，就是還沒有入地。所以從初地開始，每一地斷兩種惑，就是除兩種疑，要有兩種修證；地地如是，終於才可以圓滿十地，轉入等覺性中。

所以成佛不是那麼容易的，必須三大阿僧祇劫。可不像正覺弘法之前，各處道場都有自稱成佛了；連密宗那個外道完全不懂佛法的，也說是活佛；聽到他們這樣講，我眞要說：「他們叫作七月半的鴨子。」七月半要幹啥？盂蘭盆節，世俗人要作什麼？路祭喔！布施給鬼道眾生時一定要用供品，供品裡面都有一隻鴨子。所以「七月半的鴨子」，歇後語就是「不知死活」。（大眾笑⋯）所以看見那些完全不懂佛法的人，自認爲成佛，讓人家膜拜、供養等等，都覺得他們好愚蠢！短短一、二十年的名聞利養享受完了，死後下去地獄，那是地獄時間的很多劫，不是人間時間的很多劫，所以說那些喇嘛們都是「七月半的鴨子」。

那麼能現觀「一切法不生不滅」，這是從菩薩須陀洹位就開始的；那通教菩薩須陀洹位同時就是別教的第七住位，但是入地之前，就要懂「一切瓔珞莊嚴佛界」。所以這位菩薩阿羅漢能這樣以「一切瓔珞莊嚴佛界」、「能知一切法不生不滅」，這才是如實的菩薩阿羅漢。

接著說：「除諸染著，見來瞋者而心不惱，名阿羅漢。」所以諸位如果有時上網，讀到人家貼文大罵蕭平實，不要起瞋；因爲我都不起瞋了，你們幫我起瞋幹嘛？（大眾笑…）皇帝不急，太監就不用急！（大眾笑…）所以我剛開始弘法那十年之中，網路上一直有人在罵，罵得很難聽；他們希望我生氣，可是後來知道我不會生氣，就不罵了。所以看見那一些眾生，由於我們不起瞋，包括我們以前三次有規模的法難，我也都不起瞋；但是我們想救他們，所以就寫了書回應。譬如二〇〇三年第三次的法難，如果要把他們撂倒很簡單：「你說阿賴耶識是生滅法，那請問你：『阿賴耶識何時生、何時滅？』」他們答不得，那不就倒了嗎？可是我們不以此爲滿足，而是要把他們救回來正道；只要他們回歸於正道，有沒有回到同修會裡來，無所謂！只要回歸正道，不再否定正法，懂得在佛前懺悔滅罪就好了。我求的是他們來世不墮三惡道，回歸正道，這就好了；要回到正覺同修會，他們可以來世再回來，這就是我們的想法。

所以菩薩阿羅漢，比聲聞阿羅漢還要阿羅漢！阿羅漢又名「殺賊」，把心中所有的三毒等賊都殺掉，所以貪、瞋、癡、慢、疑全部不見了！那惡見五利使就甭提了！老早不見了，那他就不會有隨煩惱；不管他是大隨煩惱、中隨煩惱、小隨煩惱都不會有！因爲他殺賊殺盡了，所以「除諸染著」，沒有貪染、沒有執著。如果沒有貪染、沒有執著，他會生氣嗎？當然不會生氣！可是咱們弘法之前，佛教界好多的阿羅漢都會罵人、會打人、會瞪人！可我們打從正覺同修會弘法以來，沒瞪過誰、沒打過誰、沒罵過誰。我自己就這樣以身作則，來到現在快三十年了！

所以不能有染著，這是菩薩阿羅漢的必備條件；當他沒有染著的時候，人家來罵他，不管罵他忘八蛋、忘九蛋，他都不會生氣，所以「見來瞋者而心不惱」。惱就是報復，然而心行要來到「惱」，有個演變的過程，剛開始是「瞋」，起瞋之後，如果忘不了、放不下就是恨，把他記住了，就把他記在心中：「**你某某人這樣罵我，我把你記住！**」這叫「恨」。恨之後生怨，怨是什麼？開始規劃、計畫要怎麼去報復？這叫作「怨」；怨的過程完成了如果有再進一步就叫作惱，就是直接去報復執行了；依照他所規劃的順序、方法去報復，這叫作「惱」。

如果有個人自稱成佛、或者自稱是阿羅漢，當人家來罵他，他就當眾瞪回去；「瞪」還算是最輕的了，瞪了之後又忍不住，罵將起來，起瞋了！這還叫阿羅漢嗎？所以我們從來不稱阿羅漢，沒有誰聽我講過說：「**我蕭平實是阿羅漢。**」從來沒有！我也沒有告訴諸位說：「**我是什麼菩薩。**」都沒有！但是一切所行、所思都得像經中講的這樣作。宣稱是阿羅漢，宣稱是五地、八地、十地菩薩，目的何在？目的就是收供養！一包又一包的供養，不斷地收進來。如果無有所求於眾生，宣稱證果幹什麼？因爲所謂證阿羅漢，無阿羅漢可證；所謂證初地、證十地，無諸地可證，這才是實證；既然無可證，宣稱是幾地菩薩、是阿羅漢的證量，爲的是作什麼？都是爲了名聞和利養；所以說：「**菩薩阿羅漢除諸染著，見來瞋者而心不惱。**」得要如此，才能名爲阿羅漢。

「於一切法不取其相，名阿羅漢。」菩薩阿羅漢很有智慧吧？對吧？否則他如何成其爲菩薩阿羅漢？可是正因爲他是菩薩阿羅漢，所以他「於一切法不取其相」。一般人看見一切法時，比如說，看見某甲生氣了就說：「喔，他起瞋了！」這就是取法相了。看見某乙中了特獎很歡喜，說：「他起快樂之心了！」或者說：「噢！他現在有樂受了！」這都是取相。有時候看見某甲說：「聽說某甲現在學佛了，我今天看見他，果然在學佛了。」也是取相；這種取相的現象，在三界中普遍存在，無一眾生而不取相；因爲他們要在三界中存在，就必須取相。

但是菩薩阿羅漢住在人間，難道都不取相嗎？如果不取相，他知道天亮了嗎？（大眾笑⋯）他知道該起床了嗎？都不知道！那他見了某甲師兄，不知道是某甲師兄；父母來看他，也不知道來者是父母，因爲都不取相。所以阿羅漢明明是有取相的，才會知道：「我現在住在道場中，這是某甲徒弟、那是某乙徒弟。他們現在正在請問什麼法。」當然有取相。可是取相的當下，也不取相，因為他轉依如來藏而住；如來藏所生的五蘊在取相，可是他所依的如來藏眞我都不取相。

他也知道為什麼不取相，也知道為什麼要取相；所以他不落於取相和不取相的兩邊，這樣才叫作「不取其相」。如果他住在「不取相」之中，那就是取相，因為他知道自己不取相，那就是取了自己「不取相」的相。可是他的如來藏不知道有取相這回事，也不知道沒有取相這回事；依於如來藏這樣住，而無妨五陰繼續取相，這樣才叫作「於一切法不取其相」；得是這樣住於解脫諸相的境界中，才能自稱是菩薩阿羅漢。

「滅除習智，修最上智而能速證，名阿羅漢。」修行最難的，就是滅除習氣種子，因為習氣種子無量無邊。入地以後，除了無生法忍的「斷」與「證」之外，另一個要修的就是滅除習氣種子，一直到七地滿心才能滅盡。那他接著要「滅除習智」，雖說「滅除習智」是入地以後開始的事，但是又何妨在入地前就開始隨緣隨分斷除呢？所以隨分斷除習氣種子隨眠，是入地前就可以開始作的，不必一定等到入地後才修習。所以菩薩阿羅漢得要開始滅除習氣種子隨眠，不可以推延說：「滅習氣種子是地後的事，我還沒有入地，所以不用滅習氣種子。」不可以這樣講！所以我們增上班的同修，如果有人這樣講，我會當場指正他：「這三賢位就可以開始滅，不必等到入地後。」

那麼滅習氣種子隨眠時同時要作的，就是「修最上智」。「最上智」是什麼？就是一切種智。一切種智的實證是佛地的事；還沒有把一切種智修學圓滿時，就是諸地的事，都叫作道種智。所以「一切種智」圓滿是佛地，還沒有圓滿的諸地無生法忍都叫作「道種智」，所以他得要修無生法忍；修無生法忍而且要快速地實證，這樣叫作菩薩阿羅漢。

諸位可別跟我說：「修無生法忍喔？那很難修欸！我連開悟都辦不到。」對吧？一定有人這樣想。可是我告訴諸位：「只要善知識住在人間，修無生法忍並不難！因爲我們增上班就在教導無生法忍。」無生法忍的實證一定要有相配合、相對應的另一個條件，叫作廣大福德。「福德」有很多個層面：修定、除性障、護持正法、奉侍善知識、孝養父母等；包括你的子女，你也得要好好扶養，那也是福德的一種。福德的層面很廣，福德如果配合不上來，

「無生法忍」便不能成就，所以最難的是修福德。

那麼無生法忍要能夠實證，只要有善知識教導，實證就不難。我們《瑜伽師地論》一百卷，從二〇〇三年講到現在九十三卷了！看來我講《成唯識論》的日子近了，越來越快了；現在才寫到卷六，快寫完了！那麼「修最上智而能速證」，表示只要有佛菩薩教導，這「最上智」的實證是很快的；可是如果缺少了福德，那就很慢，因爲這「最上智」修好了，福德跟不上來，你就無法入地了！因爲每一地都有相對應的福德，就好像十住位一樣，每一住位要有相對應的福德；到了十行位也是一樣，初行位要有初行位的福德、二行位要有二行位的福德，乃至第十迴向位，要有第十迴向位的福德，所以成佛才需要三大阿僧祇劫。如果單從智慧來講，不用三大阿僧祇劫。

還記得嗎？菩提達摩說三大阿僧祇劫是什麼？「貪」是第一大阿僧祇劫，「瞋」是第二大阿僧祇劫，「癡」是第三大阿僧祇劫；你把這些根本煩惱及隨煩惱全都斷除了，就過完三大阿僧祇劫了；但是如何斷盡？這才是個問題，因爲第一大阿僧祇劫對三界貪最難斷；你如果能把對三界境界的貪愛給斷除，第一大阿僧祇劫就算過完了，這叫作「**遠波羅蜜多**」。第二大阿僧祇劫從初地到七地滿心，就是斷除貪與瞋的習氣種子隨眠；習氣種子斷盡以後，你再怎麼辱罵他，他都不會生氣，因爲沒有習氣種子了；你叫他生氣說：你該怎麼生氣，他也不會，氣不起來！這就是過完第二大阿僧祇劫。

那第三大阿僧祇劫都在滅除變易生死的生滅性，那都是無記性的種子，現行時全都沒有善惡性，全部是無記性的，也就是無始無明的過恆河沙數上煩惱，又名塵沙惑，這些都跟三界中的煩惱心所無關！那麼這變易生死斷盡了，如來藏所含藏的一切種子究竟清淨而不再變異了，這叫作「**度過變易生死**」，所以它的代表性就是「**癡**」；因此說智慧不難學，但是沒有善知識教導，就被無明所遮障！

記得我作的那一首歌嗎？〈菩薩底憂鬱〉；你們今天還有聽到，不是嗎？「**佛法雖易證，無明成障。**」對我來說，佛法是很容易修證的，並不難啊！可是只要無明沒打破，就變成障礙了！眞的是如此。所以只要有善知識住在人間，修學「**一切種智**」並不爲難；可是要相對應的福德能配合上來，這就不容易了！因此很可能這一世、整整一世都在修學無生法忍，從修學上看來似乎也有成就，可是終究無法入地。也許再接下來，十百千生都沒機會再遇到善知識，就專門在修福德；福德夠了，又遇到善知識了，那一世又繼續修學，就可以跳過好幾個階位，就是這樣子。這就是三大阿僧祇劫中，修學佛法的常態，可是一般人大概都不知道，所以在這裡就告訴大家：「**滅除習智，修最上智而能速證，名阿羅漢。**」

接下來說：「**以是威儀建立菩提，菩提勢力名阿羅漢。**」這位菩薩阿羅漢就以這樣實證之後顯示出來的四威儀，也就是在行、住、坐、臥當中顯示出他有這樣的實質；由於這樣的實質，他在行、住、坐、臥當中就顯示出他覺悟的勢力。「**勢力**」簡單地說，就是它有一個趨向，往那個趨向前進；在前進的過程中，有它的慣性與力量會顯示出來；這個慣性、力量顯示出來時，就是覺悟（菩提）的勢力；由於有這樣覺悟佛法的勢力，他才能稱爲阿羅漢。

「**如是菩提亦名不思議，不思議者亦名不動**」，先講這兩句。像這樣的「**菩提**」覺悟，也叫作「**不可思議**」，因爲菩薩須陀洹證悟明心就已經不可思議了；所以只要你上了禪三道場、打過禪三，然後拿到我的金剛寶印了；雖然你只是剛開悟，但是假使有二乘阿羅漢來到你面前，也開不得口。不用懷疑這件事！

我打個比方，假使今天南洋還有阿羅漢，（我說的是假使，不是眞的還有；因爲南洋沒有阿羅漢了，全都是假的。）假使有一個阿羅漢從南洋來，來問你：「聽說你覺悟了，那你悟個什麼？」你就瞧著他，不言不語，良久，然後你看他莫知所措，就問他：「會麼？」他一定覺得奇怪：「嘿！你也沒有告訴我什麼，爲什麼就問我會麼？」你就說：「我早告訴你了！只是你眼見如盲。」那你說他要怎麼開口？打從一開始就無法開口了！如果他要窮追到底：「那到底你悟個什麼？你也告訴我吧！」你就說：「好吧！喝茶去！」（大眾笑…）這樣就行了。

那他如果不服氣，問你說：「那我證得阿羅漢果你知道嗎？」你又跟他說：「我怎麼不知道？你將來要進入的涅槃，我都知道。那我請問你：『你將來入涅槃之後是什麼？』」他一想：「我入涅槃以後，我消滅了，那到底剩下什麼？」他也想不通啊！他知道入涅槃以後有個「識」，但那個識是什麼，他也搞不懂啊！你卻已經看清楚了，那你說，他要怎麼跟你對話？這是事實啊。

所以我二十年前就講過這個道理，然後整理成書開始流通，當時臺灣佛教界氣死了！說這個蕭平實講話這麼誇口，竟然這麼傲慢。但我知道自己沒有傲慢，因爲我所說如實，如實就不是傲慢。所以我就公開說：「**假使南洋眞的有阿羅漢，來到正覺講堂一樣開不得口。**」所以當年佛教界私底下罵，可是大家不敢落實到文字上來罵我。如今二十年過去了，事實俱在，因爲不說眞的阿羅漢來了無法開口，我說：「**南洋現在根本就沒阿羅漢，有哪個阿羅漢能來到正覺講堂？**」

所以說，像這樣的佛菩提，即使剛證悟也是不可思議的，因爲這不是言傳所知之事，都是唯證乃知的事情。那不可思議就叫作「不動」，因爲心得決定了，這就是法界中唯一的實相，沒有第二種實相了；想要再施設也施設不來，要再尋找也尋找不到！因爲以前諸佛、現在十方諸佛都是這樣的實證、這樣的覺悟，這是不可思議的境界。這不是現象界中的法，祂是實相法界；當你這樣實證了，心得決定而不猶豫，這就是證得「不動」了。

孫老師呢？坐外面？爲甚麼坐外面？……喔！要多走路啦！腰瘆靠著走路可以好，我親自的經驗。當然現在不是要講「不腰瘆」的事，現在要講《不退轉法輪經》。我們上週講到四十二頁倒數第二行，今天要從最後一句開始。

但是開始之前，先向大家報告一下：這差不多三年多以來，都是揀零零碎碎的時間寫《成唯識論》的略釋（編案：後來爲應琅琊閣等人對正法的極力扭曲等事，已改爲《成唯識論釋》，深入註解之），因爲會有很多事情打擾。直到這一年多以來，會裡首長、幹部們分擔了我很多工作，所以才比較有時間。到今天午後，把〈卷六〉註解完了，開始註釋〈卷七〉了，後面的部分應該會比較快一點，因爲後面純屬法義的部分較容易解說，卻是最容易被凡夫大師們誤會的部分。前面那些部分，因爲牽涉到古時候天竺部派佛教聲聞僧及外道的法義，要先辨正他們對宇宙萬法及生命根源上的法義錯誤，以及部派佛教聲聞凡夫僧們的法義錯誤，所以需要考證，花費較多時間。那後面這些純屬法義，容易解說。

可是在〈卷五〉、〈卷六〉因爲裡面那些字句，當年純屬玄奘菩薩他自我提示用的，所以文字非常的簡略；以現在我的寫作狀況來看，說那叫作簡略到太過頭了。不過在當年，因爲不是爲了給別人看的，寫得就是那麼簡略；因此這裡面的字句都要依前後的法義連貫去判斷，才能確定它是什麼意思，所以太過簡略。那麼接下來〈卷七〉開始，速度就會比較快一點；因爲我希望大概在《瑜伽師地論》講完之前，把它註解完畢，然後開講的時候，就一面再考證，因爲還有一些地方需要再找文獻確認；然後講完了就出版，不準備作連載。這也是因爲連載了以後，還會惹來一些人斷章取義，所以講完就是整本直接出版。那麼預定大概要成爲兩本到三本，目前看來，如果不要太大本的話，應該是三本（編案：後來改爲《成唯識論釋》加以詳解，所以編輯成十大本）。

但是我這裡要說明的是：很多人離開正覺同修會時，宣稱他們看懂《成唯識論》，然後來批評說我講的法義不符合《成唯識論》。但這種現象不是現在才有，這是二〇〇三年就發生過一次了，二〇二〇年之後的這些人還是在重蹈覆轍，並沒有遠離「燈下黑」。他們看到別人車子開到那邊翻了，心想：「**我也翻車一次看看。**」所以他們不懂前車之鑑，仍然繼續在主張說他們讀懂《成唯識論》，而來妄評本會的正法。但其實眞能讀懂《成唯識論》的人，天下幾乎找不到；除非是在會裡增上班中，《瑜伽師地論》跟我學上十幾年的這一些老師兄、老師姊、或者老師們才有可能，但也不可能全懂。所以我說，那一些人寫文章在網路上貼，說我講的法與《成唯識論》不符；等到《成唯識論》五、六年後講完、出版完了，再看看是誰不符？所以我想這種無知而自以爲知的狀態，可能會持續到九千年後，都會是如此。

每過個一、兩百年，只要有正法弘傳，就會有人這樣作，這大概免不掉！因爲這種過失，打從在天竺「法義辨正無遮大會」之後，到了中國玄奘的年代沒有發生被質疑的情況，是因爲唐太宗支持，他們父子都支持；然後玄奘提出四個大字「眞唯識量」，徵求佛教界來作公開的法義辨正，窮其一生沒有人敢來質疑。但是後代陸陸續續都有人在質疑，只要有人弘傳正法，就會有人質疑說：「你講的跟《成唯識論》不一樣，我讀的《成唯識論》是這樣的，所以你講錯了！」一直以來都有這樣的事，只是沒有落實到文字上。那我們二〇〇三年法難那一次，就是落實到文字上來了。

後來又有琅琊閣等人繼續在網路上質疑，本來我們不想回應，因爲他們質疑的分量還不夠；但是現在蒐集下來的分量已經夠多了，可以由同修們自行選擇他重要的質疑來作回應，證明看看誰才是眞懂《成唯識論》；不是由我來回應，是親教師們；我們選定了一位親教師，他來回應，並在《正覺電子報》上連載，這就夠了！那麼事相上的事，他們講的大部分都錯誤，有小部分正確；小部分正確的我們就改正，這沒什麼可以遮掩的。至於法義上的質疑這都是正常現象，連　佛陀在世都有人敢質疑，何況是我還沒有成佛，所以這都正常。

因此藉著那些質疑來作佛事，其實也很好，讓大家第二度證明：到底誰才懂得《成唯識論》？當然不懂的人確實很多，因爲以前也有人提供給我，所謂的佛學院的老師或者教授寫的註解，但他們的註解其實就是四個字：不忍卒讀。眞的沒辦法讀完！我讀上幾頁就讀不下去了；包括香港很有名的唯識學老師的著作也是一樣。所以我希望大家都能夠抱持比較謙虛，乃至於比較謙遜的態度來讀《成唯識論》，那他們不信，我們可以要求他們：不然你們來註解看看，等註解出來時，我來讀，我來找你的碴；看是你比較容易找我的碴，或是我比較容易找你碴，這也是一個證明的方法呀！

可是現在這一批人都用化名躲在幕後，以網名在網路上貼文，不敢以眞面目示人；所寫的一些文章中找出來的碴又不是碴，因爲是自己從內心中顯示出來的碴，不是從我這裡找出來的碴！所以從這種現象來判斷：大概未來只要正法存在的時候，也就是說，我們這個正覺同修會也許三百年、五百年後不在了，然後沒有正法了，那時我們又重新出來弘揚之後，還是會繼續發生這類事情。他們會主張：「我們才懂《成唯識論》。」但其實沒有眞的懂！這是題外話，我想將來整理在書中，流通下去，也可以作爲後世學人的一個正知、正見；也許可以讓後世的學人比較不會重蹈覆轍，不必再翻車，這就是我的希望。

回到《不退轉法輪經》來！今天要從四十二頁倒數第二行最後一句開始。「**如是不動，能令無數億種眾生，安立菩提，無所取著，皆住平等，同於壞相無所有相，知一切法皆入菩提，住無所住，名阿羅漢。**」這是作結論了。像這樣子其心不動，而能使得無數億各種不同種性的眾生，得以據此而安立佛菩提；安立佛菩提之後，心中卻無所取著，全部都住於平等法中；那個平等法的行相就是「**同於壞相無所有相**」。

但是爲什麼說像這樣子不動，而能令無數億不同種性的眾生可以「**安立菩提**」？這是一個很重要的前提，或者說結論；因爲住於佛菩提中的人，他的所證是第八識「**無名相法、無分別法**」，再從第八識心體運行中現觀祂的眞如法性而轉依之。這個第八識的境界，於一切法都無所動轉，所以不會因爲他證得這個第八識、證得佛菩提以後，然後就被動轉；因爲他所證的法是無所立的法，不論哪一個種性的眾生，只要有因緣實證了，就可以「**安立菩提**」。所以佛菩提之所以能得「**安立**」，正是因爲這個不退轉法，也就是由這個第八識如來藏的無覆無記性的眞如解脫境界，才能安立佛菩提。

在我們弘法之前，佛教界總是說：「這佛法浩瀚無垠哪！」總是講：「三藏十二部經說的法太多，無從下手！」所以老是覺得佛法浩瀚無垠，無下手處。這是正覺弘法之前的事，因爲大家都不知道佛菩提是怎麼建立的？直到我們正覺弘法了，而且出很多書，大約是十五年前法難的事了，臺灣佛教界才開始瞭解：原來佛菩提是依第八識來建立的，這才終於知道。

因爲我們藉著法難的因緣，來說明如來藏的本性以及現觀眞如之所依據，那就是二〇〇三年的事情了，當時我們印出了很多書籍辨正法義；如今二〇一九年，到現在已經十六年了，好快！而那些事情都好像是昨天發生的事。可是這樣的前車之鑑仍然繼續在發生中，仍然有人開車到那裡時故意再翻車一次試試看，琅琊閣等人想要體驗翻車的味道。所以佛菩提之所以安立，是依據第八識來安立的；如果沒有第八識，莫說佛菩提，連二乘菩提都安立不了，因爲二乘菩提所證涅槃將會變成斷滅空，就會同於斷見外道了，所以 如來在因緣法裡的大意說：「因緣法甚深、極甚深！」如來反駁了阿難認爲很淺的說法。

有一天阿難說：「因緣法在我的想法中，並沒有覺得有什麼很深的。」如來說：「不是這樣！你別再這樣說了。」所以 如來才說以前祂在因地的時候，觀行因緣法是怎麼個觀行法，因此才講了「十因緣」的逆觀、順觀，然後馬上接著就講「十二因緣」的逆觀與順觀。然後說明：「識緣名色，名色緣識。」還問阿難：「如果沒有這個識，有名色不？」「如果這個識入胎後，不住胎就出胎了，還有名色不？」「如果名色出離母胎之後，第八識離去了，還能有名色不？」這樣一直問下去，阿難都只好答「無也、無也」，一直答到底。

這就是說，名色的名中已有七轉識了，之所以有情會有名色，是因爲這個第八識能生的功德；如果沒有這個第八識，連名色都不存在了，怎麼可能會有二乘菩提呢？如果沒有這個第八識，名色都不存在時，更不會有這個識所含藏的一切種子流注出來，那你又如何實證一切種子而產生一切種智？沒有一切種智又如何成佛？所以佛菩提是依於這個第八識來安立的。

所以這裡　佛告訴大家說：「這樣的菩薩阿羅漢證得這個第八識次第進修以後，到了阿羅漢位，他可以『不動』其心；而這樣的『不動』其心，可以度化無數億種類的有情。」因為不是只有人類可以學，天人也可以學，鬼道的有福鬼、大力鬼也可以學；那他們這一類的眾生，只要有菩薩性，也具有福德支持，都可以實證。實證之後，就懂得佛菩提是怎麼建立的了。乃至於剛悟的人不太懂「唯識性」，悟後善知識教導之下漸漸具足「唯識性」的智慧，再經由次第修學而觀行「唯識相」之後，把整個佛法通達了，就知道一切都要依這個第八識如來藏，也就是依《佛藏經》講的「無名相法、無分別法」，依之而得以建立佛菩提。就知道諸佛如來「安立菩提」，就是依這個第八識而建立的。

那麼這樣實證及現觀以後，「無所取著，皆住平等」，因為依於這個第八識修到阿羅漢位時，五下分結、五上分結全部斷除而轉依於眞如的無所得，一切法都不取著了；對他來講，當他看待自己、看待有情的時候，一切莫非是如來藏。可是如來藏的境界中，無一法可立，如來藏對一切六塵境界也都無所得；既然無一法可得，而且一切有情平等、平等，當他這樣現觀的時候當然會住於平等性中；可是這個平等是從「**每一個有情各個都有如來藏，而如來藏無高下之分**」來看待的，依此而建立一切有情平等、平等。

由這樣的平等性智，再回頭來看現象界的五蘊名色等法時，發覺在實相法界中這一切都不存在。這名色五蘊，也就是說有情之所以存在，全都因爲這個如來藏阿賴耶識，所以現觀無一法可得時，而不妨礙現象界種種法的生滅，所謂「萬象森羅許崢嶸」。在諸法不斷起滅的過程當中，如來藏仍然無一法可得，這就是「**同於壞相**」。譬如說，你擁有某一些法、某一些物品；當這些物品都壞了，只好捨棄了！毀壞後這個壞相之中無一法可得，所以叫作「**無所有相**」；並不是印順說的「滅相不滅」，那是依於有相法的壞滅而施設的空無法。那麼這樣的「**無所有相**」得現觀之後，再詳細觀察而成爲「諦現觀」，漸漸的就了知「**一切法皆入菩提**」。

所以到了「諦現觀」的階段時就知道，一切法莫非是菩提。那麼把這個現觀用在生活上的人，最有名的就是中國禪宗的祖師們。所以人家來問：「**如**

何是佛？」祖師就問他說：「你來過沒有？」對方說：「來過了。」禪師就說：「吃茶去！」哪天，又有人來問：「如何是佛？」禪師又問他：「你來過沒有？」他說：「我沒來過。」禪師就告訴他：「吃茶去！」院主聽到了，就來問：「和尚！爲什麼來過也吃茶去、沒有來過也吃茶去？」老趙州就呼喚：「院主！」院主就答：「諾！」老趙州說：「吃茶去！」你看，多麼生活化！

所以北投那個大法師只看公案的表面就說：「禪就是好好地生活。」我就不同意他！可是當他哪一天來問我說：「如何是佛？」我就告訴他：「好好地生活。」（大眾笑…）可是我說的對，他說的不對。然而爲什麼是這樣？因爲第八識的境界中就是這樣。所以「同於壞相無所有相」，到了這個「諦現觀」的階段，「知一切法皆入菩提」，只要你會了，當下就悟了。所以有一天，人家來問：「如何是佛？」老趙州說：「吃粥去！」改天又有人來問。老趙州問：「你吃粥也未？」他說：「我吃了也。」因爲那個時間已經過了吃粥的時間，老趙州就叫他：「洗缽盂去！」你看，很生活化。可是禪其實不在生活，而是因爲這生活中的一切法都在佛菩提中，從來沒有外於佛菩提。所以到這個地步，「知一切法皆入菩提」，這是如實語、不誑語。

這時候又附帶一句說「住無所住」，那不懂的人就會懷疑：「既然無所住，爲什麼又叫作住？」問的也有道理喔？「無所住」就不應該住啊！爲什麼還說住於「無所住」？那不還是住嗎？可是他就不懂，因爲佛法函蓋實相界、現象界，現象界的名色當如是住，住於什麼境界呢？住於如來藏的「無所住」境界，而如來藏那個境界叫作實相法界，祂是無所住的；而你這個名色有所住，可以住於實相法界那個無所住的境界裡；這樣來看待三界一切法，眞的叫作腳踏兩條船。

所以不論誰來問法，當他問到實相法界，就從現象法界答他；當你從現象法界答他的時候，背後就是實相法界，就看對方看不看得見？這都可以的。當他來問現象法界的時候，就從現象法界告訴他，這一切法都是生滅；可是在這一句話之背後，已經告訴他實相法界了。所以你說佛菩提厲害不厲害？眞的厲害啊！所以「一切法皆入菩提」，這是如實語，盡未來際沒有哪一尊佛可以推翻的。

也許有人懷疑說：「你現在都還沒有成佛，竟然敢說未來一切佛都不能推翻。」我說：「我雖然還沒有成佛，但我的所見就是這樣；而我的所見是『諦現觀』，也還有『現觀邊智諦現觀』，不只是『智現觀』。」所以說，這個「住無所住」名阿羅漢，這是眞正的菩薩阿羅漢，非二乘阿羅漢之所能知。

但是這樣的菩薩阿羅漢，在解脫道的實證上跟二乘阿羅漢一樣，同樣要斷五上分結，就是超越色界愛、無色界愛，也要超越那微細的掉舉、超越微細的我慢，以及超越最微細的無明。同樣要這樣，而且比二乘阿羅漢所斷的五上分結還要更深細；因爲他還證眞如，所以你說因緣法或是《不退轉法輪經》講的法，會是很淺的法嗎？不可能的！所以這部經沒有人講過，不是無因。因爲這必須要證得眞如之後，而且悟後也次第通達了，才有辦法講；否則即使證了眞如，大部分的經文也只能依文解義。所以咱們正覺把佛菩提建立起來，而我們建立佛菩提時就是依著　如來之所安立而作安立，沒有外於如來所說的法。

所以正覺初弘法那幾年，有些佛教道場一直在主張說：「弘法一定要有創見才好。」他們認為創見很新奇，他們講了一句很有佛法味道的話，叫作「很有見地」；然而問題是如果有見地，那一定跟 佛講的一樣，怎麼可能反過來是創見呢？因為三世諸佛，法法皆同，所以有一句話說：「佛佛道同。」既然都同樣，成佛之後所講的法，當然跟前一佛講的都一樣；前一佛又跟再前一佛講的一樣，追溯到過無量無邊不可思議阿僧祇劫之前的諸佛，所講的也還是一樣。既然如此，哪能有創見呢？不應該有創見的。

所以佛法中就是那樣的、固定的內涵，不可改變；因為諸佛如來都以實相法界來函蓋一切現象法界的法，所以內涵就是這樣。因此說經中有兩句很有名的話叫作「**法住法位**」、「**法爾如是**」。諸法為何是這樣，這沒有什麼道理可言，各住法位。那麼《根本論》裡面說的、《成唯識論》裡面說的就是這個道理，不可能外於 如來之所說。所以 如來說：「**知一切法皆入菩提，住無所住，名阿羅漢。**」下一段：

經文：【「如是知已，能為眾生說如斯法而不染著，雖有言說亦無說想；

度諸眾生，亦復不取諸眾生想；斷常二邊於身不動，不斷煩惱而離憍慢，於一切法無生、寂滅無行。不壞色相，不壞受、想、行、識諸凡夫法相，而心不動，以求解脫安住佛法，亦非安住須陀洹果相解脫、斯陀含阿那含阿羅漢果相解脫。妄見一切起諸顛倒取佛智慧解脫，妄見取菩提心解脫，妄見修菩提施解脫，妄見修菩提戒解脫，妄見惱害忍辱解脫，妄見懈怠精進解脫，妄見亂想禪定解脫，妄見愚癡智慧解脫，妄見聲聞凡夫解脫，妄見父母妻子男女眷屬如是等一切解脫，妄見貪嗜諸欲無量苦惱而生親愛起於染著，是結使法、是惱害處，於此法中生二種想；爲除妄想度脫眾生，名阿羅漢。」】

語譯：【世尊就說：「像這樣子了知了以後，能爲眾生宣說像這樣的法，而不會生起污染、貪著，雖然有所言說，但心中也沒有『有所說』的想法；度了種種的眾生，心中也沒有攝取諸眾生的想法；表相上是身處於斷邊與常邊的兩邊，可是於自身中卻是不動其心而離斷常，心中也沒有『斷除煩惱』而遠離了憍與慢，在一切法無生之中，寂滅而沒有任何的所行。不斷壞色相，也不斷壞受、想、行、識種種凡夫的法相，然而心中卻都不動轉，以這樣來求解脫及安住於佛法，卻又不是安住於初果相解脫，二果、三果、四果相解脫。虛妄地看見一切而生起了各種顛倒攝取了佛智慧的解脫，虛妄地看見攝取菩提心解脫，虛妄地看見修學佛菩提施的解脫，虛妄地看見修學佛菩提戒的解脫，虛妄地看見惱害忍辱的解脫，虛妄地看見懈怠精進的解脫，虛妄地看見亂想和禪定的解脫，虛妄地看見愚癡與智慧的解脫，虛妄地看見聲聞凡夫的解脫，虛妄地看見父母、妻子、男女眷屬如是等一切的解脫，虛妄地看見貪嗜各種欲的無量苦惱而生起親愛、起於染著，說這就是結使之法、是惱害之處，於這樣的法中生起兩種想；為了除滅這些妄想而度脫眾生，名為阿羅漢。」】從這一段開始就會講得快一點了。

講義：「如是知已，能為眾生說如斯法而不染著，雖有言說亦無說想；度諸眾生，亦復不取諸眾生想；斷常二邊於身不動，」世尊說，像這樣了知以後，能夠為眾生宣說像這樣的菩薩阿羅漢的勝妙法，可是同時沒有汙染和執著，雖然有言說，但心中卻不覺得有言說，因為這是依於如來藏的境界而作敘述。當他為眾生演說這個法的時候那是為眾生，可是他的心中沒有汙染、沒有取著，雖然也有為眾生宣說佛法，可是他卻遠離言說的作意，因為一切都是如來藏在運行，沒有所謂五陰的言說可說。那麼這樣度眾生，所度的眾生非常之多，可是也不取眾生想，因為他放眼所見，一切都是如來藏，沒有眾生可度，所以沒有眾生可說，因此他就不取眾生想；但他的名色住於人間時，分明看見一切有情不離斷邊與常邊，可是他自心不動。

他看每一個有情都一樣，無一有情得以例外；每一個有情的五陰身心都是有常有斷，而他的所見就變成非常非斷。很怪吧？因為每一個有情身中都有一位「無位眞人」，這個沒有王位的眞人才叫作眞人，才是眞法王，而祂是「常」；可是祂所示現的名色、以及藉著名色示現出來的一切種子「非常」，所以這些種子全部都是生滅變異，是可斷之法，因為種子生起之後就變異而消滅了；而這個名色也會滅，一期生死到了，就扛到山上種去了，同樣種在亂葬崗或者夜總會，所以也會斷滅；可是又看見自己的如來藏「常」，因此他所見就是有斷、有常；雖然住在斷、常之中，因為他同樣有名色，有名色就有如來藏常、同時就有名色的斷壞，可是住於斷常之中，對於斷常兩邊卻都不動其心，因爲如來藏的自住境界離於斷常，所以「非斷非常」。

接著說「不斷煩惱而離憍慢」，你如果從二乘菩提來說，離開憍慢的人一定是斷煩惱的人；所以你想要證初果須陀洹，就得要斷三縛結，三縛結就是煩惱，即是所斷。如果你想要證阿羅漢果，得要斷五上分結，五上分結也是煩惱，也是所斷。你如果想要成爲眞實義的菩薩，想要證眞如；可是證眞如的前提就是要先斷我見煩惱，必須先證初果斷三縛結，否則悟後一定退轉，那麼這也是斷煩惱。可是這位菩薩阿羅漢「不斷煩惱而離憍慢」，這有兩個層次可以說了：

第一個層次，他自己歷經菩薩須陀洹，來到了菩薩阿羅漢位；明明是斷了煩惱，可是他的所見：雖然我名色斷了煩惱，但是我所轉依的如來藏從來不斷煩惱，我就依不斷煩惱的如來藏而住，這樣住於眞如境界之中。第八識眞如心從來不斷煩惱，可是眞如心也從來沒有憍慢。爲什麼人會起憍呢？是因爲覺得自己的法很勝妙，所以懶得跟人家講。憍是由於自己的我所，懶是懶得跟人家講。當然諸地菩薩懶得跟人家講，是因爲一般眾生的智慧距離初地太遙遠，菩薩無從說起；但有慢的學人與菩薩不一樣，是因爲自己覺得很厲害，所以懶得跟眾生講，這就是「憍」。「慢」是依我與人對比之下，覺得對方很差，這是相對比而說的，所以他起慢。

已生憍起慢就是看不起人，那是因爲他覺得自己斷了煩惱，才起憍、起慢的；可是菩薩阿羅漢不斷煩惱，爲什麼呢？因爲他轉依眞如心而住，眞如心打從無始劫以來就不修行，那你叫祂斷什麼煩惱？你叫祂修行，祂也不懂修行！而你證得祂以後，你好好修行，祂所含藏的你七識種子就漸漸變成清淨，而祂還是不修行；這樣來看待眞如心的境界中，從來沒有憍、也沒有慢。所以這個眞如不用斷煩惱，但永遠都是離憍慢的，這才是眞佛法。

以前佛教界包括現在大陸，幾乎所有的佛教界，都要好好修行斷煩惱來離憍慢，卻斷不了煩惱、離不了憍慢，因爲他們全都是以假作眞；可是當你證得第八識眞如的時候，發覺名色的自己是假的，唯有眞如才是眞的，而自己這個名色依第八識眞如而修行，是藉著這個名色來修行，來使眞如含藏的自己名色的種子轉變清淨；而第八識眞如從來不修行，所以祂不用斷煩惱，祂也從來離憍慢，名色自己就轉依眞如而離憍慢，這是第一個層面。

第二個層面就是從法智轉爲類智。現觀自己身上如此，這就是法智忍及法智，然後接著推及其餘一切眾生，發覺一切眾生跟自己一樣，身上都有一個常住的眞如心；那個常住的眞如心從來沒有斷煩惱，可是祂本來就沒有憍慢；而且一切眾生都跟我自己一樣，可是一切眾生沒有像我這樣修行到阿羅漢位，所以他們五陰有憍慢，因爲他們沒有斷煩惱，又沒有證眞如；可是我斷了煩惱，我證了眞如以後，卻發覺結果還是如來藏的本住法；而如來藏不需要斷煩惱，本來就沒有憍慢，這樣來看，原來自己跟眾生一樣，眾生跟自己一樣，這叫作類智忍與類智，這就有法智、類智具足了。所以 如來這是至誠語、如實語，完全沒有欺騙。

接下來說：「於一切法無生、寂滅無行。」因爲他是轉依第八識眞如心而住。那麼眞如心的境界中無一法可得，在無一法可得之中卻不斷地出生諸法；出生了諸法之後，祂也跟著諸法一起運作；在這運作當下，祂對一切法的所見，是迴無一法可得，可是卻又無妨不斷地出生諸法及運轉。而這位菩薩阿羅漢現見自己身上，以及一切有情身上同有種種諸法的出生，可是種種諸法都來自於第八識如來藏，出生之後永遠都依如來藏眞如心而運轉；不論有情緣於什麼法，同樣都依如來藏法而存在；能緣和所緣莫非如來藏，而如來藏眞如心本來無生，所以這一切諸法也就無生。

因此看到背後的如來藏時，原來如來藏本來寂滅，而祂沒有任何一切行，這叫作「寂滅無行」。可是千萬別誤會了，然後就每天盤起腿來操手，收起下巴、七支坐法，在那邊求寂滅，那是求不到眞正寂滅的。我告訴諸位：求寂滅應當在喧鬧中求。你看我們打禪三過程中，有叫你閉眼、塞耳、一句話都不說嗎？甚至於進了小參室，還嘰嘰咕咕講個不停，正是在喧鬧中求；所以不要以爲「寂滅無行」是要去打坐中求。

所以有個禪師很有趣，有一天，方丈派他下山公幹，他沒奈何，放下參禪的事，下山去。到了村莊裡，路過一個肉案子（賣肉的攤子）。有個買肉的人說：「**老闆！我只要精肉，不要肥肉。**」這老闆聽了把那切肉的刀往案上這麼一剁，那刀子就立在案上了，隨即在腰上叉起手來說：「**我哪一塊不是**

精肉？」那個買肉人無可奈何時，這禪師在旁邊聽見了、看見了，當下可就悟了；這不是很喧鬧的境界嗎？諸位想想看那個模樣，那個老闆在腰上叉起手來說：「我哪一塊不是精肉？」這是很吵鬧的境界，可沒想到禪師就這麼一著，也就悟了。所以這個「寂滅無行」當從行中求，當從喧鬧中求；懂這個道理，再也不用盤腿打坐、閉眼塞耳。這樣子眼見「一切法無生、寂滅無行」，這就是菩薩阿羅漢的境界，他的所住實相境界就是如此。

接著說：「不壞色相，不壞受、想、行、識諸凡夫法相，而心不動，以求解脫安住佛法，」所以「安住佛法」不是叫你把名色捨了，也不是像三十年前有些大師講的說：想要證得無餘涅槃就出三界去找。問題是出了三界，你名色都不在了，還能有誰找什麼？無餘涅槃的境界就在三界中啊！所以這裡就告訴大家：不用把色陰的法相給滅除，也不用把受、想、行、識的法相給滅除；雖然名色五陰是凡夫法相，但不用滅這個凡夫法相，你儘管用這個凡夫法相來求證眞如。當你證得眞如了，你就會發覺：原來我色、受、想、行、識和如來藏不一不異。

很多人都讀過「非一非異」；可是這個「非一非異」得要現觀，不是思惟了就算數。而五陰與如來藏非一非異，因為這名色不是如來藏，可是名色卻是如來藏所生，然又不外於如來藏眞如心。而這個道理在《阿含經》早講過了，《阿含經》說：「**色、受、想、行、識非我，不異我，不相在。**」這就是「非一非異」的道理。那釋印順老法師，把《阿含經》讀到邊邊都起毛了，他寫的著作裡面也多次引用過這一句話，結果卻依舊不懂，無可奈何啊！因為他有無明。所以想要證無餘涅槃、想要證眞如，不用滅壞色陰，也不用滅壞受、想、行、識陰，就在這五蘊存在的當下去取證；取證之後，「**而心不動，以求解脫安住佛法**」。

當你取證之後，不用動心了，你根本不需要想著說：「**我要把名色捨了，證無餘涅槃。**」都用不著，因為你發覺：無餘涅槃還是如來藏眞如心，可是如來藏現時在我身上的時候，就已經具足顯示眞如，正是不生不死的無餘涅槃了，那我何必捨了這個凡夫相，去入無餘涅槃？所以「**而心不動**」。就以這樣的智慧、這樣的見地來求得解脫，而這個解脫其實本來就在。所以有僧人來問石頭禪師：「如何是解脫？」石頭反問他說「誰縛汝？」有沒有？只有三個字啊：「誰縛汝？」因爲這個解脫是本來就在，你本來就解脫了啊！所以有一天菩提達摩就像孔老夫子講的一樣說：「你們各自講講看自己的見地吧！」大家都講完了，這二祖慧可末後上來只是禮拜完，就退下去了。菩提達摩反而說：「你眞的得到我的精髓了！」

所以就以這樣的境界說，這個叫作本來自性清淨涅槃，是本來解脫；以這個境界來求解脫、來求安住佛法都可以成立，乃至三世諸佛全都無能挑剔。當你爲大眾宣說這個解脫、這個涅槃是本來就在的，不管過去佛、現在十方諸佛、未來一切佛，都沒有誰能挑剔你的說法。所以當他這樣心都不動而得解脫、而安住佛法時，他是無所住的；因爲第八識眞如心的解脫是本來就解脫的，不是現在修行才解脫的。

那時能有什麼可住的？第八識眞如無所住啊！所以接著就說：「亦非安住須陀洹果相解脫、斯陀含阿那含阿羅漢果相解脫。」因爲初果的果解脫與解脫相並不存在，二果、三果乃至阿羅漢的果、解脫相亦不存在；存在的只是第八識如來藏眞如心的本來解脫，可是這個本來解脫並沒有解脫可言；如果有解脫就是他曾經輪迴生死，可是眞如沒有輪迴過生死啊！這就是眞正的佛法。

說起來很玄、聽起來也覺得很玄；然而當你實證了，並不玄！所以蘇軾不是有一首偈嗎：「廬山煙雨浙江潮，未至千般恨不消；到得還來別無事，（也不過就是）廬山煙雨浙江潮。」說的多好！當你實證了，眼見就是這樣，這沒什麼奇怪的。可是還沒有實證的人，絞盡了腦汁也想不通；所以到這個地步，哪來初果的解脫相？連阿羅漢果、解脫相都不存在！

到這個地步，要對治眾生的虛妄想了。眾生有什麼虛妄想？就一個一個來說：第一個、虛妄地看見一切而起諸顚倒並執取佛智慧解脫。眾生都是這樣虛妄看見，就說：「喔！原來如來就是這樣去取得佛陀智慧而得解脫的。」因爲他只看見表相。根據《阿含經》中的記載，釋迦如來是怎麼成佛的？是初夜降魔後以手按地時明心，大圓鏡智生起了不就成佛了嗎？可是當時佛法不現前，成所作智還沒有現前，還得要一夜整理一切諸法之後，天將明時看見那東方金星升起了（《阿含經》記載爲火星，名爲沸星，其實是譯錯了，應該是金星），那時最亮的就是那顆金星，這時候眼見佛性，成所作智現前時一切佛法方才現前，才終於眞的成佛了。

可是有幾個人知曉這個道理啊？咱們在《法華經》中也講了：「**大通智勝佛，十劫坐道場，佛法不現前，不得成佛道。**」道理是一樣的。可是千百年來，佛教界誰懂這個道理啊？因此說他們都是「**妄見一切起諸顚倒取佛智慧解脫**」；而其實 如來的解脫，是究竟轉依證得解脫，因爲還是第八識眞如的本來解脫境界。

接著又說：「**妄見取菩提心解脫，**」這是正常事，這太正常了！還沒有破參的人都是虛妄看見蕭平實取菩提心解脫，等到他哪一次在禪三裡證悟了，才曉得說：「**原來您蕭老師沒有取菩提，沒有證菩提心，沒有得解脫。**」因爲名色繼續會有生有死，可是得解脫時沒有人得，有誰能得呢？因爲如來藏妙眞如心是本來就解脫的，所以祂也沒有得；而我的名色將來也會壞，所以也沒有得，那是誰得解脫？所以眾生表相上看見有人那個名色證得菩提心，所以他得解脫了，這其實叫作虛妄見。眞如心從來沒看見誰得解脫，所以轉依第八識眞如心以後，他不但沒看到名色證菩提心、證得解脫，連自己的解脫也沒看見，而他就這樣解脫。

所以看見有誰開悟了、證菩提心，然後得解脫了，那也是虛妄見。那是不是告訴你說，就不用求開悟了？也不是！你得求開悟才會懂這個道理，才會證得解脫呀！所以以前祖師也講過這樣的道理，那末法時代有大法師讀過了不懂，就跟大眾開示說：「**不要求開悟，你才會開悟。**」那麼不求開悟，你悟個什麼？是憑空掉下來，你就開悟了？不是這回事啊！這就是凡夫大法師的言語。

接著說：「**妄見修菩提施解脫，**」這總共有六句，所以接著說：「**妄見修菩提戒解脫，妄見惱害忍辱解脫，妄見懈怠精進解脫，妄見亂想禪定解脫，妄見愚癡智慧解脫，**」這就是從六度波羅蜜多來講。從布施開始修學六度，次第到達第六般若波羅蜜，然後修四加行；四加行完成證得第八識眞如而不退轉，才能「**出到第七住，常住不退**」。這個「**常住不退**」有前提：第一個前提說，前一度為後一度的基礎，乃至般若度以靜慮度為基礎；這樣具足六度而證如來藏之後，才能安住「**第七住常住不退**」；換言之，不能不修前五度，而單要實修第六般若度。得要前五度都修好了，福德具足了，然後再修學實相般若中的種種法，使智慧資糧也具足了才可以修四加行而參禪，一旦悟了，《菩薩瓔珞本業經》說，這叫作「**第六般若波羅蜜正觀現在前**」，這是第一個前提。

第二個前提，是即將進入第七住位時，要得諸佛菩薩、善知識的所護故，才能「**出到第七住常住不退**」；換句話說，證得如來藏之後，即將出到第七住位時仍然有退。為什麼退呢？因為沒有諸佛菩薩或善知識攝受他，智慧無法到達心心無間而不懷疑的地步，無法成就無間道；或者說有諸佛菩薩、也有善知識來攝受他，但他不接受攝受，然後自以為增上也就退失。所以證悟佛菩提退轉是正常的事，往世無量劫以來，幾乎每一個人至少都得退轉一次；所以你不要以為說，自己證悟了、不退轉，那是平常事。其實不平常，因為無量劫前，你曾經退轉過，退轉了就下墮三惡道；除非現在有幸遇見了佛菩薩、遇見了善知識，而自己又願意被攝受，才能常住不退。

所以「**修第六般若波羅蜜，正觀現在前**」，能夠「**出到第七住常住不退**」，不是平常事。因此 佛在《菩薩瓔珞本業經》講過：無數劫前，淨目天子、王子法才、舍利弗都曾經退轉；退轉之後，不信因果，乃至十劫之中，無惡不造。無惡不造當然要下墮三惡道，所以那是無數劫前的事。下墮三惡道經過無數劫，終於遇到 釋迦牟尼佛，這一下證悟了，有佛菩薩攝受，才能常住不退。所以證悟佛菩提而得「**常住不退**」，都得有往昔的因緣。也許有人心裡想：「**喔！那我知道您蕭老師無數劫前，也曾經退轉過，無惡不造、墮落三惡道！**」（大眾笑…）我承認啊！因爲這是事實。那麼也許我沒有墮落過三惡道，那就是只有一個情況，諸佛菩薩、善知識攝受故，而自己也願意被攝受。所以一般眾生都是「**妄見修行六度波羅蜜多**」。

那麼「**布施波羅蜜多**」是什麼道理？布施的時候三輪體空，沒有我這個布施的人，也沒有當面受我布施的人，二者當中也沒有布施這回事與物；這樣的布施才能到無生無死的彼岸，這叫作布施波羅蜜多，就是布施到彼岸的意思，這當然是第八識眞如的境界。那什麼叫作「持戒波羅蜜多」？持戒是自己面對眾生而持，所以不殺、不盜、不淫、不妄語、不喝酒，乃至十重戒等都是面對眾生；可是當自己不殺眾生的時候，從眞如心的境界來看時，沒有不殺這回事，也沒有持戒對眾生不殺這回事，也沒有我所面對的不殺的眾生，這叫作持戒波羅蜜多；能這樣持戒就是持戒到達無生無死的彼岸；乃至般若波羅蜜多，亦復如是。

修學波羅蜜多、修學般若的時候，實證了以後，沒有修學與實證般若這回事，也沒有波羅蜜多到無生無死彼岸這回事，也沒有一個能到達彼岸的人，這樣就是「**般若波羅蜜多**」；就是修學般若智慧到無生無死的彼岸，而其實沒有這回事！這樣六度修學具足了，才算是修學六度到達無生無死的彼岸；而到達無生無死彼岸時，放眼所見，沒有修學六度這回事，沒有無生無死的彼岸，也沒有所修學的人，沒有面對的眾生。所以看見有人修六度到達無生無死的彼岸，那叫作妄見；既然是妄見，那就要把它滅除。

接著又說：「**妄見聲聞凡夫解脫，**」從二乘菩提來看，都有看見某一個人修學二乘菩提得到解脫，到了無生死的彼岸，也看見凡夫沒有到達生死的彼岸。有人這樣看見，某一些人本是凡夫，後來修學佛法而到達無生無死的彼岸。其實沒有這回事，所見都是妄見；因爲第八識眞如的境界中，沒有凡夫、沒有聖者、沒有誰修學佛菩提或者二乘菩提，也沒有誰到達無生無死的彼岸，這只能是證眞如的人所看見的；所以凡有所見皆是虛妄，這叫作「**妄見聲聞凡夫解脫**」。

接著又說：「**妄見父母妻子男女眷屬如是等一切解脫，**」因爲虛妄看見有凡夫修學聲聞菩提而得解脫，那就表示也會妄見自己的父母、他人的父母，自己的妻子、男女眷屬，他人的妻子、男女眷屬，同樣修學二乘菩提而得解脫。可是從證眞如的佛菩提智慧來看時，這些都是妄見，因爲第八識眞如的境界中無一法可得，當然不會有誰證得解脫。而修學聲聞菩提，或者修學佛菩提而得解脫的父母、親屬一切人等，這一切的解脫其實是本來就在；可是這個本來就在的解脫當中，沒有誰得解脫，所以看見有誰得解脫，那都是妄見！

然後又說：「**妄見貪嗜諸欲無量苦惱而生親愛起於染著，**」這也是妄見！所以看見眾生於五欲中耽嗜（耽著以及貪嗜），對於這無量苦惱，結果卻生起親愛之想、產生了染著之心；然後他就看見說，這樣的親愛、這樣的染著，那是「**結使法**」呀！那就是結，把自己給綁住了！那一定是五利使、五鈍使，正是六根本煩惱；那其實是眾生的「**惱害處**」，應當在這樣的法裡面得解脫。可是證得實相般若而得解脫以後，卻看見其實沒有解脫，所以這時候生起了「**兩種想**」，這兩種想也是妄想；因爲如來藏的境界中，從來沒有這樣的想、從來無所了知。想就是知，事實上從來沒有這樣的了知，都是在現象界中的所見，就說：「**這是結使法，這是惱害處！我應該趕快遠離。**」可是當你心中有一個「**遠離之想**」的時候，已經不是遠離了！已經落在現象界中，那就是繫縛、就是結使。所以當你證得第八識眞如以後，你從眞如的境界來看這一切的「**貪嗜諸欲無量苦惱而生親愛起於染著**」，這些事情並不存在。

然後又看說：這樣「**起於染著**」，「**是結使法、是惱害處**」，這個事情也不存在。然後在這個法裡面看見說，這是結使、這是惱害，這是解脫、這是生死；這也是虛妄法，也是虛妄見。所以「爲除妄想度脫眾生，名阿羅漢」。爲了幫眾生除掉這麼多的妄想，讓眾生同樣像自己一樣可以親證解脫的境界，這樣來度脫眾生，才叫作菩薩阿羅漢。

經文：【「爲除利養貪求妄想及在家出家想，於諸鄙賤及最勝法皆悉平等，而亦不見此凡夫法、彼是佛法；爲斷如是妄想顚倒，說解脫法。若欲嚴淨佛國，教化成就：如是眾生是名涅槃，如是眾生不名涅槃；如是眾生生於諸有，如是眾生不生諸有；如是眾生行於菩提，如是眾生不行菩提；如是眾生毀破禁戒，如是眾生受持禁戒；如是眾生名有智慧，如是眾生名無智慧。若有如是起於二心而生妄想，爲除『如是眾生妄想非福田、非不福田，如是眾生勤行精進、如是眾生不勤精進，是愚癡法、是智人法，是女人法、是男子法，是聖法、是非聖法，起於二想』；爲除如是二心妄想故，菩薩住於不退菩提亦非不退菩提，有授菩提記亦非授菩提記，有近菩提座非近菩提座；有如是二心起虛妄想：『如是菩薩逮得菩提，如是菩薩不得菩提眞實解脫。』以要言之，

著一切法皆是妄想，是故阿難！阿羅漢爲斷一切眾生妄想，使得解脫，故能如是說無相法，是名菩薩摩訶薩阿羅漢。」】

語譯：【世尊接著開示說：「爲了滅除利養貪求的妄想、也爲了滅除在家出家之想，對於各種鄙賤的以及最勝法全部都平等，而不見這個是凡夫法、那個是佛法；爲了斷除眾生像這樣的顚倒妄想，而爲眾生演說解脫之法。如果想要嚴淨未來成佛時的佛國，要對眾生教化成就而說：像這樣的眾生就名爲證涅槃的人，像這樣的眾生不可以稱爲證得涅槃；這樣的眾生出生於諸有之中，像這樣的眾生不再出生於諸有中；像這樣的眾生修行於佛菩提，這樣的眾生不修行於佛菩提；像這樣的眾生毀破了禁戒，這樣的眾生受持於禁戒；像這樣的眾生名爲有智慧，像這樣的眾生名爲無智慧。如果有像這樣子起於二心而產生了虛妄想，爲了滅除『像這樣的眾生妄想非福田、非不福田，像這樣的眾生勤行精進、像這樣的眾生不精勤精進，這個是愚癡法、而這是智慧的人所行之法，這是女人法、這是男子之法，這是聖法、這個不是聖法，起於二想』；爲了斷除像這樣二心妄想的緣故，菩薩住於不退菩提、也不是不退菩提，有授菩提記、也不是授菩提記，有近菩提座、也不是近菩提座；有像這樣的二心起於虛妄想說：『像這樣的菩薩不得菩提的眞實解脫。』揀擇重要的部分來說，是說執著於一切法時全都是妄想，由於這樣的緣故，阿難！菩薩阿羅漢爲了斷除一切眾生的妄想，使他們能證得解脫，所以能如是演說無相之法，這樣就稱爲菩薩摩訶薩的阿羅漢。」】

講義：菩薩阿羅漢示現在人間，不只是爲了度眾生得解脫，因爲那是聲聞阿羅漢所幹的事。菩薩阿羅漢度眾生得解脫時，沒有解脫想；所以不會說這是得解脫、那是不得解脫；所以菩薩阿羅漢度化眾生，是要讓眾生遠離一切妄想。眾生之所以輪迴生死、不得解脫，都是因爲妄想；先有妄想，然後就加以執著，由於妄想、執著所以不得解脫；不得解脫，就會有虛妄見，落入二見之中。所以菩薩阿羅漢要度眾生得解脫，卻又不作解脫想，絕對不落兩邊；自己不落兩邊，也度化眾生不落兩邊，這才叫作菩薩阿羅漢，否則他就不異於二乘阿羅漢了。

那麼「爲除利養貪求妄想及在家出家想」，眾生總是落在名聞利養之中，總是有種種的貪求，而這些都是妄想，可是眾生並不知道，因此眾生也都有出家、在家想。可是當你實證般若之後，從眞如心的自住境界來看時，沒有所謂出家與在家的差別了，因爲所見唯是眞如心如來藏，同樣都是眞如，哪有出家、在家？如果還有出家、在家，那只是名色顯現於外的法相，實質還是如來藏妙眞如心。但是住持於人間的佛法中仍然必須要有出家人、在家人，缺一不可；因爲得要有出家人才方便住持正法，而且住持正法時有威德力，因爲身上這一件僧服很有威德，爲眾生之所信受。

如果三十年前，我以出家身來弘法，今天不只是這個局面！一定是如此啊。你們看，我弘法三十年，現在正覺寺還沒有蓋起來；如果我三十年前以出家身弘法，十年就蓋起來了，因爲既是出家身、又有法，那我一定收得一堆的出家弟子，跟往世一樣，也會有一堆人前來廣大護持。但是因爲我這一世任務不同，我專要破密；要破密的時候，得寫《狂密與眞密》；寫好了、出版了，人家會說：「師父！您出家人怎麼寫這些東西？」（大眾笑…）人家會說：「師父！您穿著這件僧服欸！」會有這個質疑呀！可是質疑的人，沒有想到說：那些禪、淨、密三修的出家法師他們「實修」雙身法就可以，而我這個蕭平實穿著僧衣連「寫」都不可以。要想這一點，但他們會質疑。

可是我這一世這樣作，不會被質疑，省了多少人造口業。但是我度化諸位證得眞如以後，般若波羅蜜多現在前了，你放眼所見，一切都是如來藏，一切都是眞如心，哪來的出家與在家？所以我們正覺寺，大概我預計三年內要把它蓋好，因爲土地變更使用快通過了（編案：後來多所延遲，直到二〇二一年的年末才舉辦動土典禮）。將來蓋好了，有很多現菩薩相、現聲聞相的同修們去正覺寺常住；可是從他們的所見，或者說從一切增上班同修們的所見，沒有出家、在家之別！因爲一切都是第八識眞如、一切都是如來藏；而眞如心的境界中無一法可得，哪來的出家、在家呢？

所以將來正覺寺的出家眾不論他們是現菩薩相、現聲聞相都好，你們去了，供養了他們以後，他們不會跟你說：「功德無量！」因爲所轉依的實際理地中並沒有名聞利養這回事。那你供養了，他就收了，也就了結了，就這樣簡單。你不要期待說：「師父！您是不是要跟我安慰、勉勵幾句話？」（大眾笑…）沒有必要啦！收了就收了，因爲那時寺裡的常住們都沒有收錢這回事，沒有收受供養這回事！你沒有供養我，我也沒有受你供養（大眾笑…），這才是實相境界啊！所以到時候供養就供養了，那你才有布施波羅蜜多。如果布施了以後還在想：「我昨天來供養了師父，師父都沒有跟我講什麼話！」那你就是有布施而沒有波羅蜜多！

這是因爲沒有名聞的事、沒有利養的事，沒有出家的事、也沒有在家的事，這一切都是妄想。有人也許想：「導師！您講錯了吧！爲什麼說這樣也是妄想？」我說眞的啊！因爲第八識如來藏的境界中，沒有名聞的事，也沒有利養的事，更沒有出家、在家的事，三輪體空；就是這樣，不管是有或沒有，全都沒有！（大眾笑…）只有落在現象界中的人才有，這就是佛法。

那麼既然如此，當然反過來說：「於諸鄙賤及最勝法皆悉平等」；所以轉輪聖王來了，住持師父同樣說：「坐！」不會說：「請坐！」、「請上坐！」如果哪天，有個乞丐穿得破破爛爛的來了，聽說正覺寺有常住的菩薩僧，他也要來供養一點點錢，因爲來世不想當乞丐了，所以來到後一見了，也是一樣：

「坐！」常住們不會特別說：「**請坐！請上坐！**」然後茶就遞上來，就這麼簡單。因爲鄙賤的事也好，最勝法也好，在如來藏的境界中都不存在；所以你轉依此見、轉依此現觀，你就說這一切全部平等。

「**而亦不見此凡夫法、彼是佛法；**」所以證悟之後，除非爲了度眾生、爲他們說明，否則你的所見沒有所謂這是佛、這是凡夫，這是菩薩、這是阿羅漢。全都沒有！因爲一切都是第八識如來藏眞如的境界。所以沒有所謂說，這個是凡夫法、這個是佛法。全都沒有！爲了斷這樣的妄想和顚倒，所以爲眾生演說解脫之法；那如同諸位的所知，我也講過很多遍，說解脫有二乘的解脫，也有菩薩的大乘究竟解脫。菩薩的解脫是本來解脫而且當下就解脫，所以菩薩證無餘涅槃，當下就是無餘涅槃，也就是本來自性清淨涅槃；而二乘的解脫是修來的，修得以後，卻仍然是菩薩所證的本來解脫，但二乘聖人不能理解。二乘的涅槃是修來的，修來以後那個涅槃，仍然是菩薩那個本來就涅槃；所以這是爲了度眾生，才要演說這樣的三乘菩提不同的涅槃；而其實他的所見都一樣，沒有所謂三乘涅槃的差別，因爲連涅槃都不存在；

所以是要爲眾生斷除妄想、斷除顚倒想，才要這麼辛苦演說解脫法。

如果菩薩阿羅漢想要嚴淨他未來世成佛時的佛國，他得要教化眾生成就許多的事情。成就哪些事情呢？「如是眾生是名涅槃，如是眾生不名涅槃；如是眾生生於諸有，如是眾生不生諸有；如是眾生行於菩提，如是眾生不行菩提；如是眾生毀破禁戒，如是眾生受持禁戒；如是眾生名有智慧，如是眾生名無智慧。」所以說，「若有如是起於二心而生妄想，爲除『如是眾生妄想非福田、非不福田，如是眾生勤行精進、如是眾生不勤精進，是愚癡法、是智人法，是女人法、是男子法，是聖法、是非聖法，起於二想』；爲除如是二心妄想故，菩薩住於不退菩提亦非不退菩提，有授菩提記亦非授菩提記，有近菩提座非近菩提座；有如是二心起虛妄想：『如是菩薩逮得菩提，如是菩薩不得菩提眞實解脫。』以要言之，著一切法皆是妄想」。

這是說，如果有像這樣子起於二心，說這樣的眾生有智慧，那樣的眾生沒智慧，起於二心、產生了妄想，那麼這位菩薩阿羅漢要滅除他們這樣的二想。滅除哪些二想呢？「如是眾生妄想非福田、非不福田，如是眾生勤行精進、如是眾生不勤精進，是愚癡法、是智人法，是女人法、是男子法，是聖法、是非聖法，起於二想」。這些就是菩薩阿羅漢要教導眾生斷除的。那麼要斷除的這些內涵，我想講到今天，就不用再詳細解釋了；因爲諸位都能懂，那我唸過就可以了。

接著說：「爲了斷除像這樣二心妄想的緣故，菩薩住於不退菩提的時候，也不是不退菩提。」菩薩當然是住於「不退菩提」，才能成爲菩薩阿羅漢，才能爲眾生這樣宣說，才能斷除眾生這樣的二想。可是當他住於這個「不退菩提」的時候，這「不退菩提」的境界中，並沒有所謂的「不退菩提」或者「不是不退菩提」！而菩薩阿羅漢住於這樣的境界中，他有時候爲座下的弟子們授記：「你未來世什麼時候會證阿羅漢果，乃至你未來幾年後，你要進入第七住位常住不退等。」這樣「授菩提記」，表面上看來有爲他「授菩提記」，而其實那也不是「授菩提記」，因爲「授菩提記」時是名色所授；可是從第八識眞如的境界來看的時候，並沒有「授菩提記」這回事，所以這樣的「有授菩提記亦非授菩提記」。

然後看見座下的弟子們「有近菩提座非近菩提座」。什麼叫作「有近菩提座」？從事相上說，「菩提座」就是我坐的這個位子。假使有個人坐在我面前，可是沒有明心；另外一個人坐得很遠很遠的，可是他明心了，那到底是誰「近菩提座」？欸！諸位答對了！已明心的人。在佛世，佛陀說法時，身邊都是大阿羅漢；大阿羅漢們都坐在 佛陀身邊，菩薩們都坐得遠遠的；除非 佛講那一部經跟他有關，他預先知道才會坐到前面來，因爲要跟 如來對話；否則菩薩們都坐遠遠的。爲甚麼？因爲菩薩們跟 佛陀心心相印，全都是以心印心哪！所以不用坐在身邊，就是這個道理。

你們看 維摩詰菩薩他們都是坐得遠遠的，如果 佛說一部經時，他不是那部經中的因緣人物，例如 觀世音菩薩、文殊師利菩薩都會坐得遠遠的，就讓舍利弗、須菩提他們在 佛身邊來對話；所以「近菩提座」與「非近菩提座」其實是虛妄見。眞正「近菩提座」的人，心中沒有「近菩提座」之想，也沒有「非近菩提座」之想；因爲「有近菩提座」是一邊，「非近菩提座」是另外一邊，成爲二想。那如果有像這樣的二心產生了虛妄想，他是怎麼想的呢？他想：像這樣的菩薩已經實證菩提了，像這樣的菩薩沒有辦法得到菩提，也沒有辦法得到眞實解脫，這就是二想。這樣的二想就是虛妄想。

所以收攝起來，總結來說：「以要言之，著一切法皆是妄想，」只要有誰執著於任何一種想，不論一切想中的哪一種想，都叫作妄想，所以不能執著有任何一想。世尊說：「由於這樣的緣故，阿難啊！阿羅漢爲了斷除一切眾生妄想，使得眾生能證解脫，所以能像這樣子爲眾生演說無相法。」佛說：「這樣才叫作菩薩摩訶薩阿羅漢。」

所以這時候我想起印順法師書中，有一句話寫得很好：「佛弟子們的首要之務就是見道。」爲什麼說見道很重要？因爲見道之後，才能眞的有眼力透過經紙的紙背。書法不是說「他的書法寫得眞好，力透紙背」嗎？佛弟子讀經時也應該這樣，當你讀經的時候不是只在文字表面，而是看到了文字背後的意思了！可是要能看到文字背後的意思，你至少得要進入大乘眞見道位；並且在這個大乘眞見道位中，你還得要願意接受眞善知識的攝受；可別像以前那一些別有居心的人，爲名聞、爲利養、爲權力，然後不接受善知識的攝受，於是把退轉當作更進一步。

所以我說，大乘眞見道很重要。每一個人來到正覺，都應該發願：「我這一世一定要進入眞見道位，並且我一定願意接受佛菩薩或者善知識的攝受，住到第七住位、常住不退！」這才重要。「常住不退」對諸位很重要，對我也一樣重要；要不然我度了誰進入第七住位，他又給退轉走，我不是白度了嗎？所以兩全其美，大家都得要發這個願。

《不退轉法輪經》今天要從四十四頁的偈開始講，這一段偈蠻長的：

經文：【爾時世尊而說偈言：「

除一切行，離生死行；出於世間，名阿羅漢；
滅煩惱結，度脫一切、諸苦眾生，名阿羅漢。
不得眾生、及諸結使，於法無利，名阿羅漢；
滅除妄想、住無妄想，以諸法空，名阿羅漢。
知空最勝，而得無相；盡一切相，名阿羅漢；

滅諸眾生、一切惡想；棄一切想，名阿羅漢。
除諸邊際，得無想法；而自證知，名阿羅漢；
爲得菩提，難可思議；發勝精進，名阿羅漢。
若說於法，無毀無濁；安立菩提，名阿羅漢；
爲淨福田，令眾得樂；不得眾生，名阿羅漢。
若說諸法，一切無取；無法非法，名阿羅漢；
覺道根力，爲眾顯現；得第一果，名阿羅漢。
善知眾生，淨於菩提；爲說是相，名阿羅漢；
世間所說，一切諸行；於行無著，名阿羅漢。
勇猛世尊，難思福田；隨佛住處，爲人演說；
若欲見佛，無見不見；如佛所見，名阿羅漢。
是應福田，聖賢福田，無上精進，名阿羅漢；
遠離染欲，於瞋不瞋，亦說菩提，名阿羅漢。
知一切法、寂滅無相，是故菩提，名阿羅漢；

不動一切、諸眾生界，令無數億，安住菩提；
眾生菩提、悉住無相，知彼平等，名阿羅漢。
得無等等，同一切法；而知無相、平等菩提；
能如是解，說名羅漢。
知如實法、清淨無濁，為眾說法、而無所說；
度無量眾，亦無動搖，不得眾生，斷常諸邊；
而眾皆見，度脫苦惱。
究竟諸法，無生無滅，而以方便，度脫眾生；
不壞於色，受想行識、亦復如是，即名解脫。
於諸凡夫、而無動相，建立佛法，安住解脫；
能令眾生、而念果報，佛解脫相，為人說法。
妄取菩提，修行布施、持戒忍辱；為除妄想、
懈怠懶惰、取相精進；除解脫相，羅漢所說。
生禪定想，愚無智慧；為令解脫，說羅漢法；

此無相法，能除虛妄；如是說法，名阿羅漢。
眾生虛妄，取聲聞想；無解脫相，羅漢說法；
父母妻子，愚癡取著；則非菩提，染著生死；
兄弟姊妹，妄生親愛；寂滅解脫，名阿羅漢。
造諸業行，貪著親愛；見即生戀：本是我親；
更相染著，互共親愛；不識離別，令魔自在，
不離世間，爲最極惡；如是過患，羅漢所說。
於諸結使，皆悉覺悟；二俱虛妄，羅漢所說；
爲利多人，行無戲論，如是解脫，羅漢所說。
在家出家，多生妄想，凡愚取著，羅漢解脫；
見家繫縛，廣顯正法；凡愚妄想，羅漢解脫。
棄捨凡夫，無利佛法；捨利無利，名阿羅漢；
見有高下，若干等種；眾生取相，羅漢解脫。
成就取想，多所修習；如是著想，善能解脫；

得佛福田，究竟眞實；妄取是田，羅漢解脫。
無滅非滅，亦物非物；雖修菩提，不得菩提；
持戒毀戒，有智無智；眾生愚癡，起於二想；
人多取著，有若干種；解脫此想，羅漢所說。
作福田想、非福田想，無智凡愚、作種種想；
於諸女人、及與男子，聖非聖法，作二種心；
如是眾生，凡愚無智，取著二想，羅漢解脫。
退不退法，有記無記；近坐菩提，不取菩提；
得菩提已，畢竟寂滅，永離生死，取涅槃想；
斷眾生縛，滅一切相，是故羅漢，名爲解脫。
菩薩法爾，現爲羅漢；不起法忍，即羅漢智；
如是羅漢，菩薩不識；心常住於，最上菩提。」
爾時世尊告阿難言：「汝今當知，是名如來等正覺爲諸菩薩摩訶薩方便說阿羅漢。」〕

語譯：這一首偈很長，主要的意旨就是把前面的長行，以偈頌的方式再重宣一遍。【這時候世尊接著說偈：「

斷除了一切的行，遠離生死之行；出離於三界世間，名爲阿羅漢；

滅除煩惱結使，度脫一切、各種苦難的眾生，名爲阿羅漢。

心中不存在著眾生、以及各種的繫縛結使，於解脫法上繼續進修也已經沒有利益了，名爲阿羅漢；

滅除各種虛妄想、住於沒有虛妄想之中，以諸法皆空而住，名爲阿羅漢。

知道空是最殊勝，而證得無相的境界；心中滅盡一切相，名爲阿羅漢；

滅除各種眾生想、以及一切惡事惡法想；又捨棄一切想，名爲阿羅漢。

斷除各種邊際之法，證得無想之法；而自己能清楚地實證了知，名爲阿羅漢；

爲了證得佛菩提，難可思議的智慧；發起殊勝的精進，名爲阿羅漢。

如果爲大眾演說正法，沒有毀謗沒有渾濁；如是安立菩提，名爲阿羅漢；

爲了清淨福田，令大眾實證而得安樂；心中沒有眾生存在，名爲阿羅漢。

如果演説諸法時，於一切法都無所取；沒有法也沒有非法，名爲阿羅漢；
七覺支、八正道、五根、五力，爲大眾顯現；證得第一果，名爲阿羅漢。
善於了知眾生，清淨於三乘菩提；爲大眾演説這樣的行相，名爲阿羅漢；
世間法中所説，有一切種種諸行；於如是各種行都無執著，名爲阿羅漢。
勇猛的世尊，是難可思議的福田；隨於諸佛自住之境界，爲大眾演説；
如果想要見佛，沒有所謂的見或者不見；猶如佛陀的所見，名爲阿羅漢。
這是世間所應供養的福田，也是聖賢福田，如是無上精進，名爲阿羅漢；
遠離染污和貪欲，於應瞋之處而不起瞋，也爲大眾演説菩提，名阿羅漢。
了知三界所見一切法、都是寂滅而無相，所以這樣證菩提，名爲阿羅漢；
不動著一切、各種眾生的法界，使令無數億眾生，能安住於佛菩提中；
眾生和菩提、全都住於無相中，了知眾生與菩提其實平等，名爲阿羅漢。
獲得不可相提並論的無上正等之法，而這個正等之法居然同於一切法；
然而卻又了知無相、平等的菩提；
能如是勝解而現觀，説這樣的人名爲阿羅漢。

了知如實之法、清淨而沒有汙濁，爲大眾演說佛法、而其實並無所說；
度化無量的眾生，也沒有動搖自己的心性，
心中不得眾生，也沒有斷滅與常住的諸邊；
然而大眾皆能看見，而度脫了苦惱。
究竟的一切諸法，無生亦無滅，而以方便施設，來度脫眾生；
不毀壞色蘊，及受想行識、也像這樣不毀壞諸法，在這個當下名爲解脫。
對於諸凡夫、而心中都沒有動相，如是建立了佛法，安住於解脫中；
能使令眾生、而感念可愛的果報，以佛陀的解脫之行相，爲人演說佛法。
虛妄地執取菩提，而修行布施，及持戒、忍辱；
爲了滅除妄想、懈怠懶惰、而取相精進；
滅除這樣的解脫之相，就是羅漢之所說。
生起禪定之想，愚癡而沒有智慧；爲令眾生證得解脫，所以演說羅漢法；
而這個無相之法，能滅除虛妄想；像這樣子說法，名爲阿羅漢。
眾生身心虛妄，卻執取聲聞之想；實際上沒有解脫相，才是羅漢所說法；

對父母、妻、子，愚癡地執取愛著；就不是菩提，已經染著於生死；
對兄弟姊妹，虛妄地生起親愛；於此證得寂滅與解脫，才能稱爲阿羅漢。
造作各種業行，互相貪著親愛；見了就生起貪戀：他本來就是我的親人；
於是雙方互相地貪染執著，互相共同親愛；
竟然不能了知愛別離苦，使天魔得以自在，不離於世間繼續貪著眷屬，
這就是最極大的惡事；像這樣的過患，是阿羅漢之所說。
對於各種結使，全部都能覺悟；兩種全部都虛妄，這就是阿羅漢的所說；
爲利益眾多的人們，都能行於無戲論中，像這樣解脫，是阿羅漢之所說。
對於在家與出家，大多生起虛妄分別而有不正確的認知，
這是凡夫和愚癡人之所取著，阿羅漢解脫於這樣的妄想；
看見家的繫縛，廣爲眾生顯示正法；
凡夫、愚癡人有虛妄想，羅漢解脫於這些虛妄想。
棄捨了凡夫境界，無所利於佛法；捨棄各種利益和無利，名爲阿羅漢；
看見諸事有分高下，有各種不同的種種差別；

眾生就在這些差別相中取著，而阿羅漢解脫於這些相。成就有取之想，並且多所熏修串習；像這樣子著於各種想，而善能解脫於各種想的取著；得到了佛法的福田，這才是究竟的眞實；然而俗人虛妄地執取這樣的福田，阿羅漢則是解脫於這樣的妄取。沒有滅也沒有非滅，既是色法也不是色法；雖然修證菩提，其實也不得菩提；

持戒或者毀戒，有智或是無智；眾生由於愚癡，心中生起了這兩種想；人們大多數都有取著，認爲有各種不同的認知或者妄想；解脫於這樣的取著與妄想，則是阿羅漢的所說。

心中作福田想、以及非福田想，沒有智慧的凡夫愚癡人、廣作種種的想；對許多的女人，以及對於諸男子，或者對於聖法非聖法，作出兩種心想；像這樣的眾生，凡愚沒有智慧，取著於兩種想，羅漢解脫於這兩種想。有退或不退之法，有記或無記之法；

近如來座而證得菩提，或是不近如來座、不攝取菩提；於證得菩提之後，是畢竟寂滅的境界，永遠離開生死，而執取涅槃之想；斷除眾生的繫縛，滅除一切行相，由於這個緣故，阿羅漢就名爲解脫者。菩薩本來就應該像這樣子，顯現爲解脫的阿羅漢；然而心中不生起諸法之忍，這就是菩薩阿羅漢的智慧；像這樣的通教阿羅漢，菩薩不譏笑他；心永遠都住於，至高無上的菩提。」這時候世尊告訴阿難說：「你如今應當了知，這樣就稱爲如來等正覺爲諸菩薩摩訶薩方便演說阿羅漢。」】

講義：看來菩薩阿羅漢的境界不好證，但是大家也不用喪氣，更不用想：「那我們什麼時候能像蕭老師這樣？」應當要了知：其實無數劫前，我也跟諸位這樣想過，只是說我是在無數劫前這樣想，而那時就開始走上這一條成佛之道了，而諸位是現在學習這樣的無上法，現在才開始走上這條大道。所以大家要走過的路都一樣，只是早走、晚走有差別。好，回到經文來。

「除一切行，離生死行；出於世間，名阿羅漢；」這不容易欸！從世間相來看，假使沒有證得般若、又沒有修到無學位，想滅除一切行，絕無可能。既然有五蘊在人間，就必然有諸行；不管是哪一個阿羅漢，誰沒有行？然而那些所謂的行，是凡夫之所見；換句話說，有行或者無行是依於心所住的境界，來看他有行或無行；而不是從表相上來看他有身行、口行、意行，或者無身、口、意行，來說他有行或者無行。

這也就是說，心中對於三界中法有所取著、不能遠離時，那麼他所作的一切行，即使是努力修學佛法之行，也叫作行。但如果到了無學位，不牽掛於三界一切法，凡有所作都是爲眾生、都是爲正法的永續流傳，無我無私去爲眾生的道業而努力，這樣叫作無一切行，就是「除一切行」。換句話說，「除一切行」就是「離生死行」，他的一切所行都不爲自己，都是爲眾生，所以心中並無一切行，而實際上卻作了很多的行去利樂有情、去住持正法；但是這只是從表相來看、從世間道理來說。

如果要從實相法界來講，菩薩阿羅漢行於一切行時，他的「實際」沒有行，「實際」就是如來藏眞如心的境界。一切行莫非是妄心，如世間人一樣有所貪著，所以才有行。可是菩薩阿羅漢的所見，是一切的所行都歸結到如來藏中，所以這五蘊在利樂眾生的一切行時，既然都歸屬於第八識如來藏了，就屬於如來藏的所行；而如來藏的境界中沒有自知自覺有任何的行，所以就成為「除一切行」。而他的境界已經到達「無學」的境界了，所以「離生死行」，這樣就是超出於世間了，這樣的人就稱為通教阿羅漢。

「滅煩惱結，度脫一切、諸苦眾生，名阿羅漢。」這裡作了個定義，自稱為通教阿羅漢時，至少要有這兩個重點：第一、自己已經滅除煩惱結，即是斷三縛結、五下分結、五上分結，這些結使全都繫縛不了他。這個叫作「滅煩惱結」，就是阿羅漢自己的證量、自己的解脫功德。可是阿羅漢，特別是菩薩阿羅漢而不是聲聞阿羅漢，他一定會度眾生；能度多少眾生，他就努力去度，這叫作「度脫一切、諸苦眾生」；因為他看見一切眾生生死流轉中，有八種苦以及三苦；他不能接受眾生繼續受苦，所以他出於世間「度脫一切、諸苦眾生」。

我們面對天下所有善知識們，都應該用這兩點來檢查他們，不管他們的名氣多大。譬如說，蕭平實現在於佛教界很有名氣，不像三十年前；但是蕭平實有沒有那個證量呢？你得要用這兩點來檢查他，乃至對天下一切阿師都一樣。首先要看他有沒有滅除「煩惱結」？但滅除「煩惱結」不是口說爲憑，也要看他爲大眾說法是怎麼說的？再看這「煩惱結」的內涵以及他的身、口、意行，是不是符合「滅煩惱結」的定義？這是第一個。就是先要自己有證量，才能度脫別人同獲證量，所以他本身所說的法、所寫的書，以及他的身、口、意行有沒有符合「滅煩惱結」這一點，這是第一個檢查標準。

第二、他有沒有「度脫一切、諸苦眾生」？換句話說，追隨他修學的弟子們有沒有實證？能不能實證？這是第二個檢查的重點。如果你自認爲是菩薩，自認具足了菩薩性，那你要選擇善知識受學時，得要先觀察：這位善知識有沒有度人得解脫？如果他開山度眾二十年，沒有度到一個人斷三縛結或是開悟，那你就要再掂量、掂量，自己再思索看看：「我要不要隨學於他？」因爲他二十年沒度得一個弟子實證三乘菩提，那你再跟他學二十年大約也是一樣不得菩提，這表示他不是眞阿羅漢。

沒有人是自己證得阿羅漢，而弟子都無法證得；只有一個例外，就是這些弟子們的根性都不堪度，然而這個機會很少，所以「滅煩惱結」以及「度脫一切、諸苦眾生」兩個條件，可以衡量他是不是菩薩阿羅漢？那麼聲聞阿羅漢就不一樣，聲聞阿羅漢只是在世之時，隨順因緣度化眾生，捨壽時間到了就入涅槃去，他不一定要度弟子證阿羅漢。所以檢驗菩薩阿羅漢要用這樣的標準。

接著說：「**不得眾生、及諸結使，於法無利，名阿羅漢；**」他度化眾生從表相來看時，有他在度化，也有他所度的眾生得度，並且也有度眾生這件事，可是他心中「**不得眾生**」；明明他在度眾生，為什麼說他心中「**不得眾生**」呢？因為他放眼所見都是第八識如來藏，哪來的眾生？所以「**不得眾生**」。那他心中不會有取著，是因為他已經遠離一切結使。「結」講三縛結、五下分結、五上分結；「使」就是講惡見，惡見分成五個部分，叫作五利使，也就是身見、邊見、邪見、見取見、戒禁取見等「五利使」，它們容易斷，所以名為「利」。

菩薩阿羅漢不但「不得眾生」，而且不得諸結使；因爲他已經是修成無學位的賢聖了，並且「於法無利」。從通教菩薩的果位來講，他已經修學到最究竟果阿羅漢位了，所以依般若而證得解脫的一切法對他來講，於解脫道來看，他再多學也對自己的解脫無所利益了，這叫作「於法無利」；因爲他已經到無學位了，解脫生死之道無可再學了；除非他轉而成爲別教菩薩，那就有五十二個階位的法，他還得繼續去完成，這樣再學就對他有利益。那他如果是通教菩薩，阿羅漢位就已經是究竟果，所以他再用般若來修學任何的解脫法，對自己的解脫都無所利益了。

以前曾經有善知識演講、出書說：「菩薩修學到八地時，一切都是無功用行。」說他修行到八地了，一切行全都是「無功用行」，所以他不用再跟諸佛隨學了，他的意思就是這樣。如果眞是這樣，那他憑什麼能成就佛位？所以「無功用行」要看是指什麼法；如果到了八地，對於滅除三界愛的習氣種子隨眠的各種法，再怎麼努力修行都叫作「無功用行」，對他而言都沒有解脫的功用或利益了；因爲他已經滅盡了所有繫縛，滅盡了還要再學嗎？好像你大學畢業了，那麼大學、中學、小學、幼稚園所有的課程，對你而言都是「無功用行」，你學了以後對自己全都沒有功用；可是相對於更上的層次來講，研究所、博士班、或是博士後的進修，那對你還是有功用的；所以「無功用行」要看針對什麼對象與內容來講。

如果要說初地菩薩，初地菩薩對於安立諦十六品心、九品心，對於非安立諦三品心，不論再怎麼修學斷盡解脫道所攝的煩惱現行的繫縛，也都是無功用行，因為他已經都實證圓滿，所以不需要重新再學一次了。就譬如說，一個開悟明心的人，轉依成功之後，還要再學怎麼開悟的法嗎？學了，不會多一個開悟，因為開悟只有一個，再怎麼悟還是這一個，不會有兩種，所以他再去學習開悟的法就叫作「無功用行」。那阿羅漢也是一樣，當他成為菩薩阿羅漢時就表示：他依般若的實證進修到阿羅漢位了，所以凡是依般若而進修解脫道的一切法，這一切法對他而言都無所利益，因此說「於法無利」，說這樣才叫作阿羅漢。但若是談到習氣種子的滅除，那可是有功用行了。

「滅除妄想、住無妄想，以諸法空，名阿羅漢。」這個妄想，可別像以前那些瞎眼阿師解釋的說：「你要打坐，坐到沒有語言、文字妄想。」不是講這個妄想。這個「妄想」是個簡稱，眞正的名稱叫作「虛妄分別想」；在經中、論中說的妄想都是指「虛妄分別想」，不是指腦海裡面有語言、文字叫作「妄想」。

問諸位：「滅除妄想」容易不容易呢？我看好多人都如如不動，沒有表示，是不是認爲很容易？其實對會外的學人來講，眞的不容易啊！滅虛妄想，一定得要證得如來藏及現觀眞如才行，因爲二乘聖人都還有許多的虛妄分別想。可是你如果從如來藏的境界來看一切法時，你就現見一切法都是如來藏法，這才是實相智慧；所以你悟後再也不需要有虛妄分別想了，這樣叫作「滅除妄想」；於是心中永遠都住於沒有虛妄分別想的智慧之中，這時候是認爲諸法全部是第八識空性，所以說「以諸法空，名阿羅漢」。

所以當菩薩須陀洹，乃至當菩薩阿羅漢都不容易，因爲一定要滅除虛妄分別想，全都要能諦觀一切諸法，不論能取或所取，全部都是第八識空性心，不外於空性心；既然全都攝歸於第八識空性心，所以說「諸法空」，現觀「諸法空」而沒有執著時就是通教阿羅漢。

「**知空最勝，而得無相；盡一切相，名阿羅漢；**」這時候如實證知第八識「空性」是最殊勝的。這個空性行於諸法之中時，祂的一切行相都叫作空相；而這空相、空性都歸結到空，「空」就是指如來藏妙眞如心。這個「空」最殊勝，因爲所有世出世間一切諸法莫不從之而生，所以「空」最殊勝。可是證得空以後，心中沒有一切相，所以證得空性的人就住於無相的境界中。住於無相的人會用下巴看人嗎？所以接引一切眾生時，總是和顏悅色，因爲一切無相；既然無相，那麼眾生就沒有貪相、瞋相、愚癡相，可是眾生仍然有貪、瞋、癡相，那你就得要跟他們不同；所以他們得要隨學於你，跟隨你來修學，而你心中卻沒有眾生相，所以滅「盡一切相，名阿羅漢」。因爲凡有所見，莫非是空性心如來藏；凡有所見，全都是第八識自性佛，因此無「一切相」。

「**滅諸眾生、一切惡想；棄一切想，名阿羅漢。**」眾生之所以名爲眾生，就是因爲他們會不斷地出生，而且在不斷地出生的過程中，他們會成爲不同種類的有情，種類很多，所以叫作眾生；如果永遠都生為天，都不會轉變，廣義上來說就不叫眾生了。可是每一個人都會不斷地轉變，時而上生、時而下墮，看清楚了這一點，面對天底下最卑賤的人，也不起卑賤想，就離開了高下之想，心中一定不起二想；因為想想自己過往有無數無盡的阿僧祇劫，數之不盡，一世又一世不能計算，所以在這一世之前的無量世當中，當過天王、當過轉輪聖王、當過人間的國王；可是也當過一般人、也曾經下墮三惡道；認清了這一點，如實信受了，當你走在街上，看見那些打扮得花枝招展的應召女郎，你就不再看輕她們。遇見了街邊蹲在地上、坐在地上，請求你布施給他一點錢的乞丐，你也不再起輕賤想；一則因為你證得第八識如來藏了，而他們也都是如來藏，無高下差別；乃至地面爬的螞蟻、蜈蚣都一樣，看見蟑螂時說：「啊！是蟑螂菩薩。」所以這時候你看見乞丐的時候，不作卑賤想、不起歧視之心，遠離「一切惡想」。

所以面對眾生的時候，不管哪一類眾生，菩薩都只看見如來藏；而他們今天之所以卑賤，是因為往昔所造的惡業，現在還沒有受報完畢，還要繼續經歷那些惡報的過程；將來他們經歷完了回到人間，又跟我們一樣了，所以你心中就「滅諸眾生、一切惡想」。不但滅「一切惡想」，而且是「棄一切想」，成爲心中無想，因爲凡所有想皆是虛妄，現見只有第八識如來藏眞實，所以「一切想」悉皆捨棄，這樣才能稱爲菩薩阿羅漢。如果看見居士們來了，就說：「坐！茶！」看見大護法來了，改說：「請上座！泡好茶！」這樣就是有一切想了！所以身爲菩薩阿羅漢是棄滅「一切想」的。

「棄一切想」之後，「除諸邊際，得無想法；而自證知，名阿羅漢；」諸位想想看哪，世間不論什麼法都有邊際，你所能想到的任何法都有邊際。生物學界都說：蜈蚣生活的邊際是多大、老鼠生活的邊際是多大，禪師們也懂這個，所以說：「一畝之地，三蛇九鼠。」有沒有聽過？有啊！人家來問如何是佛法大意，禪師就這麼答。這是取材於世間法作答。但這句話在世間法中表示什麼？眾生在人間生活都有邊際。那現在因爲有飛機等交通工具，大家的生活圈都擴大了，現在擴及到整個全球了。同樣的道理，你身上這百法、或者六百六十法，把第八識放在一邊不談，其餘的所有法都有邊際；有邊際就有界限，所以六根、六塵、六識就稱爲十八界。「界」就是侷限，界又名「**功能差別**」，那功能既然有差別，表示運行時都有界限；所以你眼識不能聽聲，耳識不能嗅香，這就是界限，也就是功能差別，這個界限就是諸法的邊際。

每一個法都不能超越各自的邊際，也正因爲不能超越那些邊際，所以才會有這一句很有名的話：「**法住法位，法爾如是**。」你不可改變它，直到最後你成佛了。爲什麼成佛之後就沒有邊際？因爲你成佛之後，如來藏改名無垢識，這第八識心中的一切功能差別你全部具足實證；當你能具足實證的時候，表示你已經打破了五陰區宇，五陰境界已經滅盡，那就是如來藏自身的妙眞如性直接起用的境界，稱爲無垢識。所以 如來在《楞嚴經》講，那大梵天王供養了劫波羅巾，如來伸手拿過來先打成一個結，再打成第二個結，次第總共打成六個結，於是 世尊就開示說：「**這六個結，只能一結一結、次第而解，不可能一次把六個結解開。**」所以你成佛過程中次第解開諸法法界時，到佛地就全部解開了，這時候就回歸如來藏的本淨境界，一切法便可全都互通而起用。

禪三時，我也常常跟你們指導，說這七轉識本來都是如來藏的功能差別，爲了在人間生活，就得要把祂分割出來成爲七個識，各自運作；各自運作的時候便各自都有界限，但同時都跟如來藏連結，由第八識來支援七轉識所有的功能。既然這七個識的功能本來就是如來藏支援而有的功能，可是你沒有修到佛位時，那就是七個功能各自運作，六根沒有辦法互通；可是當你六個結全部解開時，那就是一個圓滿的如來藏，都沒有結了！既然沒有結的限制了，那六個限制都不存在了，就是整個一條劫波羅巾，就改變如來藏爲無垢識；這時候眼能聞聲、能嗅香，乃至其他諸法；六根互通與六識互通時就叫作「六根互通」，沒有隔閡；只有到這個時候才是眞正的沒有邊際。

但是菩薩阿羅漢「除諸邊際」，是從理上來講；證眞如之後再從如來藏的境界來看時，諸法都沒有邊際了，因爲諸法全部都在如來藏中起起滅滅，不曾外於空性心如來藏，而如來藏空無形色，那又怎麼能有邊際？這樣就叫作「除諸邊際」；但不是無垢識那個「除諸邊際」。這是因爲從理上「除諸邊際」了，所以「得無想法」。「無想」也就是說凡有所知，那些知都要攝歸如來藏，而空性如來藏的境界中無知無覺；依於如來藏來看一切法時，一切法都不存在了，所以「一切想」滅盡；菩薩阿羅漢就是這樣的實證、這樣的了知，所以名爲阿羅漢。

「爲得菩提，難可思議；發勝精進，名阿羅漢。」爲了證得這樣的佛菩提，因爲這個佛菩提是世人及二乘聖人難可思議的，用意識思惟議論皆不能及，他們全都到不了！那麼爲證得這樣的菩提，發起殊勝的精進，才能稱爲阿羅漢。所以說，成爲菩薩阿羅漢眞的不容易，因爲要依於般若現觀，來解脫於三界的結使、解脫於三界的煩惱，這相當困難！除非你證悟後，有機會聽聞 世尊爲你演說《大品般若》。當《大般若經》六百卷你聽完了，每一次聽聞的時候都能依所證眞如而隨聞入觀；如是一一現觀般若而斷煩惱，具足非安立諦三品心了，才能成爲菩薩阿羅漢，否則要獨自進修成爲菩薩阿羅漢眞的很難；因爲通教阿羅漢比二乘阿羅漢更難證百千萬倍，這不是容易的事！

所以想要成為菩薩阿羅漢，得要發起殊勝的精進，而不是一般的精進。我不曉得諸位對這個說法有沒有異議，因為我的所知、我的所見就是這樣，確實不容易！看我度眾三十年，差不多三十年了（從民國七十九年、等於一九九〇年，到現在二〇一九，前後三十年，還沒有滿三十年，還差幾個月），才有幾個證三果的人，到現而今，連一個阿羅漢也沒有，你說容易嗎？我們正覺是實證的單位、實證的團體，可是三十年不得一個阿羅漢！那我現在還在等，我相信，在我離世、轉入下一世之前應該會有，我抱著這個希望。

如果我們正覺能出幾個阿羅漢，那麼大家對正覺就會更有信心。我還想到一點，未來世假使有人寫佛教史的時候，會記上一筆：「**正覺同修會當年出了幾個阿羅漢**。」那後代眾生對正覺所傳這個法，也會更有信心。我就等候著！所以諸位儘管「**發勝精進**」之心，因為我不像一般的大法師那樣；一般的大法師如果覺得哪一個弟子快要證阿羅漢、快要跟他一樣了，他心中就驚慌起來，那表示他根本不是阿羅漢！因為菩薩阿羅漢「**棄一切想**」，而他還有這個想！大家要有這樣的正知正見。

所以眞阿羅漢都會希望他的弟子們全都是阿羅漢，當他的弟子們都是阿羅漢的時候，這些阿羅漢的弟子們絕對不會背叛他；因爲都是阿羅漢了，還有什麼背叛、不背叛的事？阿羅漢滅「一切想」、除「一切行」，所以眞阿羅漢的所見、所思、所行，不同於一般人！因此我還是勸勉諸位「發勝精進」。其實最難斷的那「五上分結」並不是最難斷，反而是「三縛結」最難斷，諸位都沒想到這一點。「三縛結」斷了以後，下一個關卡是「五下分結」；可是「五下分結」的斷除先要發起初禪，就是「梵行已立」。可是發起初禪之前，面對人間的五欲，心有所屬：我愛的就是珠寶，我出門沒戴個耳環就是怪怪的；出門要是沒有提個名牌包，那算什麼呢？到外面進餐的時候得要是大餐館、還要名廚做的菜才行；這一些五欲都放不下，梵行就不能建立了！

所以每一個阿羅漢的證量就是那四句：「我生已盡」，是初果的境界；然後「梵行已立」，就是要離開欲界法，能離開欲界法以後才能稱爲聖人。在《阿含經》裡面，說初果、二果不叫聖人，是預先把他列作聖人，因爲跟凡夫不一樣了；然後卻說眞正的聖人是要斷五下分結，遠離欲界的五欲之愛，不同於一般人，所以先要「梵行已立」。「梵行已立」以後可以斷五下分結了，也可以把要斷五上分結所應修的法都修好，叫作「所作已辦」。全部成辦之後，來世可以「不受後有」，已經沒有來世了，這才叫作阿羅漢。但是要到這個境界，得「發勝精進」哪！普通的精進還作不到，因為老是牽掛著：「我要是出家成阿羅漢了，那我兒子怎麼辦？」還想兒子哩！要不然就想：「我那金孫實在捨不下。」就這樣想，想著想著他就不能成為阿羅漢！所以眞的要「發勝精進」。那我就期待，我轉入下一世之前能不能有一個、兩個、三個阿羅漢，把十個指頭也數滿。（大眾笑…）這是我的想法，那就看諸位了！

接著說：「若說於法，無毀無濁；安立菩提，名阿羅漢；」這菩薩阿羅漢為大眾說法時，沒有毀壞任何一法；他都不毀壞任何一法，但所說的法絕不渾濁，一定條理分明、清晰可證。也就是說，他教你要斷「三縛結」，但是不滅一切眾生的「三縛結」；眾生繼續有「三縛結」無妨，等到他們想要實證初果時再來斷，不遲！斷「三縛結」之後，看見眾生有三縛結時，他並不嫌棄；因為從眾生的如來藏來看時，就沒有「三縛結」這回事，所以有「三縛結」、無「三縛結」都不用牽掛！但是如果隨著他修學的弟子眾即將要開悟、要實證了，這時候必須讓他們先斷「三縛結」。

然而斷三縛結之後，也不牽掛著說：「**我有幾個弟子斷三縛結了！**」如果「斷三縛結」要計算的話，我該怎麼算？很難算呢！因爲只要參加過禪三，聽上我殺兩次、三次的身見，一定能斷！但是否需要因此就毀謗說：「**天下人都沒有斷三縛結。**」不需要！因爲這是平常事。所以假使有別的大法師，也在教導人家斷三縛結，可是他有些地方講錯了，也不需要有根毀謗他；但是可以指正他，讓眾生如實可斷三縛結。

斷三縛結之後，「**我生已盡**」，極盡七次人天往返，各盡有邊；或者說他們自己已經證得阿羅漢果，無一切法的執著了，那他是否就要否定說：「**我身上這五蘊十八界一無用處。**」也不需要全盤否定！因爲是通教菩薩阿羅漢；如果是二乘菩提的修行，修到阿羅漢位，他這樣說還有道理，因爲他厭惡五蘊十八界，他的境界是灰色的，等著滅盡一切而入無餘涅槃。可是菩薩阿羅漢放眼所見都是彩色的，每一個有情的人生都很精采，但都屬於空性如來藏，所以又無一切法可取；可是爲了度眾生，得要繼續去到來世，得到另一個五蘊，才能夠再來人間度化眾生。所以對來世的五蘊，乘願受生以後再來時，也不用再毀謗了，因爲這是必然。

你如果沒有人間這個五蘊了，還能度人類嗎？不可能！所以這五蘊十八界也不用毀謗。既然五蘊十八界不用毀謗，當然一切的心所法等也就不用毀謗了。那麼這時候，他所見的諸法就像剛才講的那八個字：「**法住法位，法爾如是。**」於是開始爲眾生演說佛菩提道的般若，講經說法條理井然，絕不混濫！所以讀的人可以很清晰知道說：「**原來佛法是這樣子。**」這就是「**安立菩提**」；能「**安立菩提**」才能說他叫作菩薩阿羅漢。

「**爲淨福田，令眾得樂；不得眾生，名阿羅漢。**」菩薩阿羅漢本身就是人天應供，他就是眾生的大福田。可是身爲菩薩阿羅漢，還得爲他的弟子眾開闢更多的福田，讓弟子眾有各種選擇。這個福田他不適合種，可以種另一個福田；另一個福田不適合種，可以種第三種福田；必須要開闢出許多種的福田，而這一些福田都是清淨的，這樣大眾才能得安樂。因爲佛法的實證不是單修，而是要六度並行；那麼六度並行目的是爲了增長福德；佛法的每一個階段的實證，都有必須能互相配合的福德作支持，否則所證的佛法並不是實證。

好比穀子，這穀子如果只有空殼，在稻田裡面它都是直立昂揚的；可是那每一顆穀子如果貞實飽滿，都會垂下來。所以他看眾生，總是低下頭來這樣看：「哈！好、好！」不會高抬下巴這樣看：「不好！不好！」（大眾笑…）他總是垂下頭來。這就是說，佛法的實證必須要有福德來相應。那福德有很多種：定力也是福德，滅除性障也是福德，布施眾生也是福德，護持正法也是福德，奉侍師長也是福德，福德有很多種啊！所以要有這一些福德來作支持，這樣的實證才是眞正的實證；否則那個所謂的實證，全都虛有其表。

所以我們正覺同修會也開闢了很多種福田，有的人說：「我沒有很多錢，沒辦法種福田！」不對！正覺同修會有很多種福田，你可以作義工，而且義工有很多種；正覺也教諸位修定，修證了定力時也是福田；又教導諸位說：「你想要證悟，還得要性障輕微。」這除性障也是福田，所以你努力在修除性障，也是修福德。所以報名禪三打三時，以前就有人說：「**最少要捐五萬塊美金以上，才有可能上山。**」其實不是這樣的！因爲他的福德不夠，當然不能上山，但不單看這個錢財的福德。比如說這回禪三，這個梯次上山的同修，有人布施到會裡不過一、兩萬塊錢，臺幣哦！不是美金。（大眾笑⋯⋯）他也能上山，爲什麼？因爲他義工作很多，那也是大福德；顯然他的菩薩性生起來了，那就是福德！

所以身爲善知識得要開闢一方又一方的福田，要有不同種類的福田給不同根性的眾生去種。比如說現在十月了，快到農曆新年了，冬令救濟、寒冬送暖，大家一起來作，這也是種福田；那你就去幫忙作各種義工，這也是種福田。讓學人有很多種福田可種，這就是善知識的責任。可是這一些福田有沒有清淨，這才是重點。如果開闢了一方福田，那方福田是幹什麼的？認養小喇嘛，那就不是福田；那只是世間福田，而且那個世間福田有毒，未來世長出來的果實有毒；那他未來世會繼續跟喇嘛教相應，所以那個福田就不清淨。

那我們作冬令救濟，無所求於那些被幫忙的人，我們就純粹關懷他們，希望他們過好一點，不必寒冬裡沒有食物、或是被凍著；我們無所求，所以就是清淨布施；從般若來看時，三輪體空，也沒所謂的施等可言。我們爲了發起「勝精進」，所以廣種福田，藉著這些福德的支撐，可以實證般若而不退轉。福德如果不夠，實證了還會退轉，這是我度眾三十年的經驗。所以身爲菩薩阿羅漢一定要爲眾生清淨福田，所以他自己是清淨福田，也要開闢其他清淨的福田給眾生可以種；不能只有他一個清淨福田，這樣才能令眾生得安樂。

只有種福田的人才能得安樂，從來都不種福田的人，於三乘菩提之任何一乘，都不可能有所實證；縱然有善知識的因緣實證了，未來也還是會退轉；所以想要「令眾得樂」，不但自己要當福田，還得爲眾生開闢各種福田，而且都是清淨的福田。當他度眾生這樣子來種福田的時候，他看到了，爲眾生歡喜，可是心中卻沒有眾生：「不得眾生」；他不會說：「你們這些人都是因爲我開闢了這些福田，你們才有福田可種，你們得感謝我啊！」從來不起此想，這才是眞正的菩薩阿羅漢。

「**若說諸法，一切無取；無法非法，名阿羅漢；**」菩薩阿羅漢當然要爲眾生說法，可是他宣說佛法時，不取一切法，當然也不取眾生。「**不取一切法**」不是單單說不執取他所演說的諸法，包括世間的財、色、名、食、睡、一切眷屬等等都不執取，因爲不需要執取了！既然你能夠爲大眾演說諸法，這一些大眾依著你的教導也可以實證；能實證了，此世就不會離開你，因爲他還得繼續跟著你受學；來世也不會離開你，因爲佛法中的師生關係，是一世又一世、一劫又一劫延續不斷的，所以他們也不會離開你，那你又何必把他們抓得牢牢的？更何況從所證的法來看時，實際理地之中全無任何一個所度的眾生。

所以我說有些人眞的笨，他老是怕自己的徒眾被正覺度了，一直都在防這一點。所以有人來跟我說：「老師！我想去度北部某某山的信眾來修學。」我說：「你千萬別去度，他們的堂頭和尚很怕我們度他的人。」我一向都是這樣。可是如果有緣，他們自己就會偷偷地跑來學；只要來學上幾堂課、聽過幾次經，他就逃不掉了，那我又何必牽掛呢？所以爲人家演說諸法時，名聲、眷屬、利養等一切都不用去執著，因爲這些都是你心中的法；你心中的法具足圓滿了，又何必執取這些外法？所以當阿羅漢爲人演說的時候說：「**這個是法、這個是非法。**」可是他的證境中都沒有法、沒有非法；演說法與非法是爲攝受眾生分辨何爲法、何爲非法，將來才得以實證，而他所證的空性如來藏中無法、無非法，這樣就稱爲菩薩阿羅漢。

「**覺道根力，爲眾顯現；得第一果，名阿羅漢。**」身爲阿羅漢一定要有七覺支，如果沒有七覺支，他就不是眞阿羅漢。七覺支很多人耳熟能詳，我就不解釋，我單說其中一樣就好。你們猜猜我要講哪一個覺支？對了！所以親教師都像我肚裡的蛔蟲（大眾笑⋯），知道我要講什麼。也就是說，其中有一個猗覺支。「猗」是什麼？「猗」的字面意思說有一點癢癢的、好像有一點心情盪漾的意思；就是說他胸腔裡始終都有樂觸，這個樂觸隨時隨地都在，也就是初禪證量的受用。

在第一階段的初禪，是心要提才有樂觸；因爲他心中想要有那個樂觸，所以他就想：「我要有這個樂觸。」胸腔就有樂觸了；當他不想要時心就不提，便沒有樂觸。第二個階段的初禪隨時隨地都有樂觸，不管他的覺知心提與不提，但是樂觸比前一個階段微細；雖然說微細，如果它很強烈的時候，你可得要氣管夠好，不然也會咳嗽的。所以有時候講經講到興高采烈的時候，猗覺支很強，還得要趕快把它散掉，不然會咳；這是我自己的經驗之談，當然我本來就氣管不好，從小就這樣，也不能怨父母；因為他們是五十歲才生了我，所以我這個色身也不太好，是靠打拳練起來的。那也就是說，你身為菩薩阿羅漢，一定具足七覺支；如果不具足七覺支而說你是阿羅漢，那是自欺欺人。那麼「道」當然是八正道，諸位都耳熟能詳，咱們就不談它。

五根、五力一定要有，單有五根還不夠，還得要次第進展、不斷地修學，使這五根發展起來而具足五力。如果有五根，他可以在十信位裡面受學；如果連五根都沒有，進不了十信位，連初信位都不可能。好比琅琊閣那些人對三寶的信是不具足，因為對三寶的本質還是有很多的誤會，當然只能繼續在十信位修習，來累積及增長五根，都還沒有五力。五根是信、進、念、定、慧，「慧根」有沒有常常聽人提起？有時候人家會說：「你很有慧根喔！你應該學佛。」那麼有慧根的人，就能進入初住位嗎？也不能！必須要五根都具足圓滿，否則都只能在十信位裡面打轉，轉不出這個圈。那麼這五根的每一根，都開始有力量滋長出來了，就說他有一點點的五力。

譬如說信根變成信力，精進根變成精進力，慧根變成慧力；這時候可以入初住位了，開始教他修布施，他就去修布施行，因爲他有一分五力了；然後這布施度修行好了，五力又增長了一些，教他持戒，他就去受戒了。如果沒有繼續增長，你叫他受戒，他會說：「我只要修學布施就好了，幹嘛要受戒？綁手綁腳！」表示他的五力還只是極少分。所以每修一度就增長一些五力，當六度修滿了，表示他的五力足以承擔見道的境界，那他就可以轉入加行位求大乘見道。所以五根、五力和他的福德相關聯、相涉入，不能把它切割掉。

同樣的道理，譬如《瑜伽師地論》告訴我們：斷三縛結必須有「未到地定」相應，如果沒有未到地定相應，那個所謂的「斷三縛結」就是虛假的，只是知識而不是實證，所以決定要有定力相應。開悟明心也一樣，必須有未到地定的定力作支持。然後《瑜伽師地論》又告訴我們：「**想要證阿羅漢果，一定要有初禪的定力相應。**」講的跟四阿含諸經說的一樣。你看，佛菩薩都是同一個鼻孔出氣。所以有的人來會裡想要得智慧，卻不修定，他無相念佛根本不學；也不作無相念佛的動中功夫，至少你靜中功夫也得作吧？那就得每天打坐，至少要有靜中的未到地定，可是也沒有！怪不得會退轉！

以前退轉的那些人都是這樣，只有第一批退轉的人不同。第一批退轉的人是對這個法的認知不夠，對我的信心也不夠；因為我才剛出來弘法三、五年而已，我說的法還不夠多，所以他們對我的證量與實質不太瞭解。但是只有三、五年，我能夠講很多的法嗎？也不可能啊！層次深的法我也不能講，所以我當年宣講《成唯識論》是錯誤的決定，因為大部分人都聽不懂，其實我等於白講。那現在《瑜伽師地論》快講完了，可能明年年底、或後年年初，我們就開講《成唯識論》，這時候講才正確（編案：《成唯識論》已於二〇二二年二月開講）。而且現在有限定增上班才能聽，以前沒有限定資格，誰都能來聽；

那破參的人已經聽得很辛苦、很吃力了；至於還沒有破參的人，就像俗話講的：「鴨子聽雷，有聽、沒有懂！」所以一定要有相應的定力。

因此，不能隨隨便便自稱是阿羅漢，身證阿羅漢的人一定要有猗覺支，也就是「梵行已立」；如果還不能遠離欲界法，一天到晚都在貪著欲界法，每天都打電話給各分處的道場說：「欸！本山沒錢了！你們趕快找人樂捐啦！請你們要趕快去化緣啦！」一天到晚打電話，其實本山很有錢，他只是說：我分配給你的額度你還沒有交來，我就要催你；但是我編個名目說本山沒錢。哪裡沒錢？錢多的是！那就是貪。這倒讓我想起來，有人在網路上罵我說：「蕭老師這麼講：『正覺可以沒有我啦，我不能沒有正覺！』」你們聽我講過這話嗎？我來問張老師，她在會裡最久了，（導師轉頭向張老師說）「我曾經這麼講過嗎？」真的亂講一通！所以誹謗之言，無所不用其極。

就好像二〇〇三年那一批人，老是在外面散布謠言：「這蕭老師不曉得在會裡搞了多少錢了，你們知道嗎？」臺南大牛師兄回應說：「你別講這個話喔！」他又說：「真的搞很多錢哪！」大牛師兄就說：「那不然這樣，你把證據給我，我都把它登上網。由我來說，證明我也知道，我專門來披露這個。來，你拿證據給我！」對方又說：「那個不能講，那個不能講。」你都講了！還不能講？（大眾笑…）對不對？對呀！可是這種事情，末法時代時常發生，我已經習以為常，因為我幾乎每一世都被毀謗（大眾笑…）。這無根毀謗老是跟隨著我，沒辦法！因為我說的法跟人家不一樣，那人家不毀謗我，毀謗誰？我有這個認知，我覺得這也是正常事。反正如果必須要處理的時候，就來處理；如果還沒有到必要的時節，就當作沒聽見就好了！

所以意思就是說，你必須有七覺支、有八正道，也必須要有五根、五力；你自己有了這一些還不算數，還得要「為眾顯現」出來。也就是說，你的身、口、意行必須符合七覺支、八正道、五根、五力；如果你不符合，就無法為大眾顯現了！而你能顯現出來就是這樣子，這樣的人稱為「得第一果」，就是《阿含經》說的「第一記」，是最高的授記，那這樣就叫作菩薩阿羅漢。

《不退轉法輪經》今天要從四十五頁第八行開始，先說這四句：

「**善知眾生，淨於菩提；為說是相，名阿羅漢；**」要能善於了知眾生有種種的根性，而這些眾生們各自不同的根性，是否能夠清淨修證菩提？這些都是通教的菩薩阿羅漢所必須要了知的。所以實證阿羅漢，特別是指菩薩阿羅漢的勝妙法，必須要傳給恰當的人。菩薩阿羅漢也必須善傳菩薩阿羅漢的法，因爲證得菩薩法而成爲菩薩阿羅漢之後，他的菩提才能眞正得到清淨相。當菩薩弘傳這個法的時候，他必須要爲眾生說明這個道理；如果眾生不能瞭解這個道理，就會有許多閒言閒語出現，到了末法時代還會被誹謗。也就是說，那些眾生並不瞭解這個法相，所以菩薩阿羅漢有時得爲眾生宣說這個法相；能這樣子爲眾生宣說，這才能稱爲阿羅漢。

「**世間所說，一切諸行；於行無著，名阿羅漢。**」世間人所說的種種法，都不離行陰；如果沒有行陰，三界一切世間法都不能成就。然而阿羅漢對於世間種種法中的一切行，全部無所執著，一切所行都不屬於行陰；所以阿羅漢的特性就是不攀緣，他不會攀緣於世間的種種法，不會爲了世間法而四處奔走，不會爲世間法而四處忙活兒，這叫作「**於行無著**」，這才是眞正的阿羅漢。

「勇猛世尊，難思福田；隨佛住處，爲人演說；若欲見佛，無見不見；如佛所見，名阿羅漢。」這八句裡面的後四句，眞的好像在講《金剛經》。勇猛的 世尊是世人難可思議的無上福田，那麼爲何說 世尊是「勇猛」的？因爲於一切法都無障礙，而能降生於五濁惡世中度化五濁惡世的眾生，所以稱爲「勇猛」。而諸佛世尊出現在三界中，同樣都是難可思議的無上大福田；因爲一個菩薩須陀洹就已經是世間的大福田了，何況是福慧圓滿的 世尊呢？

而且一切如來的證量不單是實相般若智慧，並且還有一切種智，具足一切福德與功德，所以這樣的福田難可遇見；由於證量不可思議的緣故，所以說祂是難可思議的福田。也就是說，要把諸佛如來所證的一切諸法，例如五根、五力、七覺支、八正道、十二因緣，又如三不護、四意端、四念處、十八不共法等，包括眾生所難可想像的十力等功德，菩薩阿羅漢要爲眾生宣說這一些諸佛如來自住境界，這就是「隨佛住處，爲人演說」，顯示諸佛如來心境的所住。

當眾生聽聞到 如來的功德，想要見佛，這時菩薩阿羅漢得要為眾生說明：「**若欲見佛，無見不見；**」見佛的時候沒有所謂的見，然而這樣沒有世人所謂的見，其實卻是眞見。也許有人想：「**奇怪！怎麼會有這種見？**」不然請大家回想一下，《金剛經》說怎麼見佛的：「**若以色見我、以音聲求我，是人行邪道，不能見如來。**」所以要見這個我—眞實的第八識眞我—才是眞實如來，不能以色見，不得以聲求；既然不能以色見，不能以聲求，那又如何求得見佛的境界？

就這麼求啊！很簡單，但是也很難！也許有人想：「**那你剛才也沒有說怎麼求、怎麼見，怎麼就說就這樣見了？**」對啊！就是這樣見。懂的人會心一笑，那不懂的就只好跟著苦笑了。所以眞正的見佛，沒有所謂的見，因為不是三界中法的見；這樣見了，就沒有所謂的見佛或不見佛。那到底見佛時有見或無見？從實際理地跟你講，沒有見！而這個沒有見，才是眞見；所以沒有見也沒有不見，要能如同 佛陀這樣為人說法，才能稱為菩薩阿羅漢。

「**是應福田，聖賢福田，無上精進，名阿羅漢；**」說這樣的菩薩阿羅漢是三界應供的福田，是一切人天之所應當供養；因爲要供養到這樣的阿羅漢很不容易，在三界中極難値遇，不是你想見就能見的。譬如說我們會裡，這麼多證悟的親教師們，天下眾生想見就能見嗎？也見不到，得要有因緣。比方說，他來禪淨班裡上課，來進階班裡上課了，於是就見到了；可是此時這個見，仍然不是眞見，得要實證了第八識眞如以後才算眞見；而這些親教師們所證的都是這樣的境界，現在出世度人同樣如是見。

那麼如果斷了五上分結，這叫作「應供」，是一切人天之所應供養；因爲這樣的菩薩阿羅漢確實是聖者，也是大乘法中的賢者。說之爲聖者，因爲從凡夫而言，初果就是聖者了，何況他是已經證悟般若的菩薩阿羅漢呢？爲何又是賢者？因爲尚未入地，所以叫作賢者，還在三賢位中，所以說是「聖賢福田」。那麼修學正法的人，已經走到菩薩阿羅漢位了，會繼續進求佛地，絕不鬆懈，所以說是「無上精進」。這樣的菩薩阿羅漢每天精進的所得，並非凡夫眾生之所能知，所以叫作「無上精進」，這才能稱爲阿羅漢。

「遠離染欲，於瞋不瞋，亦說菩提，名阿羅漢。」阿羅漢離染，因爲他都已經能出三界了，所以無所染；世間財物多也好、少也好，他都無所謂！夠用就行，不貪求。世間的名聲、世間的眷屬也都一樣，他沒有貪染、沒有執著；如果有一絲絲的貪染、一絲絲的執著，他就不是菩薩阿羅漢了；因爲菩薩阿羅漢是每一世都可以取無餘涅槃的，表示他對這一些三界中法沒有執著。那麼「遠離染欲」的人，遇到別人來搶奪他的所有，他應該起瞋時；遇到別人來毀謗他的時候，他也應該起瞋，可是他不起瞋，於應瞋處而不瞋，這個才算是菩薩阿羅漢。

但這樣不起瞋，並不是壓抑著，脖子青筋暴脹了臉上還裝著笑容，那是假阿羅漢！也就是說，他根本不在意，面對眾生可度則度，不可度則俟之以來世，都不強求！同時就隨順眾生，爲眾生繼續宣說佛菩提；除非沒有人要聽聞了，那就入山隱居去吧。但如果還有人要聽，縱然只剩下一個、兩個人想聽，他也會繼續宣講，這叫作「亦說菩提」；得要這樣才叫作菩薩阿羅漢。

「知一切法、寂滅無相，是故菩提，名阿羅漢；」菩薩阿羅漢了知一切法寂滅、一切法無相，這事情從聲聞法來講，顯然不通。在聲聞法中說：「一切法生滅不住，苦、空、無常、無我。」來到大乘法時卻說：「一切諸法不生不滅、寂滅無爲。」在二乘法中都說「一切諸法有生有滅、有漏有爲」，可是大乘法竟然反過來說「一切諸法不生不滅，寂滅無爲」。是說一切諸法本來寂滅，不是修行以後才寂滅，而是無始劫來本來就寂滅，因爲這是依實相法界第八識如來藏的境界來說的。

當你把一切法攝歸從來寂滅的如來藏時，一切諸法就變成寂滅中的喧鬧；既然所依的第八識眞如是本來寂滅的，一切法就是跟著第八識而無相了，當然寂滅；因爲攝歸於如來藏時，如來藏是實相、是無相，所以這一切諸法也就無相。能爲人宣說一切諸法「寂滅無相」前，當然他自己得要先親證；所以知道一切法「寂滅無相」的人，當然就懂什麼叫作佛菩提。所以如是實證佛菩提的人，才能名爲菩薩阿羅漢；否則都是二乘聲聞，因此要當菩薩阿羅漢也不容易，所以說「是故菩提，名阿羅漢」。

接著說：「不動一切、諸眾生界，令無數億，安住菩提；眾生菩提、悉住無相，知彼平等，名阿羅漢。」這一段經文的說法，諸位聽了得要記住，因爲這些勝妙法義跟後面〈降魔品〉所說都是有關聯的；到時候 如來還會講這個道理給天魔波旬聽，天魔依事相聽了產生誤會而歡喜回去天宮中享樂，但是卻會讓諸位聽了拍案叫絕！然而 如來說的是實相法界的事，天魔波旬從事相上來聽時就誤會了，所以歡喜回天宮去享樂了。

世尊說「**不動一切、諸眾生界**」，也就是說，菩薩阿羅漢不會動轉到一切的眾生法界，但是卻能夠使令無數億的眾生同樣安住於佛菩提，這得有個道理才行。二乘菩提一定是動諸眾生法界，如果眾生心七識都不動，就不可能證得二乘菩提，因爲他要斷身見、斷三縛結，進而要斷離欲界愛、建立梵行，還要斷五下分結、五上分結；在那個斷煩惱的過程中是辛苦的、是掙扎著的；如果不掙扎，他沒有辦法把三縛結、五下分結、五上分結等煩惱斷除，所以他是捨不得而掙扎著終於才去斷滅；特別是到了末法時代，所以修證二乘菩提時心是動的，因爲要否定自己，要把自己五陰身心加以否定時當然心動了。

然而大乘法中「**不動一切、諸眾生界**」，用不著動到五陰眾生，因爲所證是第八識眞如心，所以就這樣「安住菩提」；因爲你依如來藏而住時，什麼都不用動轉壞滅，而同樣把「三縛結」斷除卻又證得眞如心；結果發覺三縛結斷了也等於沒斷，然而說沒有斷時卻實際上已經斷了；但如是同樣依眞如而住時，根本不動其心。所以《金剛經》才說「應無所住而生其心」，說你應該要轉依眞如而像如來藏這樣，於一切諸法都無所住，可是卻時時運轉其心；這就是「不動一切、諸眾生界」，就這樣「安住菩提」，也就是住於眞如實相境界中。

到這個地步而說：「眾生菩提、悉住無相，」所以從我的眼光來看，證悟的人跟沒證悟的人一樣，你們同樣都住在眞如法性中；差別只是能現觀、或是不能現觀這個法界中的事實，所以對各類眾生不起分別心而「知彼平等」。如是證悟了以後也還是同樣每餐一碗飯，也就是這麼一碗飯，不會悟了以後每餐就吃一斗飯。你悟了以後，天氣寒了還是得添衣，天氣熱了一樣要卸衣；不會說天氣冷了，一樣像夏天那樣穿，因爲不論悟與未悟，世間相依舊平等、平等，不會有所改變；再轉過來，從實相來看時，悟與未悟亦復如是平等、平等。得要這樣現觀，如實了知，才能說他是菩薩阿羅漢。

「得無等等，同一切法；而知無相、平等菩提；能如是解，說名羅漢。」一定是證得「無等等」的法，而且這個「無等等」的法同於「一切法」。那麼三界之中，能夠是「無等等」法的，也能與一切法同的，就只有一個妙眞如心如來藏；外於此第八識，無有任何一法可得「無等等」。換句話說，三界內外沒有一法可以和祂相提並論，因爲祂是諸法之本源，一切諸法莫不從之生，所以「無等等」。因此佛門所謂的證悟只有一個，就是證第八識如來藏，沒有第二個法。因此普天之下，一切證悟者都是同一種所證，不會有兩種、三種、乃至多種；因爲這是「無等等」法，而這個「無等等」法「同一切法」，因爲一切法從之而生，出生於如來藏心的表面，而又屬於如來藏心；也都是在這個「無等等」法的表面持續生滅不住，但是卻又生滅不已，永無了期。

當你證悟般若之後，發覺這是法界中的事實，就不用入無餘涅槃了；因爲你入涅槃的時候，還是這個「無等等」法；而這個「無等等」法現在就已經涅槃，如是涅槃就顯現在眼前，你可以如實諦觀而證明無誤。所以「一切法」就等於這個「無等等」法，「無等等」法就等於「一切法」。然而住於「一切法相」之中，卻又現見「一切法相」悉皆「無相」；如是「而知無相」，這就是「平等菩提」，因爲現見一切有情莫非如是，無有高下之別，所以證得「平等菩提」。

因此說，一切菩薩證悟之後都有兩個智慧：妙觀察智、平等性智。當他有這個大乘無生忍而生起妙觀察智時，意識開始湧現智慧，妙觀察智可以用來爲眾生說法，利樂有情。在利樂有情時，也看見一切有情平等、平等；但是有情能否如是證悟，就得觀察有情的因緣，隨順各有情各種不同的因緣，在合適的時機去幫助有情證悟，這樣就是眞正的平等。

如果某些有情證悟的因緣還沒到，你就先幫他證悟了，成爲齊頭式的平等而非立足點的平等，這就不平等，菩薩不會故意這樣作；菩薩偶爾會產生觀察有情根機的錯誤，但絕非故意；不會說你的因緣還沒到，我故意幫你悟了，讓你去謗法。也就是說，會觀察眾生各自不同的因緣。因爲眾生往世學佛以來，已經無數劫，是該他證悟的時候了；可是有的眾生過去學佛以來，至今不過十劫、百劫、千劫，證悟般若的因緣還沒有成熟，那就留到未來世再悟；假使他有特別的因緣，值得菩薩阿羅漢幫助，那就破例偶一爲之，所以都要看因緣。

但是從菩薩阿羅漢的所見，眞的叫作「平等菩提」，因爲每一個有情本有的菩提都平等，各自圓滿具足，所以悟了也沒有比較多；還沒有悟的人，他們的如來藏眞如也不會比較少，所以眾生都平等。因此見到天主來了，菩薩阿羅漢就這樣對待；見到貧窮乞者來了，也是這樣對待，並無差別。只觀察他們的實證因緣到了沒有，因爲從他的所見，一切有情其實本來無相；但是因爲無明所遮障，才會在人間有種種世間相上的差別，然而實際上悉皆「無相」；而且實際理地，一切有情平等、平等，無有高下差別；能這樣子生起勝解，就說這樣的人叫作菩薩阿羅漢。

「知如實法、清淨無濁，爲眾說法、而無所說；度無量眾，亦無動搖，不得眾生，斷常諸邊；而眾皆見，度脫苦惱。」一切聲聞人之所證都是虛妄法，一切別教菩薩之所證則都是如實法；以前佛教界不懂這個道理，所以都想要把虛妄法意識心，藉由打坐修定變成眞實法，所以有妄想的意識心要修定，變成無妄想之後就說那意識覺知心叫作眞實法，或者叫作眞如佛性。但這個意識既然曾經有生，不管祂後來有無語言妄想，既然已經出生了，有生則必有滅，顯然是生滅法，不可能一念不生時就變成常住法。這道理，佛在《阿含經》中都已經講過了。

所以二乘菩提針對現象界的五蘊十八界等去作觀行，他的所證就是把煩惱斷除，然後滅盡蘊處界，「不受後有」；滅盡蘊處界之後，就是虛妄法滅盡，連離念靈知意識都滅盡了，無一法可得，那意識怎麼會是如實法呢？然而菩薩阿羅漢的所證，全部都是「如實法」；菩薩是證第八識如來藏，現觀祂的眞如法性，而第八識如來藏非實非虛。非實是說祂不是三界中的實有法，非虛是說祂雖然是空性，但性如金剛，絕不可壞而能生諸法，是萬法的根源，所以說祂「如實」。二乘菩提之所證，是把污垢法、生滅法滅盡；菩薩之所證，則是證得本來清淨的、無有污濁的如來藏心，所以自然能「知如實法」，也了知此法「清淨無濁」。菩薩阿羅漢依此而爲眾生演說佛法，演說佛法時，他從實相法界來看自己所演說的一切法，其實亦「無所說」，因爲所說的諸法念念不住；而實際理地第八識眞如，從來都無所說，就在無所說之中爲眾生說法；所以說他「爲眾說法、而無所說」。

如是「度無量眾，亦無動搖」，因爲如來藏是從來不動搖的；菩薩一世又一世度化無量的眾生時，自己的心不動搖，眾生的心也不動搖。因爲自己度眾生的時候，這個生滅的五陰爲眾生說法；眞實的自己是如來藏，從來沒有動搖過；而眾生聞法時，生滅的五陰不斷地受學熏習，所以有動搖，會進步，可是他們的實際理地也沒有動搖。而生滅的五陰卻要攝歸實際理地如來藏，所以說「度無量眾，亦無動搖」。菩薩阿羅漢這樣度化眾生，令眾生同一所證；如是現觀一切眾生，沒有眾生可得，當然就不可能落入眾生所墮的斷邊與常邊。

眾生無明所罩，因此落入常邊、或落入斷邊；可是聲聞人斷身見之後，次第修學到阿羅漢位，一切邪見隨之滅盡；邪見滅盡以後，就沒有斷與常兩邊，邊見就消失了，而這一切都從斷身見開始。但菩薩阿羅漢不同於聲聞人，別教菩薩於初果時斷身見，卻是因爲「證眞如」作支持，所以他所斷的身見永不復發，這樣來度化眾生時，自他皆無「動搖」；而實際上「不得眾生，斷常諸邊」，因爲身見斷了以後從所證的眞如來看時，連眾生也無，何況有斷與常兩邊。證得如來藏妙眞如心以後，從如來藏的境界來看時，眾生亦無，何況能有斷邊與常邊？但是這樣度化眾生，卻能夠使眾生全部看見各自眞的「度脫苦惱」；當眾生現見自己度脫苦惱時，他就看見了菩薩阿羅漢已經度脫苦惱。

所以尚未實證的人，他會以自己的所知所見來測度如來，因此「眾生見佛，佛亦眾生」。可是菩薩實證了以後，所見就不同；看見眾生被無明所籠罩，而實際理地跟自己一模一樣，所以想方設法令眾生可以具足實證的因緣，所應該爲眾生開闢的福田就努力開闢；眾生種了那些福田，有因緣時就可以實證，於是實證之後就「度脫苦惱」。如果有眾生看見善知識弘法，而他自己不曾實證，就想：「我聽到大乘佛法不喜歡，就會生氣，就起煩惱。

那你菩薩也是人，應該也跟我一樣；所以我被人無根毀謗時就會生氣，那你也是個人，所以我就無根毀謗你，你也會生氣。」他就這樣想，所以編派許多理由加以無根毀謗；佛世就已經是這樣了，何況是如今末法時代的現在。

所以那些外道都說：「釋迦牟尼佛來跟我們爭供養、爭眷屬。」可是 佛陀其實無所爭，只是成佛之後的福慧圓滿，來利樂眾生時自然供養隨之而來；可是 佛陀對供養無有一絲一毫歡喜，不得供養時，亦無有一絲一毫瞋恚。但外道何曾知悉？所以一天到晚謗佛；因此說：「眾生見佛，佛亦眾生。」但是 佛陀度眾生同樣證得般若，於是眾生如 佛所見，看見自己度脫苦惱，他們就知道說：原來 佛陀是這樣解脫的。然後從自己的所證衡之於 如來的各種功德，就知道自己距離 如來還很遙遠，於是心中無比恭敬。

所以會謗佛的人是什麼人？是不知道 如來境界的人，例如喇嘛教及釋印順等人。凡是知道 如來境界的人，永遠都不會毀謗。同樣的道理，會毀謗善知識的人，是因爲他不知道善知識的解脫與智慧境界；如果他眞知道了，也就不會毀謗。但是五濁惡世的眾生，永遠都是不知道的人多，所以善知識被毀謗是正常的事。我記得二十幾年前，將近三十年了，那時我剛開始弘法，就常常跟同修們說：「眾生本來如是。」所以有好多人記住我這句話，人家毀謗時他就不生氣：「本來就是這樣啊！所以他毀謗我是正常的。」於是就不生氣了。

所以有的同修聽到誰說，網路上現在又有人毀謗蕭老師怎麼樣，就來告訴我。我說：「我不想知道，因為沒有必要知道。他毀謗來毀謗去，不過就是事相上編造或是誤會的事罷了。」那麼退轉的人，他會編造很多假事實出來；那些事都是編造出來的，所以叫作假事實。這句話有語病，因為假的事實就不能叫「事實」，幹嘛說「假事實」？可是我得要這樣講啊！因為人家說那是事實，但那些事實都是假的！那你要回應時就回應不完了，因為你回應了這一件，他會再編另外一件；第二件回應完，他又編造第三件，你跟他們就會沒完沒了。我們不用陪他們玩，咱們如何幫助大家快速往前進，這才是重要的，不花時間跟他們玩。

但是談到法義的部分，咱們可以回應他們對法義的扭曲；因為在法義上看，對就對、不對就不對，講完就是了，無法繼續扭曲的。可是那些假事實可以不斷編造，因此針對法義是需要辨正的。如果是回應那些事相上的假事實，你不斷地回應，然後他們就會不斷地編造出來，沒完沒了，那你還去回應他們幹嘛呢？往往一定是有苦惱才需要回應，因爲「我」被毀謗，但被毀謗的不正是「五陰我」嗎？正好就是我！所以這個道理大家也要懂，因爲諸位未來很多世以後都有機會當法主，就會被邪見凡夫毀謗。

如果是對會外那一些凡夫眾生而言，我講這話沒意義！因爲可能在一大阿僧祇劫之後，他們都還是凡夫。可是諸位有機會在五億七千六百萬年之內成爲菩薩阿羅漢，除了斷三縛結，隨後又證悟般若而進修入地，那麼未來當法主的機會很大，而且不會很久遠；所以這個道理諸位聽了，要把它收藏在心中，成爲你如來藏心中的種子，別流失了！因爲除非你在人壽八萬歲時弘法，否則像這種年代，被毀謗都是正常的事，連　如來都有人毀謗了，何況是咱們。所以要記住這句話：「眾生本來如是。」

五濁惡世的眾生本來就是那樣，他們就是會無根毀謗你，因爲他們不瞭解你的證量，這都是正常的事。但是當你能夠「度脫苦惱」時，就會知道：「原來善知識一樣度脫苦惱，但他證量顯然比我高。」這時候就沒什麼煩惱了，心想：「別人無根毀謗，那就是別人的事情，跟我無關。」就不理會他們，繼續邁步前行，這樣道業進步就快了。

接下來說：「究竟諸法，無生無滅，而以方便，度脫眾生；不壞於色，受想行識、亦復如是，即名解脫。」從究竟的諸法來看時，全都是「無生無滅」的，可是明明諸法有生有滅，因爲諸法都是從如來藏中出生的，既然有生則必有滅，爲什麼竟說是「無生無滅」的？因爲你已經「究竟諸法」了。這個「究竟」有不同層次的究竟，當你實證眞如，再來看一切諸法時，全都歸屬於如來藏；既然都歸屬於如來藏，那麼這些法都在如來藏中不斷地生住異滅、永不消失；既然如此，即是「無生無滅」，你便是「究竟諸法」了！因爲以前不知道諸法從什麼地方生，現在知道了，便是「究竟諸法」了，這是理上的究竟。以後事修上的「究竟」呢？就是次第進修，直至佛地才算究竟。可是從你的所證，從你的所觀，一切生滅的諸法全部歸屬不生滅的如來藏心；如來藏是究竟法，永無生滅，而這一切諸法歸屬於如來藏時，也就是從見地上來說是「**究竟**」的「**諸法**」。

所以當你找到鏡子的時候，就不排斥鏡子裡的影像了，再也不說那影像是生滅法，因為那影像歸屬於鏡子，而鏡體常住，所以不斷變化而生滅性的影像就跟著鏡體常住了。譬如鏡子裡的影像，一下子張三來了、又走了，然後李四來了、又走了，全都是生滅性；可是鏡體常住，所以那一些諸法歸屬於鏡子如來藏時，也就跟著永遠存在而不生不滅了，這就是「**究竟諸法**」，便是「**無生無滅**」。能現觀這個道理，而且運用各種方便善巧，令眾生理解，令眾生實證；如是「**度脫眾生**」，這就是菩薩阿羅漢應該要作的事。

可是當他以各種方便「**度脫眾生**」時，眾生仍然不壞於色，受、想、行、識亦復如是而「**不壞**」。所以二乘菩提實證之後，入涅槃就永遠壞掉色、受、想、行、識；但是大乘菩提不同，大乘菩提實證第八識如來藏後，知道二乘聖者的解脫也是依本來解脫的如來藏而施設；既然是這樣，第八識如來藏本來就解脫，那又何必滅盡色陰十一法呢？色陰不必滅，受、想、行、識跟著一樣不必滅了。而這樣的解脫是本然現成、不由造作，不像二乘聲聞人，每天為了斷煩惱在那邊努力奮鬥，而菩薩不用。

菩薩須陀洹開始利樂有情，無私無我，作到忘了我、忘了為自己；所以就這樣自然而然煩惱不斷地遠離、不斷地滅除，他就不必滅掉色、受、想、行、識，無妨一世又一世繼續依願受生人間，而繼續擁有一世又一世的色、受、想、行、識，永不中斷，卻無妨當下解脫；因為現前就看見二乘阿羅漢入無餘涅槃後的解脫，就是這個如來藏本來的解脫，而如來藏這個解脫現前就存在了，何必入涅槃？然後又看見二乘阿羅漢入了涅槃以後沒有解脫，因為他的五蘊消失了；五蘊消失了又是誰證得解脫？沒有證解脫者。菩薩須陀洹如是知見而持續修行到菩薩阿羅漢位時，卻不用滅盡五蘊而現觀五蘊住在聲聞阿羅漢所入的涅槃中，可以五蘊現觀阿羅漢所入的涅槃，當然是在三界中已證無餘涅槃。

所以當二乘聖人入無餘涅槃之後，沒有解脫、也沒有解脫者，所以他們生前看不見誰住在涅槃中得解脫，死後滅盡五蘊以後也沒有五蘊來看見自己得解脫；而菩薩現前看見五蘊的生滅而說沒有解脫、也沒有解脫者，但五蘊卻常住於本來解脫的第八識眞如心中，如是色、受、想、行、識悉皆現前解脫，因爲解脫是第八識眞如的自住境界，所以不必滅盡五蘊，繼續自度度他而邁向佛地，這眞的很棒！如果聽我這樣說明大乘的解脫以後，還沒有嚮往，仍繼續心向二乘解脫，希求「**不受後有**」，那我就說他四個字：愚不可及。說他笨，可以笨到這個情況，沒有人可以比他更笨了！所以諸位皆當發起大心，永遠不離大乘佛法，世世如是進修，直至成佛。

「**於諸凡夫、而無動相，建立佛法，安住解脫；能令眾生、而念果報，佛解脫相，爲人說法。**」菩薩阿羅漢對於一切凡夫都要努力接引，努力幫他們實證；可是他在這樣努力度眾生的過程中，自心卻沒有動相。幫助眾生這樣實證以後，那些眾生也同樣沒有動相，因爲實相法界本來不動，永遠不動其心；而現觀五蘊的自己生滅不住，然後把五蘊身心攝歸如來藏不動其心，所以「**而無動相**」；就這樣來「**建立佛法**」，安住於解脫的境界之中，名爲「**安住解脫**」。所以菩薩們始從初果、末至菩薩阿羅漢，他們的解脫都是現前解脫，卻不是外道講的五現涅槃那種不實的解脫；因爲外道那種解脫並沒有解脫，全都落在五陰生滅相中，全都落在五陰煩惱相中而不離三界生死，是與不生不死的涅槃從來無關，而他們自以爲解脫。

但菩薩這樣來爲眾生「**建立佛法**」，安立眾生住於這種解脫之中，能使令眾生繫念於解脫的果報；所以增上班的同修們，都能時時刻刻現見自己住在解脫的果報中，然後繫念眾生，爲眾生努力付出，爲令正法久住而努力付出，不掛念自己的解脫。所以眞正的解脫沒有「**解脫相**」，如果你看見他人有「**解脫相**」，他就是沒有解脫，因爲被所謂的解脫繫縛了。眾生可以憶念自己解脫的果報，次第進修之後，會逐漸瞭解諸佛的「**解脫相**」中並沒有解脫可言，因此而能夠把諸佛的「**解脫相**」爲大眾說法，這樣才叫作菩薩阿羅漢。

「**妄取菩提，修行布施、持戒忍辱；爲除妄想、懈怠懶惰、取相精進；除解脫相，羅漢所說。**」幫助眾生證眞如而得解脫一定是要作的，可是要幫眾生證得第八識眞如和解脫之前，首要之務就是要把眾生的妄取心先斬斷；

因爲眾生都是「**妄取**」，由於「**妄取**」菩提或「**妄取**」解脫，他們就不能證得解脫與菩提。現在大陸或者外國，可能還有人抱怨個不停說：「**你們正覺老是說人家錯誤。**」問題是他們眞的錯了。如果要幫他們實證三乘菩提，就得先幫他們離開錯誤，我們就得爲他們解說爲何那樣是錯誤的，否則誰知道那樣是錯誤？不知道那樣是錯誤，他就會產生「**妄取**」心，就是「**妄取菩提**」。

他們那樣並不是證悟，而他們認爲證悟了，這叫作「**妄取菩提**」。「**菩提**」就是覺悟，二乘菩提就是二乘法中的覺悟，佛菩提就是大乘佛法的覺悟。可是眾生無明妄想，生起了虛妄想時，隨便就認爲自己已經證得菩提，那就是「**妄取菩提**」。「**妄取菩提**」的原因，就是虛妄地修行布施、持戒、忍辱；後面當然還有另三度的妄取，所以精進就叫作「**懈怠懶惰**」而「**取相精進**」。

布施、持戒、忍辱應當三輪體空，才能叫作波羅蜜，可是凡夫眾生與二乘聖人作不到；因爲沒有證得第八識眞如的人就沒有實相般若，就不可能三輪體空，所以每次一布施，心裡就想：「**我今天就布施了好多錢。**」「**我今天又爲人家作了無畏布施。**」「**我今天又作了法施。**」三種布施他都沾沾自喜；

沾沾自喜時就不是三輪體空，這樣叫作虛妄執取「修行布施」等。這樣的修行布施是虛妄取，那麼持戒、忍辱也是一樣，人家罵了他，而他硬壓下來說：「**我沒有生氣，我的忍辱修行很好。**」這樣安慰自己，其實這是「**妄取**」忍辱。

持戒的道理也是一樣，假使持戒持習慣了，自然而然不犯，他就沒有覺得自己在持戒；戒條對他而言，已經沒有功用了。戒的功用是什麼？是能制約他，使他住在戒所規定的範圍裡面，不超過範圍就不會犯戒；可是他已經習慣那樣的狀態，從來不自覺會犯戒，所以他也沒有自覺自己在持戒，這才是眞正持戒。如果正法中的出家人，每天在那邊思惟、或者掙扎說：「**每天都有那麼多人要供養我，我都不收嗎？好可惜欸！我應該收吧。可是收了又不行欸，收了又損福德。**」始終在那邊掙扎，那他這個所謂的修行就是虛假的。

所以同樣的狀態，有的人，你看他很精進，其實他是「**取相精進**」，本質還是懈怠、懶惰。譬如說，每天規定自己最少坐八個鐘頭，然後正襟危坐、閉眼塞耳；如果外面有聲音，他就起煩惱，心裡罵將起來：「這是哪個渾蛋？都揀這個時間來吵我。」心中罵起來了。可是你表面看來，他很精進，早上四個鐘頭，下午又四個鐘頭，沒有中斷過打坐，但他其實是「懈怠懶惰」。爲什麼呢？因爲他的心沒有在精進，心中都在想東想西，想的都是：「我兒子在美國，不曉得現在好不好？我女兒嫁到歐洲，不曉得現在好不好？」爲他們思考了很多還不夠，還思考到下下一代：「我那孫女也不曉得現在如何、如何？」心中想了一堆，還在抱怨被人吵到，都沒有在精進！

眞正精進是心永遠不打妄想，這才是眞精進；儘管身不斷地在作事，在爲眾生不斷地作事，但心中都沒有妄想，這才是眞精進。所以那些人「取相精進」，不曉得是作給自己看、還是作給別人看？讓人家感覺說他很精進，其實他心裡一直在打妄想，沒有眞的精進，這就叫作「懈怠懶惰」。

那麼他們看來有「解脫相」，所以道貌岸然；其實不是以解脫的心作爲境界，而是以解脫的表相作爲境界，所以顯現於外就是道貌岸然、不苟言笑。你們有沒有見過這樣的人呢？見多了吧！都是不苟言笑，其實他們心中一直都是虛妄想。那些虛妄想的內容，包括佛法的虛妄想，也包括世間法上的種種妄想，全都落入世間相中，這叫作「**取相精進**」；那他們顯現於外的叫作「**解脫相**」，而其實他們全都沒有解脫，因爲解脫就是你的自心如來藏本然解脫，這樣的眞實解脫並沒有「**解脫相**」；如果有「**解脫相**」，那就不是眞解脫。

所以菩薩阿羅漢身爲菩薩，就得爲眾生「**除解脫相**」，告訴大家：「**解脫後，其實沒有解脫，因爲解脫以後是你五陰身心消滅了，而你消滅以後誰證解脫？如是沒有人證得解脫；而本來解脫的第八識眞如心，祂的境界中卻沒有解脫可言，如是解脫，那就是沒有解脫的存在了。**」所以解脫之後沒有證解脫者，沒有解脫可證，沒有解脫這回事；應當如是現觀，這才叫作眞解脫。所以眞解脫只有一種，就是依第八識如來藏而得的解脫；依如來藏而得解脫時，不必滅掉自己，所以不必動到色、受、想、行、識。菩薩阿羅漢無妨一世又一世都有色、受、想、行、識，表面看來有生死，而其實沒有生死；就這樣自度度他，直至成佛；這樣才是眞的「**除解脫相**」，這個是菩薩阿羅漢之所說。

「生禪定想，愚無智慧；爲令解脫，說羅漢法；此無相法，能除虛妄；如是說法，名阿羅漢。」一般人都會想：「欸！你證得初禪了！不錯啊！」「欸！你也證未到地定了。眞的不錯，而我什麼定都沒有！唉！太差了。」總是這樣想。如果有人證得第四禪、證得四空定了，就說：「哇！你的定好厲害哦！」問題是那叫作「世間定」，那個世間定有得有失、有出有入。

諸位除非爲了證佛法，比如說你想要開悟，那你必須要有「未到地定」支持，否則修定幹嘛？修定用來炫耀嗎？炫耀了以後得到面子時又如何？除非你爲了證三果、四果，必須要有初禪來支持，否則不必證初禪。可是世間人不知道，好羨慕那些證得禪定的人。但我跟諸位講，諸位無始劫以來，證過很多、很多次、數不清的四禪八定；因爲你過去有無量世，過去無量世有時修定，有時修外道行，都不一定！但是一定有很多很多世、數不清的那些生生世世早已證得四禪八定，也都證得五神通，而今安在？又都不見了。所以現在證得四禪八定、五神通的人，再過個幾世，也會消失不見了；大家都一樣，所以半斤八兩，沒有差別，不必羨慕。

可是「證悟」這回事，凡夫眾生無始世來不曾證過；而如今你證了，這才叫稀罕；因為這一悟之後，未來一世又一世、一劫又一劫，都會有再證悟的因緣可以依憑而邁向佛地。那如果人間沒有證悟的因緣，你上兜率陀天去就行了，一定永離三惡道。所以有人羨慕當總統，有人羨慕當國王，咱家都不羨慕；因為過去世早就當過轉輪聖王很多次了，正是都不想再當了，才來當菩薩，如今還要去羨慕人間的國王喔？沒這個道理。

那麼諸位！你們無始世來也都當過轉輪聖王，因為不想當了，所以來學了義的佛法；如果學佛之後，還要去羨慕轉輪聖王，或是羨慕國王的王位，那叫作知見顛倒。不必別人打，自己領了狀子出去自打（大眾笑…）。對啊！確實是這樣，這是法界中的事實，所以不用羨慕那些世間法。羨慕禪定、羨慕神通，全都是愚癡沒有智慧；我們號稱學智慧的人，不應當跟他們同一所見，而應該要求大乘法的不可思議解脫，這個就是菩薩阿羅漢為了讓眾生得不可思議解脫，因此為眾生演說菩薩阿羅漢的法。

而這個「**無相法**」能除虛妄，三界中無有一法不虛妄，而如來藏不屬於三界法；當你證得如來藏時，才知道什麼叫作「**無相**」。「**無相**」不是全部都無，因爲不是斷滅空，是因爲如來藏的眞實法性，祂是實相、能出生萬法，可是祂本身無形無色，所以是「**無相法**」。證得這樣的「**無相法**」，能滅除一切虛妄，因爲任何諸法來到如來藏的境界時，全部消滅，沒有一法能與如來藏匹敵，而如來藏常住不變，所以說「**能除虛妄**」。像這樣子爲大眾演說佛法，才能名爲阿羅漢。

糟了！我這麼一講，末法時代那些阿羅漢都得死了，因爲他們不是這樣爲眾生說法；所以 佛在兩千五百多年前，就預先把末法時代的所謂阿羅漢都否定了，而他們也確實是假阿羅漢。有人說：「**那也不見得吧！是你蕭平實出來否定的。**」可是我講的依舊是 如來講的，不是我創造的，如今聖教也都還存在，可以比對證實。那麼這樣子全都消失了，顯然他們懂得懺悔大妄語罪，我們該把救護他們的功德歸於 如來才對；因爲那些假阿羅漢全都「死」了，法身慧命才有可能活過來呀！這就是 如來的功德。只要聖教經典還在，如來的功德就會繼續發揚。

（未完，詳續第五輯演述。）

佛教正覺同修會〈修學佛道次第表〉

第一階段

＊以憶佛及拜佛方式修習動中定力。
＊學第一義佛法及禪法知見。
＊無相拜佛功夫成就。
＊具備一念相續功夫—動靜中皆能看話頭。
＊努力培植福德資糧，勤修三福淨業。

第二階段

＊參話頭，參公案。
＊開悟明心，一片悟境。
＊鍛鍊功夫求見佛性。
＊眼見佛性〈餘五根亦如是〉親見世界如幻，成就如幻觀。
＊學習禪門差別智。
＊深入第一義經典。
＊修除性障及隨分修學禪定。
＊修證十行位陽焰觀。

第三階段

＊學一切種智真實正理—楞伽經、解深密經、成唯識論…。
＊參究末後句。
＊解悟末後句。
＊透牢關—親自體驗所悟末後句境界，親見實相，無得無失。
＊救護一切衆生迴向正道。護持了義正法，修證十迴向位如夢觀。
＊發十無盡願，修習百法明門，親證猶如鏡像現觀。
＊修除五蓋，發起禪定。持一切善法戒。親證猶如光影現觀。
＊進修四禪八定、四無量心、五神通。進修大乘種智，求證猶如谷響現觀。

佛菩提二主要道次第概要表——二道並修，以外無別佛法

佛菩提道——大菩提道

十信位修集信心——一劫乃至一萬劫

資糧位

初住位修集布施功德（以財施為主）。
二住位修集持戒功德。
三住位修集忍辱功德。
四住位修集精進功德。
五住位修集禪定功德。
六住位修集般若功德（熏習般若中觀及斷我見，加行位也）。

外門廣修六度萬行

見道位

七住位明心般若正觀現前，親證本來自性清淨涅槃。
八住位起於一切法現觀般若中道。漸除性障。
十住位眼見佛性，世界如幻觀成就。

一至十行位，於廣行六度萬行中，依般若中道慧，現觀陰處界猶如陽焰，至第十行滿心位，陽焰觀成就。

一至十迴向位熏習一切種智；修除性障，唯留最後一分思惑不斷。第十迴向滿心位成就菩薩道如夢觀。

內門廣修六度萬行

遠波羅蜜多

初地：第十迴向位滿心時，成就道種智一分（八識心王一一親證後，領受五法、三自性、七種第一義、七種性自性、二種無我法）復由勇發十無盡願，成通達位菩薩。復又永伏性障而不具斷，能證慧解脫而不取證，由大願故留惑潤生。此地主修法施波羅蜜多及百法明門。證「猶如鏡像」現觀，故滿初地心。

二地：初地功德滿足以後，再成就道種智一分而入二地；主修戒波羅蜜多及一切種智。滿心位成就「猶如光影」現觀，戒行自然清淨。

解脫道：二乘菩提

→ 斷三縛結，成初果解脫

→ 薄貪瞋癡，成二果解脫

→ 斷五下分結，成三果解脫

入地前的四加行令煩惱障現行悉斷，成四果解脫，留惑潤生。分段生死已斷，煩惱障習氣種子開始斷除，兼斷無始無明上煩惱。

圓滿波羅蜜多　　大波羅蜜多　　近波羅蜜多

究竟位　　修道位

三地：二地滿心再證道種智一分，故入三地。此地主修忍波羅蜜多及四禪八定、四無量心、五神通。能成就俱解脫果而不取證，留惑潤生。滿心位成就「猶如谷響」現觀及無漏妙定意生身。

四地：由三地再證道種智一分故入四地。主修精進波羅蜜多，於此土及他方世界廣度有緣，無有疲倦。進修一切種智，滿心位成就「如水中月」現觀。

五地：由四地再證道種智一分故入五地。主修禪定波羅蜜多及一切種智，斷除下乘涅槃貪。滿心位成就「變化所成」現觀。

六地：由五地再證道種智一分故入六地。此地主修般若波羅蜜多——依道種智現觀十二因緣一一有支及意生身化身，皆自心眞如變化所現，「非有似有」，成就細相觀，不由加行而自然證得滅盡定，成俱解脫大乘無學。

七地：由六地「非有似有」現觀，再證道種智一分故入七地。此地主修一切種智及方便波羅蜜多，由重觀十二有支一一支中之流轉門及還滅門一切細相，成就方便善巧，念念隨入滅盡定。滿心位證得「如犍闥婆城」現觀。

八地：由七地極細相觀成就故再證道種智一分而入八地。此地主修一切種智及願波羅蜜多。至滿心位純無相觀任運恆起，故於相土自在，滿心位復證「如實覺知諸法相意生身」故。

九地：由八地再證道種智一分故入九地。主修力波羅蜜多及一切種智，成就四無礙，滿心位證得「種類俱生無行作意生身」。

十地：由九地再證道種智一分故入此地。此地主修一切種智——智波羅蜜多。滿心位起大法智雲，及現起大法智雲所含藏種種功德，成受職菩薩。

等覺：由十地道種智成就故入此地。此地應修一切種智，圓滿等覺地無生法忍；於百劫中修集極廣大福德，以之圓滿三十二大人相及無量隨形好。

妙覺：示現受生人間已斷盡煩惱障一切習氣種子，並斷盡所知障一切隨眠，永斷變易生死無明，成就大般涅槃，四智圓明。人間捨壽後，報身常住色究竟天利樂十方地上菩薩；以諸化身利樂有情，永無盡期，成就究竟佛道。

七地滿心斷除故意保留之最後一分思惑時，煩惱障所攝色、受、想三陰有漏習氣種子全部斷盡。

煩惱障所攝行、識二陰無漏習氣種子任運漸斷，所知障所攝上煩惱任運漸斷。

斷盡變易生死
成就大般涅槃

圓滿成就究竟佛果

佛子蕭平實　謹製
（二〇〇九、〇二　修訂）
（二〇一二、〇二　增補）

佛教正覺同修會 共修現況 及 招生公告 2024/6/2

一、共修現況：（請在共修時間來電，以免無人接聽。）

台北正覺講堂 103 台北市承德路三段 277 號九樓 捷運淡水線圓山站旁

Tel..總機 02-25957295（晚上）（**分機：九樓**辦公室 10、11；知客櫃檯 12、13。 **十樓**知客櫃檯 15、16；書局櫃檯 14。 **五樓**辦公室 18；知客櫃檯 19。**二樓**辦公室 20；知客櫃檯 21。）

Fax..25954493

第一講堂 台北市承德路三段 277 號九樓

禪淨班：週一晚班、週三晚班、週四晚班、週五晚班、週六下午班（共修期間二年半，全程免費。皆須報名建立學籍後始可參加共修，欲報名者詳見本公告末頁。）

進階班：週六早班。

增上班：成唯識論釋：單週六晚班。雙週六晚班（重播班）。17.50～20.50。平實導師講解，2022 年 2 月末開講，預定六年內講完，僅限已明心之會員參加。

禪門差別智：每月第一週日全天 平實導師主講（事冗暫停）。

菩薩瓔珞本業經 本經說明菩薩道六度、十度波羅蜜多之修行，要先修十信位，於因位中熏習百法明門，再轉入初住位起修六種瓔珞，總共四十二位，即是十住位、十行位、十迴向位、十地位、等覺位、妙覺位，方得成就六種瓔珞成為一生補處，然後成就佛道，名為習種性、性種性、道種性、聖種性、等覺性、妙覺性；連同習種性前的十信位，共為五十二階位實修完畢，方得成佛。於本經中亦說明大乘初見道的證眞如、發起般若現觀時，若有佛菩薩護持故，即得進第七住位常住不退，然後向上進發，速修佛菩提道。如是實修佛菩提道方是義學，而非學術界所說的相似佛法等玄學，皆是可修可證之法，全都屬於現法樂證樂住並且是現觀的佛法，顯示佛法眞是義學而非玄談或思想。本經已於 2024 年一月上旬起開講，由平實導師詳解。每逢週二晚上開講，第一至第七講堂都可同時聽聞，歡迎菩薩種性學人，攜眷共同參與此殊勝法會現場聞法，不限制聽講資格。本會學員憑上課證進入第一至第四、第七講堂聽講，會外學人請以身分證件換證進入聽講（此為大樓管理處安全管理規定之要求，敬請諒解）；第五及第六講堂（B1、B2）對外開放，不需出示任何證件，請由大樓側門直接進入。

第二講堂 台北市承德路三段 267 號十樓。

禪淨班：週一晚班。

進階班：週三晚班、週四晚班、週五晚班、週六下午班。禪淨班結業後轉入共修。

增上班：**成唯識論釋**：單週六晚班，影音同步傳播。雙週六晚班（重播班）

菩薩瓔珞本業經：平實導師講解。每週二 18.50~20.50 影像音聲即時傳輸。

第三講堂　台北市承德路三段 277 號五樓。

增上班：**成唯識論釋**：單週六晚班，影音同步傳播。雙週六晚班（重播班）

進階班：週一晚班、週三晚班、週四晚班、週五晚班、週六下午班。

菩薩瓔珞本業經：平實導師講解。每週二 18.50~20.50 影像音聲即時傳輸。

第四講堂　台北市承德路三段 267 號二樓。

進階班：週一晚班、週三晚班、週四晚班（禪淨班結業後轉入共修）。

菩薩瓔珞本業經：平實導師講解。每週二 18.50~20.50 影像音聲即時傳輸。

第五、第六講堂　台北市承德路三段 267 號地下一樓、地下二樓

進階班：週一晚班、週三晚班、週四晚班。

菩薩瓔珞本業經：平實導師講解。每週二 18.50~20.50 影像音聲即時傳輸。第五、第六講堂為**開放式講堂**，不需以身分證件換證即可進入聽講，台北市承德路三段 267 號地下一樓、地下二樓。每逢週二晚上講經時段開放給會外人士自由聽經，請由大樓側面梯階逕行進入聽講。**聽講者請尊重講者的著作權及肖像權，請勿錄音錄影，以免違法；若有錄音錄影被查獲者，將依法處理。**

第七講堂　台北市承德路三段 267 號六樓。

菩薩瓔珞本業經：平實導師講解。每週二 18.50~20.50 影像音聲即時傳輸。

正覺祖師堂　大溪區美華里信義路 650 巷坑底 5 之 6 號（台 3 號省道 34 公里處 妙法寺對面斜坡道進入）電話 03-3886110　傳真 03-3881692 本堂供奉 克勤圓悟大師，專供會員每年四月、十月各兩次精進禪三共修，兼作本會出家菩薩掛單常住之用。開放參訪日期請參見本會公告。教內共修團體或道場，得另申請其餘時間作團體參訪，務請事先與常住確定日期，以便安排常住菩薩接引導覽，亦免妨礙常住菩薩之日常作息及修行。

桃園正覺講堂（第一、第二講堂）：桃園市介壽路 286、288 號 10 樓（陽明運動公園對面）電話：03-3749363（請於共修時聯繫，或與台北聯繫）

禪淨班：週一晚班（1）、週一晚班（2）、週三晚班、週四晚班、週五晚班。

進階班：週三晚班、週四晚班、週五晚班、週六上午班。

增上班：**成唯識論釋**。雙週六晚班（增上重播班）。

菩薩瓔珞本業經：平實導師講解。每週二晚上，以台北正覺講堂所錄 DVD 放映；歡迎會外學人共同聽講，不需出示身分證件。

新竹正覺講堂 新竹市東光路 55 號二樓之一　電話 03-5724297（晚上）

第一講堂：

禪淨班：週五晚班。

進階班：週三晚班、週四晚班、週六上午班。由禪淨班結業後轉入共修

增上班：成唯識論釋。單週六晚班。雙週六晚班（重播班）。

菩薩瓔珞本業經：平實導師講解。每週二晚上，以台北正覺講堂所錄 DVD 放映。歡迎會外學人共同聽講，不需出示身分證件。

第二講堂：

禪淨班：週一晚班、週三晚班、週四晚班、週六上午班。

菩薩瓔珞本業經：每週二晚上與第一講堂同步播放講經 DVD。

第三、第四講堂：裝修完畢，已經啓用。

台中正覺講堂 04-23816090（晚上）

第一講堂 台中市南屯區五權西路二段 666 號 13 樓之四（國泰世華銀行樓上。鄰近縣市經第一高速公路前來者，由五權西路交流道可以快速到達，大樓旁有停車場，對面有素食館）。

禪淨班：週四晚班、週五晚班。

進階班：週一晚班、週三晚班、週六上午班（由禪淨班結業後轉入共修）。

增上班：成唯識論釋。單週六晚班。雙週六晚班（重播班）。

菩薩瓔珞本業經：平實導師講解。每週二晚上，以台北正覺講堂所錄 DVD 放映。歡迎會外學人共同聽講，不需出示身分證件。

第二講堂 台中市南屯區五權西路二段 666 號 4 樓

禪淨班：週一晚班、週三晚班。

第三講堂台中市南屯區五權西路二段 666 號 4 樓

禪淨班：週一晚班。

第四講堂台中市南屯區五權西路二段 666 號 4 樓。

進階班：週三晚班、週四晚班、週五晚班、週六上午班，由禪淨班結業後轉入共修

菩薩瓔珞本業經：每週二晚上與第一講堂同步播放講經 DVD。

嘉義正覺講堂 嘉義市友愛路 288 號八樓之一　電話：05-2318228

第一講堂：

禪淨班：週四晚班、週五晚班、週六上午班。

進階班：週一晚班、週三晚班（由禪淨班結業後轉入共修）。

增上班：成唯識論釋。單週六晚班。雙週六晚班（重播班）。

菩薩瓔珞本業經：平實導師講解。每週二晚上，以台北正覺講堂所錄 DVD 放映。歡迎會外學人共同聽講，不需出示身分證件。

第二講堂 嘉義市友愛路 288 號八樓之二。

第三講堂　嘉義市友愛路 288 號四樓之七。

禪淨班：週一晚班、週三晚班。

台南正覺講堂

第一講堂　台南市西門路四段 15 號 4 樓。06-2820541（晚上）

禪淨班：週一晚班、週四晚班、週五晚班、週六下午班。

增上班：成唯識論釋。單週六晚班。雙週六晚班（重播班）。

菩薩瓔珞本業經：平實導師講解。每週二晚上，以台北正覺講堂所錄 DVD 放映。歡迎會外學人共同聽講，不需出示身分證件。

第二講堂　台南市西門路四段 15 號 3 樓。

菩薩瓔珞本業經：每週二晚上與第一講堂同步播放講經 DVD。

第三講堂　台南市西門路四段 15 號 3 樓。

進階班：週一晚班、週三晚班、週四晚班、週五晚班（由禪淨班結業後轉入共修）。

菩薩瓔珞本業經：每週二晚上與第一講堂同步播放講經 DVD。

高雄正覺講堂　高雄市新興區中正三路 45 號五樓 07-2234248（晚上）

第一講堂（五樓）：

禪淨班：週一晚班、週三晚班、週四晚班、週五晚班、週六上午班。

進階班：週六下午班（由禪淨班結業後轉入共修）。

增上班：成唯識論釋。單週六晚班。雙週六晚班（重播班）。

菩薩瓔珞本業經：平實導師講解。每週二晚上，以台北正覺講堂所錄 DVD 放映。歡迎會外學人共同聽講，不需出示身分證件。

第二講堂（四樓）：

進階班：週三晚班、週四晚班（由禪淨班結業後轉入共修）。

菩薩瓔珞本業經：每週二晚上與第一講堂同步播放講經 DVD。

第三講堂（三樓）：

進階班：週四晚班（由禪淨班結業後轉入共修）。

香港正覺講堂

香港新界葵涌打磚坪街 93 號維京科技商業中心A 座 18 樓。

電話：(852) 23262231

英文地址：18/F, Tower A, Viking Technology & Business Centre, 93 Ta Chuen Ping Street, Kwai Chung, N.T., Hong Kong.

禪淨班：單週六下午班、雙週六下午班、單週日上午班、單週日下午班、雙週日上午班

進階班：雙週六、日上午班（由禪淨班結業後轉入共修）。

增上班：每月第一雙週日下午及晚上班，以台北增上班課程錄成 DVD 放映之。

增上重播班：每月第二雙週日下午及晚上班，以台北增上班課程錄成DVD 放映之。

不退轉法輪經詳解：平實導師講解。每週六、日 19:00～21:00，以台北正覺講堂所錄 DVD 放映；歡迎會外學人共同聽講，不需出示身分證件。

二、招生公告 **本會台北講堂及全省各講堂、香港講堂，每逢四月、十月下旬開新班，每週共修一次**（每次二小時。開課日起三個月內仍可插班）；**各班共修期間皆爲二年半，全程免費，欲參加者請向本會函索報名表**（各共修處皆於共修時間方有人執事，非共修時間請勿電詢或前來洽詢、請書），**或直接從本會官方網站**(http://www.enlighten.org.tw/newsflash/class)**或成佛之道網站下載報名表**。共修期滿時，若經報名禪三審核通過者，可參加四天三夜之禪三精進共修，有機會明心、取證如來藏，發起般若實相智慧，成爲實義菩薩，脫離凡夫菩薩位。

三、新春禮佛祈福 農曆**年假**期間停止共修：自農曆新年前七天起停止共修與弘法，正月 8 日起回復共修、弘法事務。新春期間正月初一～初七 9.00～17.00 開放台北講堂、正月初一~初三開放新竹、台中、嘉義、台南、高雄講堂，以及大溪禪三道場（正覺祖師堂），方便會員供佛、祈福及會外人士請書。

密宗四大派修雙身法，是外道性力派的邪法；又以生滅的識陰作為常住法，是常見外道，是假的藏傳佛教。

西藏覺囊巴以他空見弘揚第八識如來藏勝法，才是真藏傳佛教

佛教正覺同修會　弘法行事表

2024/1/2

1、**禪淨班**　以無相念佛及拜佛方式修習動中定力，實證一心不亂功夫。傳授解脫道正理及第一義諦佛法，以及參禪知見。共修期間：二年六個月。每逢四月、十月開新班，詳見招生公告表。

2、**進階班**　禪淨班畢業後得轉入此班，進修更深入的佛法，期能證悟明心。各地講堂各有多班，繼續深入佛法、增長定力，悟後得轉入增上班修學道種智，期能證得無生法忍。

3、**增上班 成唯識論釋**　詳解八識心王的唯識性、唯識相、唯識位，分說八識心王及其心所各別的自性、所依、所緣、相應心所、行相、功用等，並闡述緣生諸法的四緣：因緣、等無間緣、所緣緣、增上緣等四緣，並論及十因五果等。論中闡釋**佛法實證及成就的根本法即是第八識，由第八識成就三界世間及出世間的一切染淨諸法，方有成佛之道可修、可證、可成就，名為圓成實性**。然後詳解末法時代學人極易混淆的見道位所函蓋的眞見道、相見道、通達位等內容，指正末法時代高慢心一類學人，於見道位前後不斷所墮的同一邪謬處。末後開示修道位的十地之中，各地所應斷的二愚及所應證的一智，乃至佛位的四智圓明及具足四種涅槃等一切種智之眞實正理。由平實導師講述，每逢一、三、五週之週末晚上開示，每逢二、四週之週末為重播班，供作後悟之菩薩補聞所未聽聞之法。增上班課程僅限已明心之會員參加。未來每逢講完十分之一內容時，便予出書流通；總共十輯，敬請期待。（註：《瑜伽師地論》從 2003 年二月開講，至 2022 年 2 月 19 日已經圓滿，為期 18 年整。）

4、**菩薩瓔珞本業經**　本經說明菩薩道六度、十度波羅蜜多之修行，要先修十信位，於因位中熏習百法明門，再轉入初住位起修六種瓔珞，總共四十二位，即是十住位、十行位、十迴向位、十地位、等覺位、妙覺位，方得成就六種瓔珞成為一生補處，然後成就佛道，名為習種性、性種性、道種性、聖種性、等覺性、妙覺性；連同習種性前的十信位，共為五十二階位實修完畢，方得成佛。於本經中亦說明大乘初見道的證眞如、發起般若現觀時，若有佛菩薩護持故，即得進第七住位常住不退，然後向上進發，速修佛菩提道。如是實修佛菩提道方是義學，而非學術界所說的相似佛法等玄學，皆是可修可證之法，全都屬於現法樂證樂住並且是現觀的佛法，顯示佛法眞是義學而非玄談或思想。本經已於 2024 年一月上旬起開講，由平實導師詳解。不限制聽講資格。

5、**精進禪三**　主三和尚：平實導師。於四天三夜中，以克勤圓悟大師及大慧宗杲之禪風，施設機鋒與小參、公案密意之開示，幫助會員剋期取證，親證不生不滅之眞實心——人人本有之如來藏。每年四月、十月各舉辦三個梯次；平實導師主持。僅限本會會員參加禪淨班共修期滿，報名審核通過者，方可參加。並選擇會中定力、慧力、福德三條件皆已具足之已明心會員，給以指引，令得眼見自己無形無相之佛性遍佈山河大地，眞實而無障礙，得以肉眼現觀世界身心悉皆如幻，具足成就如幻觀，圓滿十住菩薩之證境。

6、**阿含經**詳解　選擇重要之阿含部經典，依無餘涅槃之實際而加以詳解，令大眾得以現觀諸法緣起性空，亦復不墮斷滅見中，顯示經中所隱說之涅槃實際—如來藏—確實已於四阿含中隱說；令大眾得以聞後觀行，確實斷除我見乃至我執，證得**見到**眞現觀，乃至**身證**……等眞現觀；已得大乘或二乘見道者，亦可由此聞熏及聞後之觀行，除斷我所之貪著，成就慧解脫果。由平實導師詳解。不限制聽講資格。

7、**精選如來藏系經典**詳解　精選如來藏系經典一部，詳細解說，以此完全印證會員所悟如來藏之眞實，得入不退轉住。另行擇期詳細解說之，由平實導師講解。僅限已明心之會員參加。

8、**禪門差別智**　藉禪宗公案之微細淆訛難知難解之處，加以宣說及剖析，以增進明心、見性之功德，啓發差別智，建立擇法眼。每月第一週日全天，由平實導師開示，僅限破參明心後，復又眼見佛性者參加（事冗暫停）。

9、**枯木禪**　先講智者大師的《小止觀》，後說《釋禪波羅蜜》，詳解四禪八定之修證理論與實修方法，細述一般學人修定之邪見與岔路，及對禪定證境之誤會，消除枉用功夫、浪費生命之現象。已悟般若者，可以藉此而實修初禪，進入大乘通教及聲聞教的三果心解脫境界，配合應有的大福德及後得無分別智、十無盡願，即可進入初地心中。親教師：平實導師。未來緣熟時將於正覺寺開講。不限制聽講資格。

註：本會例行年假，自 2004 年起，改爲每年農曆新年前七天開始停息弘法事務及共修課程，農曆正月 8 日回復所有共修及弘法事務。新春期間（每日 9.00～17.00）開放台北講堂，方便會員禮佛祈福及會外人士請書。大溪區的正覺祖師堂，開放參訪時間，詳見〈正覺電子報〉或成佛之道網站。本表得因時節因緣需要而隨時修改之，不另作通知。

佛教正覺同修會　贈閱書籍 目錄　2024/6/15

1.**無相念佛**　平實導師著　回郵 36 元
2.**念佛三昧修學次第**　平實導師述著　回郵 52 元
3.**正法眼藏—護法集**　平實導師述著　回郵 76 元
4.**真假開悟簡易辨正法&佛子之省思**　平實導師著　回郵 26 元
5.**生命實相之辨正**　平實導師著　回郵 31 元
6.**如何契入念佛法門 (附**：印順法師否定極樂世界 **)** 平實導師著　回郵 26 元
7.**平實書箋**—答元覽居士書　平實導師著　回郵 52 元
8.**三乘唯識**—如來藏系經律彙編　平實導師編　回郵 80 元
（精裝本　長 27 cm　寬 21 cm　高 7.5 cm　重 2.8 公斤）
9.**三時繫念全集**—修正本　回郵掛號 52 元（長 26.5 cm×寬 19 cm）
10.**明心與初地**　平實導師述　回郵 31 元
11.**邪見與佛法**　平實導師述著　回郵 36 元
12.**甘露法雨**　平實導師述　回郵 36 元
13.**我與無我**　平實導師述　回郵 36 元
14.**學佛之心態**—修正錯誤之學佛心態始能與正法相應　孫正德老師著　回郵52元
附錄：平實導師著**《略說八、九識並存…等之過失》**
15.**大乘無我觀**—《悟前與悟後》別說　平實導師述著　回郵 36 元
16.**佛教之危機**—中國台灣地區現代佛教之真相（附錄：公案拈提六則）
平實導師著　回郵 52 元
17.**燈　影**—燈下黑（覆「求教後學」來函等）　平實導師著　回郵 76 元
18.**護法與毀法**—覆上平居士與徐恒志居士網站毀法二文
張正圜老師著　回郵 76 元
19.**淨土聖道**—兼評**選擇本願念佛**　正德老師著　**由正覺同修會購贈**　回郵 52 **元**
20.**辨唯識性相**—對「紫蓮心海《辯唯識性相》書中否定阿賴耶識」之回應
正覺同修會 台南共修處法義組 著　回郵 52 元
21.**假如來藏**—對法蓮法師《如來藏與阿賴耶識》書中否定阿賴耶識之回應
正覺同修會 台南共修處法義組 著　回郵 76 元
22.**入不二門**—公案拈提集錦 第一輯（於平實導師公案拈提諸書中選錄約二十則，
合輯為一冊流通之）平實導師著　回郵 52 元
23.**真假邪說**—西藏密宗索達吉喇嘛《破除邪說論》真是邪說
釋正安法師著　上、下冊回郵各 52 元
24.**真假開悟**—真如、如來藏、阿賴耶識間之關係　平實導師述著　回郵 76 元

25.**真假禪和**—辨正釋傳聖之謗法謬說　孫正德老師著　回郵 76 元

26.**眼見佛性**—駁慧廣法師**眼見佛性的含義**文中謬說 游正光老師著 回郵 52 元

27.**普門自在**—公案拈提集錦 第二輯（於平實導師公案拈提諸書中選錄約二十則，合輯爲一冊流通之）平實導師著　回郵 52 元

28.**印順法師的悲哀**—以現代禪的質疑為線索　恒毓博士著　回郵 52 元

29.**識蘊真義**—現觀識蘊內涵、取證初果、親斷三縛結之具體行門。—依《成唯識論》及《唯識述記》正義，略顯安慧《大乘廣五蘊論》之邪謬　平實導師著 回郵 76 元

30.**正覺電子報** 各期紙版本　免附回郵　每次最多函索三期或三本。（已無存書之較早各期，不另增印贈閱）

31.**現代人應有的宗教觀**　蔡正禮老師 著　回郵 31 元

32.**遠惑趣道**—正覺電子報般若信箱問答錄　第一輯　回郵 52 元

33.**遠惑趣道**—正覺電子報般若信箱問答錄　第二輯　回郵 52 元

34.**正覺教團電視弘法三乘菩提 DVD 光碟（一）**

由正覺教團多位親教師共同講述錄製 DVD 8 片，MP3 一片，共 9 片。有二大講題：一爲「三乘菩提之意涵」，二爲「學佛的正知見」。內容精闢，深入淺出，精彩絕倫，幫助大眾快速建立三乘法道的正知見，免被外道邪見所誤導。有志修學三乘佛法之學人不可不看。（製作工本費 100 元，回郵 52 元）

35.**正覺教團電視弘法 DVD 專輯（二）**

總有二大講題：一爲「三乘菩提之念佛法門」，一爲「學佛正知見（第二篇）」，由正覺教團多位親教師輪番講述，內容詳細闡述如何修學念佛法門、實證念佛三昧，以及學佛應具有的正確知見，可以幫助發願往生西方極樂淨土之學人，得以把握往生，更可令學人快速建立三乘法道的正知見，免於被外道邪見所誤導。有志修學三乘佛法之學人不可不看。（一套 17 片，工本費 160 元。回郵 76 元）

36.**喇嘛性世界**—揭開假藏傳佛教譚崔瑜伽的面紗　張善思 等人合著　由正覺同修會購贈 回郵 52 元

37.**假藏傳佛教的神話**—性、謊言、喇嘛教　張正玄教授編著　由正覺同修會購贈 回郵 52 元

38.**隨 緣**—理隨緣與事隨緣　平實導師述　回郵 52 元。

40.**學佛的覺醒**　正枝居士 著　回郵 52 元

41.**意識虛妄經教彙編**—實證解脫道的關鍵經文　正覺同修會編印　回郵 36 元

42.**邪箭囈語**—破斥藏密外道多識仁波切《破魔金剛箭雨論》之邪說　陸正元老師著　上、下冊回郵各 52 元

43.**真假沙門**—依 佛聖教闡釋佛教僧寶之定義　蔡正禮老師著　俟正覺電子報連載後結集出版

44.**真假禪宗**—藉評論釋性廣《印順導師對變質禪法之批判

及對禪宗之肯定》以顯示真假禪宗

附論一：凡夫知見 無助於佛法之信解行證

附論二：世間與出世間一切法皆從如來藏實際而生而顯

余正偉老師著 俟正覺電子報連載後結集出版 回郵未定

★ 上列贈書之郵資，係台灣本島地區郵資，大陸、港、澳地區及外國地區，請另計酌增（大陸、港、澳、國外地區之郵票不許通用）。尚未出版之書，請勿先寄來郵資，以免增加作業煩擾。

★ 本目錄若有變動，唯於後印之書籍及「成佛之道」網站上修正公佈之，不另行個別通知。

函索書籍請寄：佛教正覺同修會 103 台北市承德路 3 段 277 號 9 樓
台灣地區函索書籍者請附寄郵票，無時間購買郵票者可以等值現金抵用，但不接受郵政劃撥、支票、匯票。大陸地區得以人民幣計算，國外地區請以美元計算（請勿寄來當地郵票，在台灣地區不能使用）。欲以掛號寄遞者，請另附掛號郵資。

親自索閱：正覺同修會各共修處。 ★請於共修時間前往取書，餘時無人在道場，請勿前往索取；共修時間與地點，詳見書末正覺同修會共修現況表（以近期之共修現況表為準）。

註：正智出版社發售之局版書，請向各大書局購閱。若書局之書架上已經售出而無陳列者，請向書局櫃台指定洽購；若書局不便代購者，請於正覺同修會共修時間前往各共修處請購，正智出版社已派人於共修時間送書前往各共修處流通。 郵政劃撥購書及 大陸地區 購書，請詳別頁正智出版社發售書籍目錄最後頁之說明。

成佛之道 網站：http://www.a202.idv.tw 正覺同修會已出版之結緣書籍，多已登載於 成佛之道 網站，若住外國、或住處遙遠，不便取得正覺同修會贈閱書籍者，可以從本網站閱讀及下載。

＊＊ 假藏傳佛教修雙身法，非佛教 ＊＊

正覺口袋書 目錄

2024/6/15

1.**如何契入念佛法門**　平實導師著　回郵 26 元
2.**明心與初地**　平實導師述著　回郵 31 元
3.**生命實相之辨正**　平實導師述著　回郵 31 元
4.**真假開悟簡易辨正法&佛子之省思**　平實導師著　回郵 26 元
5.**現代人應有的宗教觀**　蔡正禮老師著　回郵31 元
6.**確保您的權益**—器官捐贈應注意自我保護　游正光老師 著　回郵31 元
7.**甘露法門—解脫道與佛菩提道**　佛教正覺同修會著　回郵 31 元
8.**概說密宗(一)**—認清西藏密宗(喇嘛教)的底細
正覺教育基金會著　回郵 36 元
9.**概說密宗(二)**—藏密觀想、明點、甘露、持明的真相
正覺教育基金會著　回郵 36 元
10.**概說密宗(三)**—密教誇大不實之神通證量
正覺教育基金會著　回郵 36 元
11.**概說密宗(四)**—密宗諸餘邪見(恣意解釋佛法修證上之名相)之一
正覺教育基金會著　回郵 36 元
12.**概說密宗(五)**—密宗之如來藏見及般若中觀
正覺教育基金會著　回郵 36 元
13.**概說密宗(六)**—無上瑜伽之雙身修法　正覺教育基金會著　回郵 36 元
14.**成佛之道**　正覺教育基金會著　回郵 36 元
15.**淨土奇特行門**—禪淨法門之速行道與緩行道
正覺教育基金會著　回郵 36 元
16.**如何修證解脫道**　正覺教育基金會著　回郵 36 元
17.**淺談達賴喇嘛之雙身法**—兼論解讀「密續」之達文西密碼
正覺教育基金會著　回郵 36 元
18.**密宗真相**—來自西藏高原的狂密　正覺教育基金會著　回郵 36 元
19.**導師之真實義**　正禮老師著　回郵 36 元
20.**如來藏中藏如來**　正覺教育基金會著　回郵 36 元
21.**觀行斷三縛結**—實證初果　正覺教育基金會著　回郵 36 元
22.**破羯磨僧真義**　佛教正覺同修會著　回郵 36 元
23.**一貫道與開悟**　正覺教育基金會著　回郵 36 元
24.**出家菩薩首重**—虛心求教 勤求證悟　正覺教育基金會著　回郵 36 元
25.**博愛 —愛盡天下女人**　正覺教育基金會著　回郵 36 元

26.**邁向正覺(一)**　作者趙玲子等合著　回郵 36 元
27.**邁向正覺(二)**　作者張善思等合著　回郵 36 元
28.**邁向正覺(三)**　作者許坤田等合著　回郵 36 元
29.**邁向正覺(四)**　作者劉俊廷等合著　回郵 36 元
30.**邁向正覺(五)**　作者林洋毅等合著　回郵 36 元
31.**繫念思惟念佛法門**　正覺教育基金會著　回郵 36 元
32.**邁向正覺(六)**　作者倪式谷等合著　回郵 36 元
33.**廣論之平議(一)~(七)**—宗喀巴《菩提道次第廣論》之平議
作者正雄居士　每冊回郵 36 元
34.**俺曚你把你哄**—六字大明咒揭密　作者正玄教授　回郵 36 元
35.**如何契入念佛法門(中英日文版)**　平實導師著　回郵 36 元
36.**明心與初地(中英文版)**　平實導師述著　回郵 36 元
37.**您不可不知的事實**—揭開藏傳佛教真實面之報導(一)
正覺教育基金會著　回郵 36 元
38.**外道羅丹的悲哀(一)~(三)**—略評外道羅丹等編《佛法與非佛法判別》之邪見 正覺教育基金會著　每冊回郵 36 元
39.**與《廣論》研討班學員談心**　正覺教育基金會著　回郵 36 元
40.**證道歌略釋**　平實導師著　回郵 36 元
41.**甘願做菩薩**　郭正益老師　回郵 36 元
42.**恭祝達賴喇嘛八十大壽**一做賊心虛喊抓賊~喇嘛不是佛教徒
張正玄教授著　回郵 36 元
43.**從一佛所在世界談宇宙大覺者**　高正齡老師著　回郵 36 元
44.**老去人間萬事休，應須洗心從佛祖**—達賴權謀，可以休矣
正覺教育基金會編印　回郵 36 元
45.**表相歸依與實義歸依**一真如為究竟歸依處
正覺同修會編印　回郵 36 元
46.**我為何離開廣論？**　正覺同修會編印　回郵 36 元
47.**三乘菩提之佛典故事(一)**　葉正緯老師講述　回郵 36 元
48.**佛教與成佛—總說**　師子苑居士著　回郵 36 元
49.**三乘菩提概說(一)**　余正文老師講述　回郵 36 元
50.**一位哲學博士的懺悔**　泰洛著　回郵 36 元
51.**三乘菩提概說（二）**　余正文老師講述　回郵 36 元
52.**三乘菩提之佛典故事(二)**　郭正益老師講述　回郵 36 元
53.**尊師重道**　沐中原著　回郵 50 元
54.**心經在說什麼？**　平實導師講述　回郵 36 元

正智出版社 籌募弘法基金發售書籍目錄 2024/04/10

1.**宗門正眼**—公案拈提 第一輯 重拈　平實導師 著　500 元

因重寫內容大幅度增加故，字體必須改小，並增爲 576 頁 主文 546 頁。比初版更精彩、更有內容。初版《禪門摩尼寶聚》之讀者，可寄回本公司免費調換新版書。免附回郵，亦無截止期限。（2007 年起，每冊附贈本公司精製公案拈提〈超意境〉CD 一片。市售價格 280 元，多購多贈。）

2.**禪淨圓融**　平實導師 著　200 元（第一版舊書可換新版書。）

3.**真實如來藏**　平實導師 著　400 元

4.**禪—悟前與悟後**　平實導師 著　上、下冊，每冊 250 元

5.**宗門法眼**—公案拈提 第二輯　平實導師 著　500 元

（2007 年起，每冊附贈本公司精製公案拈提〈超意境〉CD 一片）

6.**楞伽經詳解**　平實導師 著　全套共 10 輯　每輯 250 元

7.**宗門道眼**—公案拈提 第三輯　平實導師 著　500 元

（2007 年起，每冊附贈本公司精製公案拈提〈超意境〉CD 一片）

8.**宗門血脈**—公案拈提 第四輯　平實導師 著　500 元

（2007 年起，每冊附贈本公司精製公案拈提〈超意境〉CD 一片）

9.**宗通與說通**—成佛之道 平實導師 著 主文 381 頁 全書 400 頁售價 300 元

10.**宗門正道**—公案拈提 第五輯　平實導師 著　500 元

（2007 年起，每冊附贈本公司精製公案拈提〈超意境〉CD 一片）

11.**狂密與真密 一～四輯**　平實導師 著　西藏密宗是人間最邪淫的宗教，本質不是佛教，只是披著佛教外衣的印度教性力派流毒的喇嘛教。此書中將西藏密宗密傳之男女雙身合修樂空雙運所有祕密與修法，毫無保留完全公開，並將全部喇嘛們所不知道的部分也一併公開。內容比大辣出版社喧騰一時的《西藏慾經》更詳細。並且函蓋藏密的所有祕密及其錯誤的中觀見、如來藏見……等，藏密的所有法義都在書中詳述、分析、辨正。每輯主文三百餘頁　每輯全書約 400 頁　售價每輯 300 元

12.**宗門正義**—公案拈提 第六輯　平實導師 著　500 元

（2007 年起，每冊附贈本公司精製公案拈提〈超意境〉CD 一片）

13.**心經密意**—心經與解脫道、佛菩提道、祖師公案之關係與密意　平實導師述　300 元

14.**宗門密意**—公案拈提 第七輯　平實導師 著　500 元

（2007 年起，每冊附贈本公司精製公案拈提〈超意境〉CD 一片）

15.**淨土聖道**—兼評「選擇本願念佛」　正德老師 著　200 元

16.**起信論講記**　平實導師 述著　共六輯　每輯三百餘頁　售價各 250 元

17.**優婆塞戒經講記**　平實導師 述著　共八輯 每輯三百餘頁 售價各250元

18.**真假活佛**—略論附佛外道盧勝彥之邪說（對前岳靈犀網站主張「盧勝彥是證悟者」之修正）　正犀居士（岳靈犀）著　流通價140元

19.**阿含正義**—唯識學探源　平實導師 著　共七輯　每輯300元

20.**超意境 CD** 以平實導師公案拈提書中超越意境之頌詞，加上曲風優美的旋律，錄成令人嚮往的超意境歌曲，其中包括正覺發願文及平實導師親自譜成的黃梅調歌曲一首。詞曲雋永，殊堪翫味，可供學禪者吟詠，有助於見道。內附設計精美的彩色小冊，解說每一首詞的背景本事。每片 280 元。【每購買公案拈提書籍一冊，即贈送一片。】

21.**菩薩底憂鬱 CD** 將菩薩情懷及禪宗公案寫成新詞，並製作成超越意境的優美歌曲。 1.主題曲〈菩薩底憂鬱〉，描述地後菩薩能離三界生死而迴向繼續生在人間，但因尚未斷盡習氣種子而有極深沈之憂鬱，非三賢位菩薩及二乘聖者所知，此憂鬱在七地滿心位方才斷盡；本曲之詞中所說義理極深，昔來所未曾見；此曲係以優美的情歌風格寫詞及作曲，聞者得以激發嚮往諸地菩薩境界之大心，詞、曲都非常優美，難得一見；其中勝妙義理之解說，已印在附贈之彩色小冊中。 2.以各輯公案拈提中直示禪門入處之頌文，作成各種不同曲風之超意境歌曲，值得玩味、參究；聆聽公案拈提之優美歌曲時，請同時閱讀內附之印刷精美說明小冊，可以領會超越三界的證悟境界；未悟者可以因此引發求悟之意向及疑情，眞發菩提心而邁向求悟之途，乃至因此眞實悟入般若，成眞菩薩。 3.正覺總持咒新曲，總持佛法大意；總持咒之義理，已加以解說並印在隨附之小冊中。本 CD 共有十首歌曲，長達 63 分鐘。每盒各附贈二張購書優惠券。每片 320 元。

22.**禪意無限 CD** 平實導師以公案拈提書中偈頌寫成不同風格曲子，與他人所寫不同風格曲子共同錄製出版，幫助參禪人進入禪門超越意識之境界。盒中附贈彩色印製的精美解說小冊，以供聆聽時閱讀，令參禪人得以發起參禪之疑情，即有機會證悟本來面目而發起實相智慧，實證大乘菩提般若，能如實證知般若經中的眞實意。本 CD 共有十首歌曲，長達 69 分鐘，每盒各附贈二張購書優惠券。每片 320 元。

23.**我的菩提路**第一輯　釋悟圓、釋善藏等人合著　售價 300 元

24.**我的菩提路**第二輯　郭正益等人合著　售價300元

（初版首刷至第四刷，都可以寄來免費更換爲第二版，免附郵費）

25.**我的菩提路**第三輯　王美伶等人合著　售價300元

26.**我的菩提路**第四輯　陳晏平等人合著　售價 300 元
27.**我的菩提路**第五輯　林慈慧等人合著　售價 300 元
28.**我的菩提路**第六輯　劉惠莉等人合著　售價 300 元
29.**我的菩提路**第七輯　余正偉等人合著　售價 300 元
30.**鈍鳥與靈龜**—考證後代凡夫對大慧宗杲禪師的無根誹謗。
平實導師 著 共 458 頁 售價 350 元
31.**維摩詰經講記**　平實導師 述　共六輯　每輯三百餘頁　售價各 250 元
32.**真假外道**—破劉東亮、杜大威、釋證嚴常見外道見　正光老師 著　200 元
33.**勝鬘經講記**—兼論印順《勝鬘經講記》對於《勝鬘經》之誤解。
平實導師 述　共六輯　每輯三百餘頁　售價 250 元
34.**楞嚴經講記**—平實導師 述　共 15 輯，每輯三百餘頁　售價 300 元
35.**明心與眼見佛性**—駁慧廣〈蕭氏「眼見佛性」與「明心」之非〉文中謬說
正光老師 著　共 448 頁　售價 300 元
36.**見性與看話頭**　黃正倖老師 著，本書是禪宗參禪的方法論。
內文 375 頁，全書 416 頁，售價 300 元。
37.**達賴真面目**—玩盡天下女人 白正偉老師 等著 中英對照彩色精裝大本 800 元
38.**喇嘛性世界**—揭開假藏傳佛教譚崔瑜伽的面紗　張善思 等人著　200 元
39.**假藏傳佛教的神話**—性、謊言、喇嘛教　正玄教授 編著　200 元
40.**金剛經宗通**　平實導師 述　共九輯　每輯售價 250 元。
41.**末代達賴**—性交教主的悲歌　張善思、呂艾倫、辛燕　編著 售價 250 元
42.**霧峰無霧**—給哥哥的信　辨正釋印順對佛法的無量誤解
游宗明 老師 著　售價 250 元
43.**霧峰無霧**—第二輯—救護佛子向正道　細說釋印順對佛法的各類誤解
游宗明 老師 著　售價 250 元
44.**第七意識與第八意識？**—穿越時空「超意識」
平實導師 述　每冊 300 元
45.**黯淡的達賴**—失去光彩的諾貝爾和平獎
正覺教育基金會　編著　每冊 250 元
46.**童女迦葉考**—論呂凱文〈佛教輪迴思想的論述分析〉之謬。
平實導師 著　定價 180 元
47.**人間佛教**—實證者必定不悖三乘菩提
平實導師　述，定價 400 元
48.**實相經宗通**　平實導師 述　共八輯　每輯 250 元

49.**真心告訴您(一)**—達賴喇嘛在幹什麼？
正覺教育基金會 編著　售價250元
50.**中觀金鑑**—詳述應成派中觀的起源與其破法本質
孫正德老師 著　分爲上、中、下三冊，每冊250元
51.**藏傳佛教要義**—《狂密與真密》之簡體字版　平實導師 著 上、下冊
僅在大陸流通　每冊300元
52.**法華經講義**—平實導師 述　共二十五輯　每輯三百餘頁 售價300元
53.**西藏「活佛轉世」制度**—附佛、造神、世俗法
許正豐、張正玄老師 合著　定價150元
54.**廣論三部曲**—郭正益老師著　定價150元
55.**真心告訴您(二)**—達賴喇嘛是佛教僧侶嗎？
—補祝達賴喇嘛八十大壽
正覺教育基金會 編著　售價300元
56.**次法**—實證佛法前應有的條件
張善思居士 著　分爲上、下二冊，每冊250元
57.**涅槃**—解說四種涅槃之實證及內涵　平實導師 著 上、下冊　各350元
58.**佛藏經講義**—平實導師 述　共二十一輯 每輯三百餘頁 售價300元。
59.**成唯識論**—大唐 玄奘菩薩所著鉅論。重新正確斷句，並以不同字體及標點符號顯示質疑文，令得易讀。全書288頁，精裝大本400元。
60.**大法鼓經講義**—平實導師 述　共六輯　每輯三百餘頁 售價300元。
61.**成唯識論釋**—詳解大唐玄奘菩薩所著《成唯識論》，平實導師 著述。共十輯，每輯內文四百餘頁，12 級字編排，於每講完一輯的分量以後即予出版，2023 年五月底出版第一輯，以後每七到十個月出版一輯，每輯400元。
62.**不退轉法輪經講義**—平實導師 述 2024年1月30日開始出版　共十輯
每二個月出版一輯，每輯300元。
63.**中論正義**—釋龍樹菩薩《中論》頌正理。孫正德老師 著　共上下二冊
下冊定於2024/6/30出版 每冊300元。
64.**誰是 師子身中蟲**—平實導師 述著　2024年5月30出版，每冊110元。
65.**解深密經講義**—平實導師 述　輯數未定　將於《不退轉法輪經講義》出版後整理出版。
66.**菩薩瓔珞本業經講義**—平實導師 述　約○輯　將於《解深密經講義》出版後整理出版。
67.**假鋒虛焰金剛乘**—揭示顯密正理，兼破索達吉師徒《般若鋒兮金剛焰》
釋正安法師 著　簡體字版　即將出版 售價未定

68.**廣論之平議**—宗喀巴《菩提道次第廣論》之平議　正雄居士 著
約二或三輯 俟正覺電子報連載後結集出版　書價未定
69.**八識規矩頌**詳解　○○居士 註解　出版日期另訂　書價未定
70.**中觀正義**—註解平實導師《中論正義頌》。
○○法師（居士）著　出版日期未定　書價未定
71.**中國佛教史**—依中國佛教正法史實而論。○○老師 著　書價未定。
72.**印度佛教史**—法義與考證。依法義史實評論印順《印度佛教思想史、佛教史地考論》之謬說　正偉老師 著 出版日期未定 書價未定
73.**阿含經講記**—將選錄四阿含中數部重要經典全經講解之，講後整理出版。
平實導師 述　約二輯　每輯300元　出版日期未定
74.**寶積經講記** 平實導師 述 每輯三百餘頁 優惠價300元　出版日期未定
75.**修習止觀坐禪法要講記**　平實導師 述　每輯三百餘頁
將於正覺寺建成後重講、以講記逐輯出版　出版日期未定
76.**無門關**—《無門關》公案拈提　平實導師 著　出版日期未定。
77.**中觀再論**—兼述印順《中觀今論》謬誤之平議。正光老師 著　出版日期未定
78.**輪迴與超度**—佛教超度法會之真義。
○○法師（居士）著　出版日期未定　書價未定
79.**《釋摩訶衍論》平議**—對偽稱龍樹所造《釋摩訶衍論》之平議
○○法師（居士）著　出版日期未定　書價未定
80.**正覺發願文**註解—以真實大願為因 得證菩提
正德老師 著　出版日期未定　書價未定
81.**正覺總持咒**—佛法之總持　正圜老師 著　出版日期未定　書價未定
82.**三自性**—依四食、五蘊、十二因緣、十八界法，說三性三無性。
作者未定　出版日期未定
83.**道品**—從三自性說大小乘三十七道品　作者未定　出版日期未定
84.**大乘緣起觀**—依四聖諦七真如現觀十二緣起 作者未定　出版日期未定
85.**三德**—論解脫德、法身德、般若德。　作者未定　出版日期未定
86.**真假如來藏**—對印順《如來藏之研究》謬說之平議　作者未定　出版日期未定
87.**大乘道次第**　作者未定　出版日期未定　書價未定
88.**四緣**—依如來藏故有四緣。　作者未定　出版日期未定
89.**空之探究**—印順《空之探究》謬誤之平議　作者未定　出版日期未定
90.**十法義**—論阿含經中十法之正義　作者未定　出版日期未定
91.**外道見**—論述外道六十二見　作者未定　出版日期未定

正智出版社有限公司 書籍介紹

禪淨圓融：言淨土諸祖所未曾言，示諸宗祖師所未曾示；禪淨圓融，另闢成佛捷徑，兼顧自力他力，闡釋淨土門之速行易行道，亦同時揭櫫聖教門之速行易行道；令廣大淨土行者得免緩行難證之苦，亦令聖道門行者得以藉著淨土速行道而加快成佛之時劫。乃前無古人之超勝見地，非一般弘揚禪淨法門典籍也，先讀為快。平實導師著 200元。

宗門正眼—**公案拈提**第一輯：繼承克勤圜悟大師碧巖錄宗旨之禪門鉅作。先則舉示當代大法師之邪說，消弭當代禪門大師鄉愿之心態，摧破當今禪門「世俗禪」之妄談；次則旁通教法，表顯宗門正理；繼以道之次第，消弭古今狂禪；後藉言語及文字機鋒，直示宗門入處。悲智雙運，禪味十足，數百年來難得一睹之禪門鉅著也。平實導師著 500元（原初版書《禪門摩尼寶聚》，改版後補充為五百餘頁新書，總計多達二十四萬字，內容更精彩，並改名為《宗門正眼》，讀者原購初版《禪門摩尼寶聚》皆可寄回本公司免費換新，免附回郵，亦無截止期限）（2007年起，凡購買公案拈提第一輯至第七輯，每購一輯皆贈送本公司精製公案拈提〈超意境〉CD一片，市售價格280元，多購多贈）。

禪—悟前與悟後：本書能建立學人悟道之信心與正確知見，圓滿具足而有次第地詳述禪悟之功夫與禪悟之內容，指陳參禪中細微淆訛之處，能使學人明自眞心、見自本性。若未能悟入，亦能以正確知見辨別古今中外一切大師究係眞悟？或屬錯悟？便有能力揀擇，捨名師而選明師，後時必有悟道之緣。一旦悟道，遲者七次人天往返，便出三界，速者一生取辦。學人欲求開悟者，不可不讀。　平實導師著。上、下冊共500元，單冊250元。

眞實如來藏：如來藏眞實存在，乃宇宙萬有之本體，並非印順法師、達賴喇嘛等人所說之「唯有名相、無此心體」。如來藏是涅槃之本際，是一切有智之人竭盡心智、不斷探索而不能得之生命實相；是古今中外許多大師自以爲悟而當面錯過之生命實相。如來藏即是阿賴耶識，乃是一切有情本自具足、不生不滅之眞實心。當代中外大師於此書出版之前所未能言者，作者於本書中盡情流露、詳細闡釋。眞悟者讀之，必能增益悟境、智慧增上；錯悟者讀之，必能檢討自己之錯誤，免犯大妄語業；未悟者讀之，能知參禪之理路，亦能以之檢查一切名師是否眞悟。此書是一切哲學家、宗教家、學佛者及欲昇華心智之人必讀之鉅著。　平實導師著　售價400元。

宗門法眼——**公案拈提**第二輯：列舉實例，闡釋土城廣欽老和尚之悟處；並直示這位不識字的老和尚妙智橫生之根由，繼而剖析禪宗歷代大德之開悟公案，解析當代密宗高僧卡盧仁波切之錯悟證據，並例舉當代顯宗高僧、大居士之錯悟證據（凡健在者，爲免影響其名聞利養，皆隱其名）。藉辨正當代名師之邪見，向廣大佛子指陳禪悟之正道，彰顯宗門法眼。悲勇兼出，強捋虎鬚；慈智雙運，巧探驪龍；摩尼寶珠在手，直示宗門入處，禪味十足；若非大悟徹底，不能爲之。禪門精奇人物，允宜人手一冊，供作參究及悟後印證之圭臬。本書於2008年4月改版，增寫為大約500頁篇幅，以利學人研讀參究時更易悟入宗門正法，以前所購初版首刷及初版二刷舊書，皆可免費換取新書。平實導師著 500元（2007年起，凡購買公案拈提第一輯至第七輯，每購一輯皆贈送本公司精製公案拈提〈超意境〉CD一片，市售價格280元，多購多贈）。

宗門道眼——**公案拈提**第三輯：繼宗門法眼之後，再以金剛之作略、慈悲之胸懷、犀利之筆觸，舉示寒山、拾得、布袋三大士之悟處，消弭當代錯悟者對於寒山大士……等之誤會及誹謗。亦舉出民初以來與虛雲和尚齊名之蜀郡鹽亭袁煥仙夫子——南懷瑾老師之師，其「悟處」何在？並蒐羅許多眞悟祖師之證悟公案，顯示禪宗歷代祖師之睿智，指陳部分祖師、奧修及當代顯密大師之謬悟，作爲殷鑑，幫助禪子建立及修正參禪之方向及知見。假使讀者閱此書已，一時尚未能悟，亦可一面加功用行，一面以此宗門道眼辨別眞假善知識，避開錯誤之印證及歧路，可免大妄語業之長劫慘痛果報。欲修禪宗之禪者，務請細讀。平實導師著 售價500元（2007年起，凡購買公案拈提第一輯至第七輯，每購一輯皆贈送本公司精製公案拈提〈超意境〉CD一片，市售價格280元，多購多贈）。

楞伽經詳解：本經是禪宗見道者印證所悟眞僞之根本經典，亦是禪宗見道者悟後起修之依據經典；故達摩祖師於印證二祖慧可大師之後，將此經典連同佛鉢祖衣一併交付二祖，令其依此經典佛示金言、進入修道位，修學一切種智。由此可知此經對於眞悟之人修學佛道，是非常重要之一部經典。此經能破外道邪說，亦破佛門中錯悟名師之謬說，亦破禪宗部分祖師之狂禪：不讀經典、一向主張「一悟即成究竟佛」之謬執。並開示愚夫所行禪、觀察義禪、攀緣如禪、如來禪等差別，令行者對於三乘禪法差異有所分辨；亦糾正禪宗祖師古來對於如來禪之誤解，嗣後可免以訛傳訛之弊。此經亦是法相唯識宗之根本經典，禪者悟後欲修一切種智而入初地者，必須詳讀。平實導師著，全套共十輯，已全部出版完畢，每輯主文約320頁，每冊約352頁，定價250元。

宗門血脈—**公案拈提第四輯**：末法怪象—許多修行人自以爲悟，每將無念靈知認作眞實；崇尚二乘法諸師及其徒眾，則將**外於如來藏之緣起性空**—無因論之無常空、斷滅空、一切法空—錯認爲佛所說之般若空性。這兩種現象已於當今海峽兩岸及美加地區顯密大師之中普遍存在；人人自以爲悟，心高氣壯，便敢寫書解釋祖師證悟之公案，大多出於意識思惟所得，言不及義，錯誤百出，因此誤導廣大佛子同陷大妄語之地獄業中而不能自知。彼等書中所說之悟處，其實處處違背第一義經典之聖言量。彼等諸人不論是否身披袈裟，都非佛法宗門血脈，或雖有禪宗法脈之傳承，亦只徒具形式；猶如螟蛉，非眞血脈，未悟得根本眞實故。禪子欲知佛、祖之眞血脈者，請讀此書，便知分曉。平實導師著，主文452頁，全書464頁，定價500元（2007年起，凡購買公案拈提第一輯至第七輯，每購一輯皆贈送本公司精製公案拈提〈超意境〉CD一片，市售價格280元，多購多贈）。

宗通與說通：古今中外，錯誤之人如麻似粟，每以常見外道所說之靈知心，認作眞心；或妄想虛空之勝性能量爲眞如，或錯認物質四大元素藉冥性（靈知心本體）能成就吾人色身及知覺，或認初禪至四禪中之了知心爲不生不滅之涅槃心。此等皆非通宗者之見地。復有錯悟之人一向主張「宗門與教門不相干」，此即尚未通達宗門之人也。其實宗門與教門互通不二，宗門所證者乃是眞如與佛性，教門所說者乃說宗門證悟之眞如佛性，故教門與宗門不二。本書作者以宗教二門互通之見地，細說「宗通與說通」，從初見道至悟後起修之道、細說分明；並將諸宗諸派在整體佛教中之地位與次第，加以明確之教判，學人讀之即可了知佛法之梗概也。欲擇明師學法之前，允宜先讀。平實導師著，主文共381頁，全書392頁，只售成本價300元。

宗門正道——**公案拈提**第五輯：修學大乘佛法有二果須證解脫果及大菩提果。二乘人不證大菩提果，唯證解脫果；此果之智慧，名爲聲聞菩提、緣覺菩提。大乘佛子所證二果之菩提果爲佛菩提，故名大菩提果，其慧名爲一切種智函蓋二乘解脫果。然此大乘二果修證，須經由禪宗之宗門證悟方能相應。而宗門證悟極難，自古已然；其所以難者，咎在古今佛教界普遍存在三種邪見：1.以修定認作佛法，2.以無因論之緣起性空—否定涅槃本際如來藏以後之一切法空作爲佛法，3.以常見外道邪見（離語言妄念之靈知性）作爲佛法。如是邪見，或因自身正見未立所致，或因邪師之邪教導所致，或因無始劫來虛妄熏習所致。若不破除此三種邪見，永劫不悟宗門眞義、不入大乘正道，唯能外門廣修菩薩行。平實導師於此書中，有極爲詳細之說明，有志佛子欲摧邪見、入於內門修菩薩行者，當閱此書。主文共496頁，全書512頁。售價500元（2007年起，凡購買公案拈提第一輯至第七輯，每購一輯皆贈送本公司精製公案拈提〈超意境〉CD一片，市售價格280元，多購多贈）。

狂密與真密：密教之修學，皆由有相之觀行法門而入，其最終目標仍不離顯教經典所說第一義諦之修證；若離顯教第一義經典、或違背顯教第一義經典，即非佛教。西藏密教之觀行法，如灌頂、觀想、遷識法、寶瓶氣、大聖歡喜雙身修法、喜金剛、無上瑜伽、大樂光明、樂空雙運等，皆是印度教**兩性生生不息思想**之轉化，**自始至終**皆以**如何能運用交合淫樂之法達到全身受樂**爲其中心思想，純屬欲界五欲的貪愛，不能令人超出欲界輪迴，更不能令人斷除我見；何況大乘之明心與見性，更無論矣！故密宗之法絕非佛法也。而其明光大手印、大圓滿法教，又皆同以常見外道所說**離語言妄念之無念靈知心**錯認爲佛地之眞如，不能直指不生不滅之眞如。西藏密宗所有法王與徒眾，都尚未開頂門眼，不能辨別眞僞，以**依人不依法、依密續不依經典**故，不肯將其上師喇嘛所說對照第一義經典，純依密續之藏密祖師所說爲準，因此而誇大其證德與證量，動輒謂彼祖師上師爲究竟佛、爲地上菩薩；如今台海兩岸亦有自謂其師證量高於 釋迦文佛者，然觀其師所述，猶未見道，仍在觀行即佛階段，尚未到禪宗相似即佛、分證即佛階位，竟敢標榜爲究竟佛及地上法王，誑惑初機學人。凡此怪象皆是狂密，不同於眞密之修行者。近年狂密盛行，密宗行者被誤導者極眾，動輒自謂已證佛地眞如，自視爲究竟佛，陷於大妄語業中而不知自省，反謗顯宗眞修實證者之證量粗淺；或如義雲高與釋性圓…等人，於報紙上公然誹謗眞實證道者爲「騙子、無道人、人妖、癩蛤蟆…」等，造下誹謗大乘勝義僧之大惡業；或以外道法中有爲有作之甘露、魔術……等法，誑騙初機學人，狂言彼外道法爲眞佛法。如是怪象，在西藏密宗及附藏密之外道中，不一而足，舉之不盡，學人宜應愼思明辨，以免上當後又犯毀破菩薩戒之重罪。密宗學人若欲遠離邪知邪見者，請閱此書，即能了知密宗之邪謬，從此遠離邪見與邪修，轉入眞正之佛道。

平實導師著 共四輯 每輯約400頁（主文約340頁）每輯售價300元。

宗門正義—公案拈提第六輯：佛教有六大危機，乃是藏密化、世俗化、膚淺化、學術化、宗門密意失傳、悟後進修諸地之次第混淆；其中尤以宗門密意之失傳，爲當代佛教最大之危機。由宗門密意失傳故，易令世尊本懷普被錯解，易令世尊正法被轉易爲外道法，以及加以淺化、世俗化，是故宗門密意之廣泛弘傳與具緣佛弟子，極爲重要。然而欲令宗門密意之廣泛弘傳予具緣之佛弟子者，必須同時配合錯誤知見之解析、普令佛弟子知之，然後輔以公案解析之直示入處，方能令具緣之佛弟子悟入。而此二者，皆須以公案拈提之方式爲之，方易成其功、竟其業，是故平實導師續作宗門正義一書，以利學人。全書500餘頁，售價500元（2007年起，凡購買公案拈提第一輯至第七輯，每購一輯皆贈送本公司精製公案拈提〈超意境〉CD一片，市售價格280元，多購多贈）。

心經密意—心經與解脫道、佛菩提道、祖師公案之關係與密意。二乘菩提所證之解脫道，實依第八識心之斷除煩惱障現行而立解脫之名；大乘菩提所證之佛菩提道，實依親證第八識如來藏之涅槃性、清淨自性、及其中道性而立般若之名；禪宗祖師公案所證之眞心，即是此第八識如來藏；是故三乘佛法所修所證之三乘菩提，皆依此如來藏心而立名也。此第八識心，即是《心經》所說之心也。證得此如來藏已，即能漸入大乘佛菩提道，亦可因證知此心而了知二乘無學所不能知之無餘涅槃本際，是故《心經》之密意，與三乘佛菩提之關係極爲密切、不可分割，三乘佛法皆依此心而立名故。今者平實導師以其所證解脫道之無生智及佛菩提之般若種智，將《心經》與解脫道、佛菩提道、祖師公案之關係與密意，以演講之方式，用淺顯之語句和盤托出，發前人所未言，呈三乘菩提之眞義，令人藉此《心經密意》一舉而窺三乘菩提之堂奧，迥異諸方言不及義之說；欲求眞實佛智者、不可不讀！主文317頁，連同跋文及序文…等共384頁，售價300元。

宗門密意——**公案拈提**第七輯：佛教之世俗化，將導致學人以信仰作為學佛，則將以感應及世間法之庇祐，作為學佛之主要目標，不能了知學佛之主要目標為親證三乘菩提。大乘菩提則以般若實相智慧為主要修習目標，以二乘菩提解脫道為附帶修習之標的；是故學習大乘法者，應以禪宗之證悟為要務，能親入大乘菩提之實相般若智慧中故，般若實相智慧非二乘聖人所能知故。此書則以台灣世俗化佛教之三大法師，說法似是而非之實例，配合眞悟祖師之公案解析，提示證悟般若之關節，令學人易得悟入。平實導師著，全書五百餘頁，售價500元（2007年起，凡購買公案拈提第一輯至第七輯，每購一輯皆贈送本公司精製公案拈提〈超意境〉CD一片，市售價格280元，多購多贈）。

淨土聖道——兼評日本本願念佛：佛法甚深極廣，般若玄微，非諸二乘聖僧所能知之，一切凡夫更無論矣！所謂一切證量皆歸淨土是也！是故大乘法中「聖道之淨土、淨土之聖道」，其義甚深，難可了知；乃至眞悟之人，初心亦難知也。今有正德老師眞實證悟後，復能深探淨土與聖道之緊密關係，憐憫眾生之誤會淨土實義，亦欲利益廣大淨土行人同入聖道，同獲淨土中之聖道門要義，乃振奮心神、書以成文，今得刊行天下。主文279頁，連同序文等共301頁，總有十一萬六千餘字，正德老師著，成本價200元。

起信論講記：詳解大乘起信論**心生滅門**與**心眞如門**之眞實意旨，消除以往大師與學人對起信論所說**心生滅門**之誤解，由是而得了知眞心如來藏之非常非斷中道正理；亦因此一講解，令此論以往隱晦而被誤解之眞實義，得以如實顯示，令大乘佛菩提道之正理得以顯揚光大；初機學者亦可藉此正論所顯示之法義，對大乘法理生起正信，從此得以眞發菩提心，眞入大乘法中修學，世世常修菩薩正行。平實導師演述，共六輯，都已出版，每輯三百餘頁，售價250元。

優婆塞戒經講記：本經詳述在家菩薩修學大乘佛法，應如何受持菩薩戒？對人間善行應如何看待？對三寶應如何護持？應如何正確地修集此世後世證法之福德？應如何修集後世「行菩薩道之資糧」？並詳述第一義諦之正義：五蘊非我非異我、自作自受、異作異受、不作不受……等深妙法義，乃是修學大乘佛法、行菩薩行之在家菩薩所應當了知者。出家菩薩今世或未來世登地已，捨報之後多數將如華嚴經中諸大菩薩，以在家菩薩身而修行菩薩行，故亦應以此經所述正理而修之，配合《楞伽經、解深密經、楞嚴經、華嚴經》等道次第正理，方得漸次成就佛道；故此經是一切大乘行者皆應證知之正法。平實導師講述，每輯三百餘頁，售價各250元；共八輯，已全部出版。

真假活佛—略論附佛外道盧勝彥之邪說：人人身中都有眞活佛，永生不滅而有大神用，但眾生都不了知，所以常被身外的西藏密宗假活佛籠罩欺瞞。本來就眞實存在的眞活佛，才是眞正的密宗無上密！諾那活佛因此而說禪宗是大密宗，但藏密的所有活佛都不知道、也不曾實證自身中的眞活佛。本書詳實宣示眞活佛的道理，舉證盧勝彥的「佛法」不是眞佛法，也顯示盧勝彥是假活佛，直接的闡釋第一義佛法見道的眞實正理。眞佛宗的所有上師與學人們，都應該詳細閱讀，包括盧勝彥個人在內。正犀居士著，優惠價140元。

阿含正義—唯識學探源：廣說四大部《阿含經》諸經中隱說之眞正義理，一一舉示佛陀本懷，令阿含時期初轉法輪根本經典之眞義，如實顯現於佛子眼前。並提示末法大師對於阿含眞義誤解之實例，一一比對之，證實唯識增上慧學確於原始佛法之阿含諸經中已隱覆密意而略說之，證實 世尊確於原始佛法中已曾密意而說第八識如來藏之總相；亦證實 世尊在四阿含中已說此藏識是名色十八界之因、之本—證明如來藏是能生萬法之根本心。佛子可據此修正以往受諸大師（譬如西藏密宗應成派中觀師：印順、昭慧、性廣、大願、達賴、宗喀巴、寂天、月稱、……等人）誤導之邪見，建立正見，轉入正道乃至親證初果而無困難；書中並詳說三果所證的**心解脫**，以及四果**慧解脫**的親證，都是如實可行的具體知見與行門。全書共七輯，已出版完畢。平實導師著，每輯三百餘頁，售價300元。

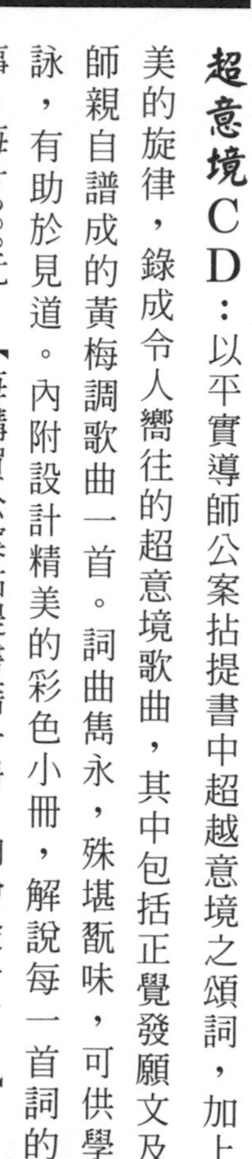

超意境CD：以平實導師公案拈提書中超越意境之頌詞，加上曲風優美的旋律，錄成令人嚮往的超意境歌曲，其中包括正覺發願文及平實導師親自譜成的黃梅調歌曲一首。詞曲雋永，殊堪翫味，可供學禪者吟詠，有助於見道。內附設計精美的彩色小冊，解說每一首詞的背景本事。每片280元。【每購買公案拈提書籍一冊，即贈送一片。】

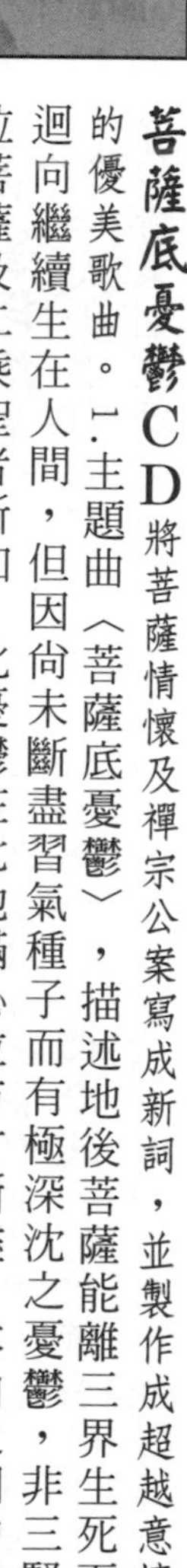

菩薩底憂鬱CD將菩薩情懷及禪宗公案寫成新詞，並製作成超越意境的優美歌曲。1.主題曲〈菩薩底憂鬱〉，描述地後菩薩能離三界生死而迴向繼續生在人間，但因尚未斷盡習氣種子而有極深沈之憂鬱，非三賢位菩薩及二乘聖者所知，此憂鬱在七地滿心位方才斷盡；本曲之詞中所說義理極深，昔來所未曾見；此曲係以優美的情歌風格寫詞及作曲，聞者得以激發嚮往諸地菩薩境界之大心，詞、曲都非常優美，難得一見；其中勝妙義理之解說，已印在附贈之彩色小冊中。2.以各輯公案拈提中直示禪門入處之頌文，作成各種不同曲風之超意境歌曲，值得玩味、參究；聆聽公案拈提之優美歌曲時，請同時閱讀內附之印刷精美說明小冊，可以領會超越三界的證悟境界；未悟者可以因此引發求悟之意向及疑情，眞發菩提心而邁向求悟之途，乃至因此眞實悟入般若，成眞菩薩。3.正覺總持咒新曲，總持佛法大意；總持咒之義理，已加以解說並印在隨附之小冊中。本CD共有十首歌曲，長達63分鐘，附贈二張購書優惠券。每片320元。

禪意無限CD平實導師以公案拈提書中偈頌寫成不同風格曲子，與他人所寫不同風格曲子共同錄製出版，幫助參禪人進入禪門超越意識之境界。盒中附贈彩色印製的精美解說小冊，以供聆聽時閱讀，令參禪人得以發起參禪之疑情，即有機會證悟本來面目，實證大乘菩提般若。本CD共有十首歌曲，長達69分鐘，每盒各附贈二張購書優惠券。每片320元。

我的菩提路第一輯：凡夫及二乘聖人不能實證的佛菩提證悟，末法時代的今天仍然有人能得實證，由正覺同修會釋悟圓、釋善藏法師等二十餘位實證如來藏者所寫的見道報告，已爲當代學人見證宗門正法之絲縷不絕，證明大乘義學的法脈仍然存在，爲末法時代求悟般若之學人照耀出光明的坦途。由二十餘位大乘見道者所繕，敘述各種不同的學法、見道因緣與過程，參禪求悟者必讀。全書三百餘頁，售價300元。

我的菩提路第二輯：由郭正益老師等人合著，書中詳述彼等諸人歷經各處道場學法，一一修學而加以檢擇之不同過程以後，因閱讀正覺同修會、正智出版社書籍而發起抉擇分，轉入正覺同修會中修學；乃至學法及見道之過程，都一一詳述之。**本書已改版印製重新流通**，讀者原購的初版書，不論是第一刷或第二、三、四刷，都可以寄回換新，免附郵費。

我的菩提路第三輯：由王美伶老師等人合著。自從正覺同修會成立以來，每年夏初、冬初都舉辦精進禪三共修，藉以助益會中同修們得以證悟明心發起般若實相智慧；凡已實證而被平實導師印證者，皆書具見道報告用以證明佛法之眞實可證而非玄學，證明佛法並非純屬思想、理論而無實質，是故每年都能有人證明正覺同修會的「實證佛教」主張並非虛語。特別是眼見佛性一法，自古以來中國禪宗祖師實證者極寡，較之明心開悟的證境更難令人信受；至2017年初，正覺同修會中的證悟明心者已近五百人，然而其中眼見佛性者至今唯十餘人爾，可謂難能可貴，是故明心後欲冀眼見佛性者實屬不易。黃正倖老師是懸絕七年無人見性後的第一人，她於2009年的見性報告刊於本書的第二輯中，爲大眾證明佛性確實可以眼見；其後七年之中求見性者都屬解悟佛性而無人眼見，幸而又經七年後的2016冬初，以及2017夏初的禪三，復有三人眼見佛性，希冀鼓舞四眾佛子求見佛性之大心，今則具載一則於書末，顯示求見佛性之事實經歷，供養現代佛教界欲得見性之四眾弟子。全書四百頁，售價300元，已於2017年6月30日發行。

我的菩提路第四輯：由陳晏平等人著。中國禪宗祖師往往有所謂「見性」之言，所言多屬看見如來藏具有能令人發起成佛之自性，並非《大般涅槃經》中如來所說之眼見佛性。眼見佛性者，於親見佛性之時，即能於山河大地眼見自己佛性，亦能於他人身上眼見自己佛性及對方之佛性，如是境界無法爲尚未實證者解釋；勉強說之，縱使眞實明心證悟之人聞之，亦只能以自身明心之境界想像之，但不論如何想像多屬非量，能有正確之比量者亦是稀有，故說眼見佛性極爲困難。眼見佛性之人若所見極分明時，在所見佛性之境界下所眼見之山河大地、自己五蘊身心皆是虛幻，自有異於明心者之解脫功德受用，此後永不思證二乘涅槃，必定邁向成佛之道而進入第十住位中，已超第一阿僧祇劫三分有一，可謂之爲超劫精進也。今又有明心之後眼見佛性之人出於人間，將其明心及後來見性之報告，連同其餘證悟明心者之精彩報告一同收錄於此書中，供養眞求佛法實證之四眾佛子。全書380頁，售價300元，已於2018年6月30日發行。

我的菩提路第五輯：林慈慧老師等人著，本輯中所舉學人從相似正法中來到正覺同修會的過程，各人都有不同，發生的因緣亦是各有差別，然而都會指向同一個目標——證實生命實相的源底，確證自己生從何來、死往何去的事實，所以最後都證明佛法眞實而可親證，絕非玄學；本書將彼等諸人的始修及末後證悟之實例，羅列出來以供學人參考。本期亦有一位會裡的老師，是從1995年即開始追隨平實導師修學，1997年明心後持續進修不斷，直到2017年眼見佛性之實例，足可證明《大般涅槃經》中世尊開示眼見佛性之法正眞無訛，第十住位的實證在末法時代的今天仍有可能，如今一併具載於書中以供學人參考，並供養現代佛教界欲得見性之四眾弟子。全書四百頁，售價300元，已於2019年12月31日發行。

我的菩提路第六輯：劉惠莉老師等人著，本輯中舉示劉老師明心多年以後的眼見佛性實錄，供末法時代學人了知明心之異於見性本質，足可證明《大般涅槃經》中世尊開示眼見佛性之法正眞無訛。亦列舉多篇學人從各道場來到正覺學法之不同過程，以及如何發覺邪見之異於正法的所在，最後終能在正覺禪三中悟入的實況，以證明佛教正法仍在末法時代的人間繼續弘揚的事實，鼓舞一切眞實學法的菩薩大眾思之：我等諸人亦可有因緣證悟，絕非空想白思。約四百頁，售價300元，已於2020年6月30日發行。

我的菩提路第七輯：余正偉老師等人著，本輯中舉示余老師明心二十餘年以後的眼見佛性實錄，供末法時代學人了知明心異於見性之本質，並且舉示其見性後與平實導師互相討論眼見佛性之諸多疑訛處；除了證明《大般涅槃經》中 世尊開示眼見佛性之法正眞無訛以外，亦得一解明心後尚未見性者之所未知處，甚爲精彩。此外亦列舉多篇學人從各不同宗教進入正覺學法之不同過程，以及發覺諸方道場邪見之內容與過程，最終得於正覺精進禪三中悟入的實況，足供末法精進學人借鑑，以彼鑑己而生信心，得以投入了義正法中修學及實證。凡此，皆足以證明不唯明心所證之第七住位般若智慧及解脫功德仍可實證，乃至第十住位的實證與當場發起如幻觀之實證，於末法時代的今天皆仍有可能。本書約四百頁，售價300元。

明心與眼見佛性：本書細述明心與眼見佛性之異同，同時顯示了中國禪宗破初參明心與重關眼見佛性二關之間的關聯；書中又藉法義辨正而旁述其他許多勝妙法義，讀後必能遠離佛門長久以來積非成是的錯誤知見，令讀者在佛法的實證上有極大助益。也藉慧廣法師的謬論來教導佛門學人回歸正知正見，遠離古今禪門錯悟者所墮的意識境界，非唯有助於斷我見，也對未來的開悟明心實證第八識如來藏有所助益，是故學禪者都應細讀之。游正光老師著，共 448 頁售價 300元。

見性與看話頭：黃正倖老師的《見性與看話頭》於《正覺電子報》連載完畢，今集結出版。書中詳說禪宗看話頭的詳細方法，並細說看話頭與眼見佛性的關係，以及眼見佛性者求見佛性前必須具備的條件。本書是禪宗實修者追求明心開悟時參禪的方法書，也是求見佛性者作功夫時必讀的方法書，內容兼顧眼見佛性的理論與實修之方法，是依實修之體驗配合理論而詳述，條理分明而且極爲詳實、周全、深入。本書內文375頁，全書416頁，售價300元。

鈍鳥與靈龜：鈍鳥及靈龜二物，被宗門證悟者說爲二種人：前者是精修禪定而無智慧者，也是以定爲禪的愚癡禪人；後者是或有禪定、或無禪定的宗門證悟者，凡已證悟者皆是靈龜。但後者被人虛造事實，用以嘲笑大慧宗杲禪師，說他雖是靈龜，卻不免被天童禪師預記「患背」痛苦而亡：「**鈍鳥離巢易，靈龜脫殼難**。」藉以貶低大慧宗杲的證量。同時將天童禪師實證如來藏的證量，曲解爲意識境界的離念靈知。自從大慧禪師入滅以後，錯悟凡夫對他的不實毀謗就一直存在著，不曾止息，並且捏造的假事實也隨著年月的增加而越來越多，終至編成「鈍鳥與靈龜」的假公案、假故事。本書是考證大慧與天童之間的不朽情誼，顯現這件假公案的虛妄不實；更見大慧宗杲面對惡勢力時的正直不阿，亦顯示大慧對天童禪師的至情深義，將使後人對大慧宗杲的誣謗至此而止，不再有人誤犯毀謗賢聖的惡業。書中亦舉證宗門的所悟確以第八識如來藏爲標的，詳讀之後必可改正以前被錯悟大師誤導的參禪知見，日後必定有助於實證禪宗的開悟境界，得階大乘眞見道位中，即是實證般若之賢聖。全書459頁，售價350元。

維摩詰經講記：本經係 世尊在世時，由等覺菩薩維摩詰居士藉疾病而演說之大乘菩提無上妙義，所說函蓋甚廣，然極簡略，是故今時諸方大師與學人讀之悉皆錯解，何況能知其中隱含之深妙正義，是故普遍無法爲人解說；若強爲人說，則成依文解義而有諸多過失。今由平實導師公開宣講之後，詳實解釋其中密意，令維摩詰菩薩所說大乘不可思議解脫之深妙正法得以正確宣流於人間，利益當代學人及與諸方大師。書中詳實演述大乘佛法深妙不共二乘之智慧境界，顯示諸法之中絕待之實相境界，建立大乘菩薩妙道於永遠不敗不壞之地，以此成就護法偉功，欲冀永利娑婆人天。已經宣講圓滿整理成書流通，以利諸方大師及諸學人。全書共六輯，每輯三百餘頁，售價各250元。

真假外道：本書具體舉證佛門中的常見外道知見實例，並加以教證及理證上的辨正，幫助讀者輕鬆而快速的了知常見外道的錯誤知見，進而遠離佛門內外的常見外道知見，因此即能改正修學方向而快速實證佛法。游正光老師著。成本價200元。

勝鬘經講記：如來藏爲三乘菩提之所依，若離如來藏心體及其含藏之一切種子，即無三界有情及一切世間法，亦無二乘菩提緣起性空之出世間法；本經詳說無始無明、一念無明皆依如來藏而有之正理，藉著詳解煩惱障與所知障間之關係，令學人深入了知二乘菩提與佛菩提相異之妙理；聞後即可了知佛菩提之特勝處及三乘修道之方向與原理，邁向攝受正法而速成佛道的境界中。平實導師講述，共六輯，每輯三百餘頁，售價各250元。

楞嚴經講記：楞嚴經係密教部之重要經典，亦是顯教中普受重視之經典；經中宣說明心與見性之內涵極爲詳細，將一切法都會歸如來藏及佛性—妙眞如性；亦闡釋五陰區宇及五陰盡的境界，作諸地菩薩自我檢驗證量之依據，旁及佛菩提道修學過程中之種種魔境，以及外道誤會涅槃之狀況，亦兼述明三界世間之起源。然因言句深澀難解，法義亦復深妙寬廣，學人讀之普難通達，是故讀者大多誤會，不能如實理解佛所說之明心與見性內涵，亦因是故多有悟錯之人引爲開悟之證言，成就大妄語罪。今由平實導師詳細講解之後，整理成文，以易讀易懂之語體文刊行天下，以利學人。全書十五輯，全部出版完畢。每輯三百餘頁，售價每輯300元。

金剛經宗通：三界唯心，萬法唯識，是成佛之修證內容，是諸地菩薩之所修；般若則是成佛之道（實證三界唯心、萬法唯識）的入門，若未證悟實相般若，即無成佛之可能，必將永在外門廣行菩薩六度，永在凡夫位中。然而實相般若的發起，全賴實證萬法的實相；若欲證知萬法的眞相，則必須探究萬法之所從來，則須實證自心如來—金剛心如來藏，然後現觀這個金剛心的金剛性、眞實性、如如性、清淨性、涅槃性、能生萬法的自性性、本住性，名爲證眞如；進而現觀三界六道唯是此金剛心所成，人間萬法須藉八識心王和合運作方能現起。如是實證《華嚴經》的「三界唯心、萬法唯識」以後，由此等現觀而發起實相般若智慧，繼續進修第十住位的如幻觀、第十行位的陽焰觀、第十迴向位的如夢觀，再生起增上意樂而勇發十無盡願，方能滿足三賢位的實證，轉入初地；自知成佛之道而無偏倚，從此按部就班、次第進修乃至成佛。第八識自心如來是般若智慧之所依，般若智慧的修證則要從實證金剛心自心如來開始；《金剛經》則是解說自心如來之經典，是一切三賢位菩薩所應進修之實相般若經典。這一套書，是將平實導師宣講的《金剛經宗通》內容，整理成文字而流通之；書中所說義理，迥異古今諸家依文解義之說，指出大乘見道方向與理路，有益於禪宗學人求開悟見道，及轉入內門廣修六度萬行，已於2013年9月出版完畢，總共9輯，每輯約三百餘頁，售價各250元。

霧峰無霧—給哥哥的信：本書作者藉兄弟之間信件往來論義，略述佛法大義；並以多篇短文辨義，舉出釋印順對佛法的無量誤解證據，並一一給予簡單而清晰的辨正，令人一讀即知。久讀、多讀之後即能認清楚釋印順的六識論見解，與眞實佛法之牴觸是多麼嚴重；於是在久讀、多讀之後，於不知不覺之間提升了對佛法的極深入理解，正知正見就在不知不覺間建立起來了。當三乘佛法的正知見建立起來之後，對於三乘菩提的見道條件便將隨之具足，於是聲聞解脫道的見道也就水到渠成；接著大乘見道的因緣也將次第成熟，未來自然也會有親見大乘菩提之道的因緣，悟入大乘實相般若也將自然成功，自能通達般若系列諸經而成實義菩薩。作者居住於南投縣霧峰鄉，自喻見道之後不復再見霧峰之霧，故鄉原野美景一一明見，於是立此書名爲《霧峰無霧》；讀者若欲撥霧見月，可以此書爲緣。游宗明 老師著，已於2015年出版，售價250元。

霧峰無霧—第二輯—救護佛子向正道：本書作者藉釋印順著作中之各種錯謬法義提出辨正，以詳實的文義一一提出理論上及實證上之解析，列舉釋印順對佛法的無量誤解證據，藉此教導佛門大師與學人釐清佛法義理，遠離岐途轉入正道，然後知所進修，久之便能見道明心而入大乘勝義僧數。被釋印順誤導的大師與學人極多，很難救轉，是故作者大發悲心深入解說其錯謬之所在，佐以各種義理辨正而令讀者在不知不覺之間轉歸正道。如是久讀之後欲得斷身見、證初果，即不爲難事；乃至久之亦得大乘見道而得證眞如，脫離空有二邊而住中道，實相般若智慧生起，於佛法不再茫然，漸漸亦知悟後進修之道。屆此之時，對於大乘般若等深妙法之迷雲暗霧亦將一掃而空，生命及宇宙萬物之故鄉原野美景一一明見，是故本書仍名《霧峰無霧》，爲第二輯；讀者若欲撥雲見日、離霧見月，可以此書爲緣。游宗明 老師著，已於2019年出版，售價250元。

假藏傳佛教的神話—性、謊言、喇嘛教：本書編著者是由一首名爲「阿姊鼓」的歌曲爲緣起，展開了序幕，揭開假藏傳佛教—喇嘛教—的神祕面紗。其重點是蒐集、摘錄網路上質疑「喇嘛教」的帖子，以揭穿「假藏傳佛教的神話」爲主題，串聯成書，並附加彩色插圖以及說明，讓讀者們瞭解西藏密宗及相關人事如何被操作爲「神話」的過程，以及神話背後的眞相。作者：張正玄教授。售價200元。

達賴真面目—玩盡天下女人：假使您不想戴綠帽子，請記得詳細閱讀此書；假使您不想讓好朋友戴綠帽子，請您將此書介紹給您的好朋友。假使您想保護家中的女性，也想要保護好朋友的女眷，請記得將此書送給家中的女性和好友的女眷都來閱讀。本書爲印刷精美的大本彩色中英對照精裝本，爲您揭開達賴喇嘛的眞面目，內容精彩不容錯過，爲利益社會大眾，特別以優惠價格嘉惠所有讀者。編著者：白志偉等。大開版雪銅紙彩色精裝本。售價800元。

喇嘛性世界——揭開假藏傳佛教譚崔瑜伽的面紗：這個世界中的喇嘛，號稱來自世外桃源的香格里拉，穿著或紅或黃的喇嘛長袍，散布於我們的身邊傳教灌頂，吸引了無數的人嚮往學習；這些喇嘛虔誠地爲大眾祈福，手中拿著寶杵（金剛）與寶鈴（蓮花），口中唸著咒語：「唵．嘛呢．叭咪．吽……」，咒語的意思是說：「我至誠歸命金剛杵上的寶珠伸向蓮花寶穴之中」！「喇嘛性世界」是什麼樣的「世界」呢？本書將爲您呈現喇嘛世界的面貌。當您發現眞相以後，您將會唸：「噢！喇嘛．性．世界，譚崔性交嘛！」作者：張善思、呂艾倫。售價200元。

末代達賴——性交教主的悲歌：簡介從藏傳僞佛教（喇嘛教）的修行核心—性力派男女雙修，探討達賴喇嘛及藏傳僞佛教的修行內涵。書中引用外國知名學者著作、世界各地新聞報導，包含：歷代達賴喇嘛的祕史、達賴六世修雙身法的事蹟，以及《時輪續》中的性交灌頂儀式……等；達賴喇嘛書中開示的雙修法、達賴喇嘛的黑暗政治手段；達賴喇嘛所領導的寺院爆發喇嘛性侵兒童；新聞報導《西藏生死書》作者索甲仁波切性侵女信徒、澳洲喇嘛秋達公開道歉、美國最大假藏傳佛教組織領導人邱陽創巴仁波切的性氾濫；等等事件背後眞相的揭露。作者：張善思、呂艾倫、辛燕。售價250元。

黯淡的達賴——失去光彩的諾貝爾和平獎：本書舉出很多證據與論述，詳述達賴喇嘛不爲世人所知的一面，顯示達賴喇嘛並不是眞正的和平使者，而是假借諾貝爾和平獎的光環來欺騙世人；透過本書的說明與舉證，讀者可以更清楚的瞭解，達賴喇嘛是結合暴力、黑暗、淫欲於喇嘛教裡的集團首領，其政治行爲與宗教主張，早已讓諾貝爾和平獎的光環染污了。本書由財團法人正覺教育基金會寫作、編輯，由正覺出版社印行，每冊250元。

第七意識與第八意識？——穿越時空「超意識」：「三界唯心，萬法唯識」是佛教中應該實證的聖教，也是《華嚴經》中明載而可以實證的法界實相。唯心者，三界一切境界、一切諸法唯是一心所成就，即是每一個有情的第八識如來藏，不是意識心。唯識者，即是人類各各都具足的八識心王——眼識、耳鼻舌身意識、意根、阿賴耶識，第八阿賴耶識又名如來藏，人類五陰相應的萬法，莫不由八識心王共同運作而成就，故說萬法唯識。依聖教量及現量、比量，都可以證明意識是二法因緣生，是由第八識藉意根與法塵二法為因緣而出生，又是夜夜斷滅不存之生滅心，即無可能反過來出生第七識意根、第八識如來藏，當知不可能從生滅性的意識心中，細分出恆審思量的第七識意根，更無可能細分出恆而不審的第八識如來藏。本書是將演講內容整理成文字，細說如是內容，並已在〈正覺電子報〉連載完畢，今彙集成書以廣流通，欲幫助佛門有緣人斷除意識我見，跳脫於識陰之外而取證聲聞初果；嗣後修學禪宗時即得不墮外道神我之中，得以求證第八識金剛心而發起般若實智。平實導師 述，每冊300元。

童女迦葉考——論呂凱文〈佛教輪迴思想的論述分析〉之謬：童女迦葉是佛世率領五百大比丘遊行於人間的歷史事實，是以童貞行而依止菩薩戒弘化於人間的大菩薩，不依別解脫戒（聲聞戒）來弘化於人間。這是大乘佛教與聲聞佛教同時存在於佛世的歷史明證，證明大乘佛教不是從聲聞法中分裂出來的部派佛教的產物，卻是聲聞佛教分裂出來的部派佛教聲聞凡夫僧所不樂見的史實；於是古今聲聞法中的凡夫都欲加以扭曲而作詭說，更是末法時代高聲大呼「大乘非佛說」的六識論聲聞凡夫極力想要扭曲的佛教史實之一，於是想方設法扭曲迦葉菩薩為聲聞僧，以及扭曲迦葉童女為比丘僧等荒謬不實之論著便陸續出現，古時聲聞僧寫作的《分別功德論》是最具體之事例，現代之代表作則是呂凱文先生的〈佛教輪迴思想的論述分析〉論文。鑑於如是假藉學術考證以籠罩大眾之不實謬論，未來仍將繼續造作及流竄於佛教界，繼續扼殺大乘佛教學人法身慧命，必須舉證辨正之，遂成此書。平實導師 著，每冊180元。

人間佛教——實證者必定不悖三乘菩提：「大乘非佛說」的講法似乎流傳已久，卻只是日本人企圖擺脫中國正統佛教的影響，而在明治維新時期才開始提出來的說法；台灣佛教、大陸佛教的淺學無智之人，由於未曾實證佛法而迷信日本人錯誤的學術考證，錯認為這些別有用心的日本佛學考證的講法為天竺佛教的眞實歷史；甚至還有更激進的反對佛教者提出「**釋迦牟尼佛並非眞實存在，只是後人捏造的假歷史人物**」，竟然也有少數佛教徒願意跟著「學術」的假光環而信受不疑，亦導致部分台灣佛教界人士，造作了反對中國大乘佛教而推崇南洋小乘佛教的行為，使台灣佛教的信仰者難以檢擇，亦導致一般大陸人士開始轉入基督教的盲目迷信中。在這些佛教及外教人士之中，也就有一分人根據此邪說而大聲主張「大乘非佛說」的謬論，這些人以「人間佛教」的名義來抵制中國正統佛教，公然宣稱中國的大乘佛教是由聲聞部派佛教的凡夫僧所創造出來的。這樣的說法流傳於台灣及大陸佛教界凡夫僧之中已久，卻非眞正的佛教歷史中曾經發生過的事，只是繼承六識論的聲聞法中凡夫僧，以及別有居心的日本佛教界，依自己的意識境界立場，純憑臆想而編造出來的妄想說法，卻已經影響許多無智之凡夫僧俗信受不移。本書則是從佛教的經藏法義實質及實證的現量內涵本質立論，證明大乘佛法本是佛說，是從《阿含正義》尚未說過的不同面向來討論「人間佛教」的議題，證明「大乘眞佛說」。閱讀本書可以斷除六識論邪見，迴入三乘菩提正道發起實證的因緣；也能斷除禪宗學人學禪時普遍存在之錯誤知見，對於建立參禪時的正知見有很深的著墨。平實導師 述，內文488頁，全書528頁，定價400元。

實相經宗通：學佛之目的在於實證一切法界背後之實相，禪宗稱之為本來面目或本地風光，佛菩提道中稱之為實相法界；此實相法界即是金剛藏，又名佛法之祕密藏，即是能生有情五陰、十八界及宇宙萬有（山河大地、諸天、三惡道世間）的第八識如來藏，又名阿賴耶識心，即是禪宗祖師所說的眞如心，此心即是三界萬有背後的實相。證得此第八識心時，自能瞭解般若諸經中隱說的種種密意，即得發起實相般若——實相智慧。每見學佛人修學佛法二十年後仍對實相般若茫然無知，亦不知如何入門，茫無所趣；更因不知三乘菩提的互異互同，是故越是久學者對佛法越覺茫然，都肇因於尚未瞭解佛法的全貌，亦未瞭解佛法的修證內容即是第八識心所致。本書對於修學佛法者所應實證的實相境界提出明確解析，並提示趣入佛菩提道的入手處，有心親證實相般若的佛法實修者，宜詳讀之，於佛菩提道之實證即有下手處。平實導師述著，共八輯，已於2016年出版完畢，每輯成本價250元。

真心告訴您（一）——達賴喇嘛在幹什麼？這是一本報導篇章的選集，更是「破邪顯正」的暮鼓晨鐘。「破邪」是戳破假象，說明達賴喇嘛及其所率領的密宗四大派法王、喇嘛們，弘傳的佛法是仿冒的佛法；他們是假藏傳佛教，是坦特羅（譚崔性交）外道法和藏地崇奉鬼神的苯教混合成的「喇嘛教」，推廣的是以所謂「無上瑜伽」的男女雙身法冒充佛法的假佛教，詐財騙色誤導眾生，常常造成信徒家庭破碎、家中兒少失怙的嚴重後果。「顯正」是揭櫫眞相，指出眞正的藏傳佛教只有一個，就是覺囊巴，傳的是 釋迦牟尼佛演繹的第八識如來藏妙法，稱爲他空見大中觀。正覺教育基金會即以此古今輝映的如來藏正法正知見，在眞心新聞網中逐次報導出來，將箇中原委「眞心告訴您」，如今結集成書，與想要知道密宗眞相的您分享。售價250元。

中觀金鑑——詳述應成派中觀的起源與其破法本質：學佛人往往迷於中觀學派之不同學說，被應成派與自續派所迷惑；修學般若中觀二十年後自以爲實證般若中觀了，卻仍不曾入門，甫聞實證般若中觀者之所說，則茫無所知，迷惑不解；隨後信心盡失，不知如何實證佛法；凡此，皆因惑於這二派中觀學說所致。自續派中觀所說同於常見，以意識境界立爲第八識如來藏之境界，應成派所說則同於斷見，但又同立意識爲常住法，故亦具足斷常二見。今者孫正德老師有鑑於此，乃將起源於密宗的應成派中觀學說，追本溯源，詳考其來源之外，亦一一舉證其立論內容，詳加辨正，令密宗雙身法祖師以識陰境界而造之應成派中觀學說本質，詳細呈現於學人眼前，令其維護雙身法之目的無所遁形。若欲遠離密宗此二大派中觀謬說，欲於三乘菩提有所進道者，允宜具足閱讀並細加思惟，反覆讀之以後將可捨棄邪道返歸正道，則於般若之實證即有可能，證後自能現觀如來藏之中道境界而成就中觀。本書分上、中、下三冊，每冊250元，已全部出版完畢。

法華經講義：此書爲平實導師始從2009/7/21演述至2014/1/14之講經錄音整理所成。世尊一代時教，總分五時三教，即是華嚴時、聲聞緣覺教、般若教、種智唯識教、法華時；依此五時三教區分爲藏、通、別、圓四教。本經是最後一時的圓教經典，圓滿收攝一切法教於本經中，是故最後的圓教聖訓中，特地指出無有三乘菩提，其實唯有一佛乘；皆因眾生愚迷故，方便區分爲三乘菩提以助眾生證道。世尊於此經中特地說明如來示現於人間的唯一大事因緣，便是爲有緣眾生「開、示、悟、入」諸佛的所知所見——第八識如來藏妙眞如心，並於諸品中隱說「妙法蓮花」如來藏心的密意。然因此經所說甚深難解，眞義隱晦，古來難得有人能窺堂奧；平實導師以知如是密意故，特爲末法佛門四眾演述《妙法蓮華經》中各品蘊含之密意，使古來未曾被古德註解出來的「此經」密意，如實顯示於當代學人眼前。乃至〈藥王菩薩本事品〉、〈妙音菩薩品〉、〈觀世音菩薩普門品〉、〈普賢菩薩勸發品〉中的微細密意，亦皆一併詳述之，可謂開前人所未曾言之密意，示前人所未見之妙法。最後乃至以〈法華大義〉而總其成，全經妙旨貫通始終，而依佛旨圓攝於一心如來藏妙心，厥爲曠古未有之大說也。平實導師述，共有25輯，已於2019/05/31出版完畢。每輯300元。

西藏「活佛轉世」制度——附佛、造神、世俗法：歷來關於喇嘛教活佛轉世的研究，多針對歷史及文化兩部分，於其所以成立的理論基礎，較少系統化的探討。尤其是此制度是否依據「佛法」而施設？是否合乎佛法眞實義？現有的文獻大多含糊其詞，或人云亦云，不曾有明確的闡釋與如實的見解。因此本文先從活佛轉世的由來，探索此制度的起源、背景與功能，並進而從活佛的尋訪與認證之過程，發掘活佛轉世的特徵，以確認「活佛轉世」在佛法中應具足何種果德。定價150元。

真心告訴您（二）—達賴喇嘛是佛教僧侶嗎？補祝達賴喇嘛八十大壽：這是一本針對當今達賴喇嘛所領導的喇嘛教，冒用佛教名相、於師徒間或師兄姊間，實修男女邪淫，而從佛法三乘菩提的現量與聖教量，揭發其謊言與邪術，證明達賴及其喇嘛教是仿冒佛教的外道，是「假藏傳佛教」。藏密四大派教義雖有「八識論」與「六識論」的表面差異，然其實修之內容，皆共許「無上瑜伽」四部灌頂為究竟「成佛」之法門，也就是共以男女雙修之邪淫法為「即身成佛」之密要，雖美其名曰「欲貪為道」之「金剛乘」，並誇稱其成就超越於（應身佛）釋迦牟尼佛所傳之顯教般若乘之上；然詳考其理論，則或以意識離念時之粗細心為第八識如來藏，或以中脈裡的明點為第八識如來藏，或如宗喀巴與達賴堅決主張第六意識為常恆不變之真心者，分別墮於外道之常見與斷見中；全然違背 佛說能生五蘊之如來藏的實質。售價300元。

涅槃—解說四種涅槃之實證及內涵：真正學佛之人，首要即是見道，由見道故方有涅槃之實證，證涅槃者方能出生死，但涅槃有四種：二乘聖者的有餘涅槃、無餘涅槃，以及大乘聖者的本來自性清淨涅槃、佛地的無住處涅槃。大乘聖者實證本來自性清淨涅槃，入地前再取證二乘涅槃，然後起惑潤生捨離二乘涅槃，繼續進修而在七地心前斷盡三界愛之習氣種子，依七地無生法忍之具足而證得念念入滅盡定；八地後進斷異熟生死，直至妙覺地下生人間成佛，具足四種涅槃，方是真正成佛。此理古來少人言，以致誤會涅槃正理者比比皆是，今於此書中廣說四種涅槃、如何實證之理、實證前應有之條件，實屬本世紀佛教界極重要之著作，令人對涅槃有正確無訛之認識，然後可以依之實行而得實證。本書共有上下二冊，每冊各四百餘頁，對涅槃詳加解說，每冊各350元。

佛藏經講義：本經說明為何佛菩提難以實證之原因，都因往昔無數阿僧祇劫前的邪見，引生此世求證時之業障而難以實證。即以諸法實相詳細解說，繼之以念佛品、念法品、念僧品，說明諸佛與法之實質；然後以淨戒品之說明，期待佛弟子四眾堅持清淨戒而轉化心性，並以往古品的實例說明歷代學佛人在實證上的業障由來，教導四眾務必滅除邪見轉入正見中，不再造作謗法及謗賢聖之大惡業，以免未來世尋求實證之時被業障所障；然後以了戒品的說明和囑累品的付囑，期望末法時代的佛門四眾弟子皆能清淨知見而得以實證。平實導師於此經中有極深入的解說，總共21輯，已於2022/11/30出版完畢，每輯三百餘頁，售價300元。

大法鼓經講義：本經解說佛法的總成：法、非法。由開解法、非法二義，說明了義佛法與世間戲論法的差異，指出佛法實證之標的即是法——第八識如來藏；並顯示實證後的智慧，如實擊大法鼓、演深妙法，演說如來祕密教法，非二乘定性及諸凡夫所能得聞，唯有具足菩薩性者方能得聞。正聞之後即得依於　世尊大願而拔除邪見，入於正法而得實證；深解不了義經之方便說，亦能實解了義經所說之眞實義，得以證法——如來藏，而得發起根本無分別智，乃至進修而發起後得無分別智；並堅持布施及受持清淨戒而轉化心性，得以現觀眞我眞法如來藏之各種層面。此爲第一義諦聖教，並授記末法最後餘八十年時，一切世間樂見離車童子以七地證量而示現爲凡夫身，將繼續護持此經所說正法。平實導師於此經中有極深入的解說，總共六輯，已於2023/11/30 出版完畢，每輯三百餘頁，售價300元，

成唯識論釋：本論係大唐玄奘菩薩揉合當時天竺十大論師的說法加以辨正而著成，攝盡佛門證悟菩薩及部派佛教聲聞凡夫論師對佛法的論述，並函蓋當時天竺諸大外道對生命實相的錯誤論述加以辨正，是由玄奘大師依據無生法忍證量加以評論確定而成爲此論。平實導師弘法初期即已依於證量略講過一次，歷時大約四年，當時正覺同修會規模尚小，聞法成員亦多尚未證悟，是故並未整理成書；如今正覺同修會中的證悟同修已超過六百人，鑑於此論在護持正法、實證佛法及悟後進修上的重要性，已於2022年初重講，並已經預先註釋完畢編輯成書，名爲《成唯識論釋》，總共十輯，每輯目次41頁、序文7頁、每輯內文多達四百餘頁，並將原本13級字縮小爲12級字編排，以增加其內容；於增上班宣講時的內容將會更詳細於書中所說，涉及佛法密意的詳細內容只於增上班中宣講，於書中皆依佛誡隱覆密意而說，然已足夠所有學人藉此一窺佛法堂奧而進入正道、免入岐途。重新判教後編成的〈目次〉已經詳盡判定論中諸段句義，用供學人參考；是故讀者閱完此論之釋，即可深解成佛之道的正確內涵。本書總共十輯，預定每一輯內容講述完畢時即予出版，第一輯於2023年五月底出版，然後每七至十個月出版下一輯，每輯定價400元。

不退轉法輪經講義：世尊弘法有五時三教之別，分爲藏、通、別、圓四教之理，本經是大乘般若期前的通教經典，所說之大乘般若正理與所證解脫果，通於二乘解脫道，佛法智慧則通大乘般若，皆屬大乘般若與解脫甚深之理，故其所證解脫果位通於二乘法教；而其中所說第八識無分別法之正理，即是世尊降生人間的唯一大事因緣。如是第八識能仁而且寂靜，恆順眾生於生死之中從無乖違，識體中所藏之本來無漏性的有爲法以及眞如涅槃境界，皆能助益學人最後成就佛道；此謂釋迦意爲能仁，牟尼意爲寂靜，此第八識即名釋迦牟尼，釋迦牟尼即是能仁寂靜的第八識眞如；若有人聽聞如是第八識常住、如來不滅之正理，信受奉行之人皆有大乘實證之因緣，永得不退於成佛之道，是故聽聞釋迦牟尼名號而解其義者，皆得不退轉於無上正等正覺，未來世中必有實證之因緣。如是深妙經典，已由平實導師詳述圓滿並整理成書，於2024/01/30開始每二個月發行一輯，總共十輯，每輯300元。

中論正義：本書是依龍樹菩薩之《中論》詳解而成，《中論》是依第八識眞如心常處中道的自性而作論議，亦是依此眞如心與所生諸法之間的非一非異、非俱非不俱等中道自性而作論議；然而自從　佛入滅後四百餘年的部派佛教開始廣弘之時起，本論已被部派佛教諸聲聞凡夫僧以意識的臆想思惟而作思想層面之解釋，此後的中論宗都以如是錯誤的解釋廣傳天下，積非成是以後便成爲現在佛教界的應成派中觀與自續派中觀的六識論思想，成爲邪見而荼毒廣大學人，幾至全面荼毒之局面。今作者孫正德老師以其所證第八識眞如的中道性現觀，欲救末法大師與學人所墮之意識境界中道邪觀，造作此部《中論正義》，詳解《中論》之正理，欲令廣大學人皆得轉入正見中修學，而後可有實證之機緣成爲實義菩薩，眞可謂悲心深重也。本書分爲上下兩冊，下冊將於上冊出版後兩個月再行出版，每冊售價300元。

誰是師子身中蟲：本書是平實導師歷年來於會員大會中，闡述佛教界的師子身中蟲的開示文，今已全部整理成文字並結集成書，昭告佛教界所有大師與學人，欲普令佛教界所有人都能遠離師子身中蟲，使正法得以廣傳而助益更多佛弟子四衆得以遠離師子身中蟲等人所說之邪見，迴心於　如來所說的八識論大乘法教，則大衆實證第八識眞如，實相般若智慧的生起即有可望，亦令天界大得利益。今已出版，每冊110元。

解深密經講義：本經是所有尋求大乘見道及悟後欲入地者所應詳習串習的三經之一，即是《楞伽經》、《解深密經》、《楞嚴經》三經中的一經，亦可作爲見道眞假的自我印證依據。此經是　世尊晚年第三轉法輪時，宣說地上菩薩所應熏修之無生法忍唯識正義經典；經中總說眞見道位所見的智慧總相，兼及相見道位所應熏修的七眞如等法，以及入地應修之十地眞如等義理，乃是大乘一切種智增上慧學，以阿陀那識—如來藏—阿賴耶識爲成佛之道的主體。禪宗之證悟者，若欲修證初地無生法忍乃至八地無生法忍者，必須修學《楞伽經、解深密經、楞嚴經》所說之八識心王一切種智。此三經所說正法，方是眞正成佛之道；印順法師否定第八識如來藏之後所說萬法緣起性空之法，墮於六識論中而著作的《成佛之道》，乃宗本於密宗宗喀巴六識論邪思而寫成的邪見，是以誤會後之二乘解脫道取代大乘眞正成佛之道，承襲自古天竺部派佛教聲聞凡夫論師的邪見，尚且不符二乘解脫道正理，亦已墮於斷滅見及常見中，所說全屬臆想所得的外道見，不符本經中佛所說的正義。平實導師曾於本會郭故理事長往生時，於喪宅中從**首七**開始宣講此經，於每一七起各宣講三小時，至**十七**而快速略講圓滿，作爲郭老之往生後的佛事功德，迴向郭老早證八地、速返娑婆住持正法。茲爲今時後世學人故，已經開始重講《解深密經》，以淺顯之語句講畢後，將會整理成文並梓行流通，用供證悟者進道；亦令諸方未悟者，據此經中佛語正義修正邪見，依之速能入道。平實導師述著，全書輯數未定，每輯三百餘頁，預定於《不退轉法輪經講義》發行圓滿之後逐輯陸續出版。

菩薩瓔珞本業經講義：本經是律部經典，依之修行可免誤犯大妄語業。成佛之道總共有五十二階位，前十階位為十信位，是對佛法僧三寶修學正確的信心，如實理解三寶的實質都是依第八識如來藏而成就的；然後轉入四十二個位階修學，才是正式修學佛道，即是十住、十行、十迴向、十地、等覺、妙覺，分別名為習種性、性種性、道種性、聖種性、等覺性、妙覺性，所應修習完成的是銅寶瓔珞、銀寶瓔珞、金寶瓔珞、琉璃寶瓔珞、摩尼寶瓔珞、水精瓔珞，依於如是所應修學的內容及階位而實修，方是眞正的成佛之道。此經中亦對大乘菩提的見道提出了判位，名為「第六般若波羅蜜正觀現在前」，說明正觀現時應該如何方能成為眞見道菩薩，否則皆必退轉。平實導師述著，全書輯數未定，每輯三百餘頁，預定於《解深密經講義》出版發行圓滿之後逐輯陸續出版。

修習止觀坐禪法要講記：修學四禪八定之人，往往錯會禪定之修學知見，欲以無止盡之坐禪而證禪定境界，卻不知修除性障之行門才是修證四禪八定不可或缺之要素，故智者大師云「性障初禪」；性障不除，初禪永不現前，云何修證二禪等？又：行者學定，若唯知數息，而不解六妙門之方便善巧者，欲求一心入定，未到地定極難可得，智者大師名之為「事障未來」：障礙未到地定之修證。又禪定之修證，不可違背二乘菩提及第一義法，否則縱使具足四禪八定，亦不能實證涅槃而出三界。此諸知見，智者大師於《修習止觀坐禪法要》中皆有闡釋。作者平實導師以其第一義之見地及禪定之實證證量，曾加以詳細解析。將俟正覺寺竣工啓用後重講，不限制聽講者資格；講後將以語體文整理出版。欲修習世間定及增上定之學者，宜細讀之。平實導師述著。

阿含經講記——小乘解脫道之修證：數百年來，南傳佛法所說證果之不實，所說解脫道之虛妄，所弘解脫道法義之世俗化，皆已少人知之；阿含解脫道從南洋傳入台灣與大陸之後，所說法義虛謬之事，亦復少人知之；今時台灣全島印順系統之法師居士，多不知南傳佛法數百年來所說解脫道之義理已然偏斜、已然世俗化、已非眞正之二乘解脫正道，猶極力推崇與弘揚。彼等南傳佛法近代所謂之證果者皆非眞實證果者，譬如阿迦曼、葛印卡、帕奧禪師、一行禪師……等人，悉皆未斷我見故。近年更有台灣南部大願法師，高抬南傳佛法之二乘修證行門爲「捷徑**究竟**解脫之道」者，然而南傳佛法縱使眞修實證，得成阿羅漢，至高唯是二乘菩提解脫之道，絕非**究竟**解脫，無餘涅槃中之實際尚未得證故，法界之實相尚未了知故，習氣種子待除故，一切種智未實證故，焉得謂爲「究竟解脫」？即使南傳佛法近代眞有實證之阿羅漢，尚且不及三賢位中之七住明心菩薩本來自性清淨涅槃智慧境界，則不能知此賢位菩薩所證之無餘涅槃實際，仍非大乘佛法中之見道者，何況彼等普未實證聲聞果乃至未斷我見之人？謬充證果已屬逾越，更何況是誤會二乘菩提之後，以未斷我見之凡夫知見所說之二乘菩提解脫偏斜法道，焉可高抬爲「究竟解脫」？而且自稱「捷徑之道」？又妄言解脫之道即是成佛之道，完全否定般若實智、否定三乘菩提所依之如來藏心體，此理大大不通也！平實導師爲令修學二乘菩提欲證解脫果者，普得迴入二乘菩提正見、正道中，是故選錄四阿含諸經中，對於二乘解脫道法義有具足圓滿說明之經典，預定未來十年內將會加以詳細講解，令學佛人得以了知二乘解脫道之修證理路與行門，庶免被人誤導之後，未證言證，梵行未立，干犯道禁自稱阿羅漢或成佛，成大妄語，欲升反墮。本書首重斷除我見，以助行者斷除我見而實證初果爲著眼之目標，若能根據此書內容，配合平實導師所著《識蘊眞義》《阿含正義》內涵而作實地觀行，實證初果非爲難事，行者可以藉此三書自行確認聲聞初果爲實際可得現觀成就之事。此書中除依二乘經典所說加以宣示外，亦依斷除我見等之證量，及大乘法中道種智之證量，對於意識心之體性加以細述，令諸二乘學人必定得斷我見、常見，免除三縛結之繫縛。次則宣示斷除我執之理，欲令升進而得薄貪瞋痴，乃至斷五下分結…等。平實導師將擇期講述，然後整理成書。共二冊，每冊三百餘頁。每輯300元。

總經銷：聯合發行股份有限公司
231 新北市新店區寶橋路 235 巷 6 弄 6 號 4F
Tel.02－2917-8022（代表號） Fax.02－2915-6275（代表號）

零售：1.**全台連鎖經銷書局：**
三民書局、誠品書局、何嘉仁書店
敦煌書店、紀伊國屋、金石堂書局、建宏書局
諾貝爾圖書城、墊腳石圖書文化廣場

2.**台北市：**佛化人生 **大安區**羅斯福路 3 段 325 號 6 樓之 4　台電大樓對面
3.**新北市：**春大地書店 **蘆洲區**中正路 117 號
4.**桃園市：**御書堂 **龍潭區**中正路 123 號
5.**新竹市：**大學書局 **東區**建功路 10 號
6.**台中市：**瑞成書局 **東區**雙十路 1 段 4 之 33 號
佛教詠春書局 **南屯區**永春東路 884 號
文春書店 **霧峰區**中正路 1087 號
7.**彰化市：**心泉佛教文化中心 南瑤路 286 號
8.**高雄市：**政大書城 **前鎮區**中華五路 789 號 2 樓（高雄夢時代店）
明儀書局 **三民區**明福街 2 號
青年書局 **苓雅區**青年一路 141 號
9.**台東市：**東普佛教文物流通處 博愛路 282 號
10.**其餘鄉鎮市經銷書局：**請電詢總經銷**聯合**公司。
11.**大陸地區請洽：**

香港：樂文書店
銅鑼灣店 :香港銅鑼灣駱克道 506 號 2 樓
電話 : (852) 2881 1150 email: luckwinbs@gmail.com

廈門：廈門外圖臺灣書店有限公司
地址：廈門市思明區湖濱南路809 號 廈門外圖書城3 樓 郵編：361004
電話：0592-5061658（臺灣地區請撥打 86-592-5061658）
E-mail：JKB118＠188.COM

12.**美國：世界日報圖書部：**紐約圖書部　電話 7187468889#6262
洛杉磯圖書部　電話 3232616972#202

13.**國內外地區網路購書：**
正智出版社 書香園地　http://books.enlighten.org.tw/
（書籍簡介、經銷書局可直接聯結下列網路書局購書）
三民 網路書局　http://www.sanmin.com.tw
誠品 網路書局　http://www.eslitebooks.com

博客來 網路書局　http://www.books.com.tw
金石堂 網路書局　http://www.kingstone.com.tw
聯合 網路書局　http:// www.nh.com.tw

附註：1.請儘量向各經銷書局購買：郵政劃撥需要八天才能寄到（本公司在您劃撥後第四天才能接到劃撥單，次日寄出後第二天您才能收到書籍，此六天中可能會遇到週休二日，是故共需八天才能收到書籍）若想要早日收到書籍者，請劃撥完畢後，將劃撥收據貼在紙上，旁邊寫上您的姓名、住址、郵區、電話、買書詳細內容，直接傳眞到本公司 02-28344822，並來電 02-28316727、28327495 確認是否已收到您的傳眞，即可提前收到書籍。 2.因台灣每月皆有五十餘種宗教類書籍上架，書局書架空間有限，故唯有新書方有機會上架，通常每次只能有一本新書上架；本公司出版新書，大多上架不久便已售出，若書局未再叫貨補充者，書架上即無新書陳列，則請直接向書局櫃台訂購。 3.若書局不便代購時，可於晚上共修時間向正覺同修會各共修處請購（共修時間及地點，詳閱**共修現況表**。每年例行年假期間請勿前往請書，年假期間請見共修現況表）。 4.郵購：郵政劃撥帳號 19068241。 5.正覺同修會會員購書都以八折計價（戶籍台北市者爲一般會員，外縣市爲護持會員）都可獲得優待，欲一次購買全部書籍者，可以考慮入會，節省書費。入會費一千元（第一年初加入時才需要繳），年費二千元。 **6.尚未出版之書籍，請勿預先郵寄書款與本公司，謝謝您！** 7.若欲一次購齊本公司書籍，或同時取得正覺同修會贈閱之全部書籍者，請於正覺同修會共修時間，親到各共修處請購及索取；**台北市讀者**請洽：103 台北市承德路三段 267 號 10 樓（捷運淡水線 圓山站旁）請書時間：週一至週五爲 18.00~21.00，第一、三、五週週六爲 10.00~21.00，雙週之週六爲 10.00~18.00 請購處專線電話：25957295-分機 14（於請書時間方有人接聽）。

敬告大陸讀者：

大陸讀者購書、索書捷徑（尚未在大陸出版的書籍，以下二個途徑都可以購得，電子書另包括結緣書籍）：

1.廈門外國圖書公司：廈門市思明區湖濱南路 809 號 廈門外圖書城 3F
　郵編：361004　電話：0592-5061658　網址：**http://www.xibc.com.cn/**

2.電子書：正智出版社有限公司及正覺同修會在台灣印行的各種局版書、結緣書，已有『**正覺電子書**』陸續上線中，提供讀者於手機、平板電腦上購書、下載、閱讀正智出版社、正覺同修會及正覺教育基金會所出版之電子書，詳細訊息敬請參閱『正覺電子書』專頁：**http://books.enlighten.org.tw/ebook**

關於平實導師的書訊，請上網查閱：

成佛之道　http://www.a202.idv.tw

正智出版社 書香園地　http://books.enlighten.org.tw/

中國網採訪佛教正覺同修會、正覺教育基金會訊息：

http://foundation.enlighten.org.tw/newsflash/20150817_1

http://video.enlighten.org.tw/zh-CN/visit_category/visit10

★ 正智出版社有限公司售書之稅後盈餘，全部捐助財團法人正覺寺籌備處、佛教正覺同修會、正覺教育基金會，供作弘法及購建道場之用；懇請諸方大德支持，功德無量。

★ 聲　明 ★

本社於 2015/01/01 開始調整本目錄中部分書籍之售價，以因應各項成本的持續增加。

＊ 喇嘛教修外道雙身法、墮識陰境界，非佛教 ＊

＊ 弘揚如來藏他空見的覺囊派才是真正藏傳佛教 ＊

售後服務—換書啓事（免附回郵）　2017/12/05

《楞伽經詳解》第三輯初版免費調換新書啓事：茲因 平實導師弘法早期尚未回復往世全部證量，有些法義接受他人的說法，寫書當時並未察覺而有二處（同一種法義）跟著誤說，如今發現已將之修正。茲爲顧及讀者權益，已開始免費調換新書；敬請所有讀者將以前所購第三輯（不論第幾刷），攜回或寄回本公司免費換新；郵寄者之回郵由本公司負擔，不需寄來郵票。因此而造成讀者閱讀、以及換書的不便，在此向所有讀者致上萬分的歉意，祈請讀者大眾見諒！

《楞嚴經講記》第 14 輯初版首刷本免費調換新書啓事：本講記第 14 輯出版前因 平實導師諸事繁忙，未將之重新閱讀而只改正校對時發現的錯別字，故未能發覺十年前所說法義有部分錯誤，於第 15 輯付印前重閱時才發覺第 14 輯中有部分錯誤尚未改正。今已重新審閱修改並已重印完成，煩請所有讀者將以前所購第 14 輯初版首刷本，寄回本公司免費換新（初版二刷本無錯誤），本公司將於寄回新書時同時附上您寄書來換新時的郵資，並在此向所有讀者致上最誠懇的歉意。

《心經密意》初版書免費調換二版新書啓事：本書係演講錄音整理成書，講時因時間所限，省略部分段落未講。後於再版時補寫增加 13 頁，維持原價流通之。茲爲顧及初版讀者權益，自 2003/9/30 開始免費調換新書，原有初版一刷、二刷書籍，皆可寄來本公司換書。

《宗門法眼》已經增寫改版爲 464 頁新書，2008 年 6 月中旬出版。讀者原有初版之第一刷、第二刷書本，都可以寄回本公司免費調換改版新書。改版後之公案及錯悟事例維持不變，但將內容加以增說，較改版前更具有廣度與深度，將更能助益讀者參究實相。

換書者**免附回郵**，亦無截止期限；舊書請寄：111 台北郵政 73-151 號信箱 或 103 台北市承德路三段 267 號 10 樓 正智出版社有限公司。舊書若有塗鴨、殘缺、破損者，仍可換取新書；但缺頁之舊書至少應仍有五分之三頁數，方可換書。所有讀者不必顧念本公司是否有盈餘之問題，都請踴躍寄來換書；本公司成立之目的不是營利，只要能眞實利益學人，即已達到成立及運作之目的。若以郵寄方式換書者，免附回郵；並於寄回新書時，由本公司附上您寄來書籍時耗用的郵資。造成您不便之處，再次致上萬分的歉意。

正智出版社有限公司 啓

免費換書公告

2023/07/15

《法華經講義》第十三輯初版免費調換新書啓事：本書因謄稿、印製等相關人員作業疏失，導致該書中的經文及內文用字將「**親近**」誤植成「清淨」。茲爲顧及讀者權益，自2017/8/30開始免費調換新書；敬請所有讀者將以前所購第十三輯初版首刷及二刷本，攜回或寄回本公司免費換新。錯誤更正說明如下：

一、第256頁第10行~第14行：【就是先要具備「**法親近處**」、「**眾生親近處**」；法**親近**處就是在實相之法有所實證，如果在實相法上有所實證，他在二乘菩提中自然也能有所實證，以這個作爲第一個**親近**處——第一個基礎。然後還要有第二個基礎，就是瞭解應該如何善待眾生；對於眾生不要有排斥或者是貪取之心，平等觀待而攝受、親近一切有情。以這兩個**親近**處作爲基礎，來實行其他三個安樂行法。】。

二、第268頁第13行：【具足了那兩個「**親近處**」，使你能夠在末法時代，如實而圓滿的演述《法華經》時，那麼你作這個夢，它就是如理作意的，完全符合邏輯去完成這個過程，就表示你那個晚上，在那短短的一場夢中，已經度了不少眾生了。

《大法鼓經講義》第一輯初版免費調換二版新書啓事：本書因校對相關人員作業疏失錯失別字，導致該書中的內文255頁倒數5行有二字錯植而無發現，乃「『**智慧**』的滅除不容易」應更正爲「『**煩惱**』的滅除不容易」。茲爲顧及讀者權益，自2023/4/1開始免費調換新書，或請自行更正其中的錯誤之處；敬請所有讀者將以前所購第一輯初版首刷及二刷本，攜回或寄回本公司免費換新。

《涅槃》下冊初版一刷至六刷**免費調換新書啓事**：本書因法義上有少處疏失而重新印製，乃第20頁倒數6行的「法智忍、法智」更正爲「**法智、類智**」，同頁倒數4行的「類智忍、類智」更正爲「**法智忍、類智忍**」；並將書中引文重新標點後重印。敬請讀者攜回或寄回本公司免費換新。

換書者免附回郵，郵寄者之回郵由本公司負擔，不需寄來郵票，亦無截止期限；同時對因此而造成讀者閱讀、以及換書的困擾及不便，在此向所有讀者致上最誠懇的歉意，祈請讀者大眾見諒！

正智出版社有限公司 敬啓

國家圖書館出版品預行編目(CIP)資料

不退轉法輪經講義. 第四輯 / 平實導師述著.-- 初版. --
臺北市:正智出版社有限公司, 2024.07　面;　公分

ISBN 978-626-97355-8-7(平裝)
ISBN 978-626-98256-2-2(平裝)
ISBN 978-626-98256-5-3(平裝)
ISBN 978-626-7517-00-0(平裝)

1.CST:經集部

221.733　113009123

——第四輯

著　述　者：平實導師
音文轉換：劉惠莉　鄭瑞卿　劉夢瓚
校　　對：章乃鈞　孫淑貞　陳介源　王美伶　張善思
出　版　者：正智出版社有限公司
電話：〇二 28327495　28316727（白天）
傳眞：〇二 28344822
111 台北郵政 73-151 號信箱
郵政劃撥帳號：一九〇六八二四一
正覺講堂：總機〇二 25957295（夜間）
總　經　銷：聯合發行股份有限公司
231 新北市新店區寶橋路 235 巷 6 弄 6 號 4 樓
電話：〇二 29178022（代表號）
傳眞：〇二 29156275
初版首刷：二〇二四年七月三十日　二千冊
定　　價：三〇〇元